彭新林，1983 年 11 月生，湖南湘乡人，北京师范大学法学院党委委员、教授、博士生导师。北京师范大学法学博士，中国政法大学法学博士后，中共中央编译局政治学博士后。英国牛津大学犯罪学中心访问学者，美国约翰杰刑事司法学院访问学者。系中央广播电视总台《今日说法》主讲专家嘉宾、内参舆情中心特约合作专家，海德智库主任专家，《廉政瞭望》智库专家。兼任中国刑事诉讼法学研究会、中国廉政法制研究会、中国行为法学会、中国法学会案例法学研究会、中国法学会董必武法学思想研究会、中国法学会刑事执行法学研究会、海峡两岸关系法学研究会等国家一级学会理事，北京企业法律风险防控研究会负责人。

　　在《法学研究》《中国法学》《人民日报》《光明日报》等重要报刊上发表文章 140 余篇，出版专著 7 部，主持国家社科基金项目等课题 20余项。曾获首届全国刑法学优秀博士学位论文奖 (2010—2012) 一等奖、第八届董必武青年法学成果奖、北京师范大学"彭年杰出青年教师奖"等奖励；2018 年 1 月入选北京市"百名法学英才"，2020 年 4 月推选为中国法学会研究会青年人才。

# 法林漫步

彭新林 著

商务印书馆
The Commercial Press

图书在版编目（CIP）数据

法林漫步/彭新林著. —北京：商务印书馆，2023
ISBN 978 - 7 - 100 - 22268 - 6

Ⅰ．①法⋯　Ⅱ．①彭⋯　Ⅲ．①法律—中国—普及
读物　Ⅳ．①D920.5

中国国家版本馆 CIP 数据核字（2023）第 059926 号

**法 林 漫 步**

彭新林　著

商 务 印 书 馆 出 版
（北京王府井大街 36 号　邮政编码 100710）
商 务 印 书 馆 发 行
北 京 冠 中 印 刷 厂 印 刷
ISBN 978 - 7 - 100 - 22268 - 6

2023 年 6 月第 1 版　　　　开本 880×1230　1/32
2023 年 6 月北京第 1 次印刷　印张 15⅛　插页 1
定价：78. 00 元

# 自　序

　　春秋迭易，流年似水，日子在不经意间悄然逝去。蓦然回首，我已近不惑之年，忆往昔是曾经激情燃烧的岁月，看今朝则是逐渐平静的波澜。站在人生分水岭，回望来时的路，特别是十五载京华求索路，几多回忆、几许感慨涌上心头，深感青春一去不复返，风华不过是一指流沙，时光苍老了容颜，有些事还未完成，有些事未来得及做，有些事心有余而力不足，还有些事无法改变只能成为遗憾或者美丽的错误，以前总以为岁月漫长、来日方长，猛然间才发现时间越过越快，常有"逝者如斯夫，不舍昼夜"之感。

　　过去的十五年，是我来京求学、工作的十五年，也是我从青年向中年过渡的十五年，这十五年既平凡又不平凡。说平凡，是因为与绝大多数人一样，我们都是芸芸众生中的普通人，没有璀璨耀眼的光环，没有轰轰烈烈的业绩，有的只是平平淡淡的人生；说不平凡，是因为作为时代洪流中的一粒细沙，尽管一路风雨兼程、历尽千帆，经历了生活的阵痛与不安，但是我从来没有放弃过自己的信念，也从未因挫折而气馁，在认清生活的真相后依然热爱生活，依然在人生的赛道上奋力奔跑。如今已不再年轻，到了人生中一个不上不下、不进则退的时候，一个船到中流浪更急、人到半山路更陡的时候，惟愿自己能不忘初心、不染风尘、不坠青云。基于这样的初衷，将过往十五年间具有代表性的随笔类作品整理成书，将自己带回到曾经的峥嵘岁月，唤起那些近乎遗忘但依然生动、饱含情感的记忆，铭记人生中那些美好的瞬间和值得纪念的点滴，并给现在的自己以力量，既致敬青春，也期许未来，然后重整行装再出发、继续扬帆远航，就是一件很有意义的事情，于是便有了《法林漫步》一书的创作。

本书取名《法林漫步》，旨在表达在法学之林悠闲信步、上下求索之意，所收录的文稿形式灵活，体裁风格不拘一格，既有叙事、抒情、议论，也有时评、建言、访谈，正契合漫步之意境。书中部分文稿是首次公开发表，大部分文稿则借助于时评短论、著作序跋、散文杂文、访谈对话等方式，散见于新华社、中央广播电视总台、《人民日报》《光明日报》《学习时报》《人民政协报》《法治日报》《人民法院报》《检察日报》《民主与法制时报》等重要新闻媒体、报刊的报道和发表的文章之中。本书内容贴近生活、贴近现实、贴近社会，具有较强的时代性、思想性和可读性，大体反映了我在京十五年间对法治领域相关热点话题、案事件等的所思所想以及对法律人生的感悟体会，既是本人心路历程的写照，也能从中管窥到晚近我国法治实践发展的一斑，倘若能对黏合度高、代入感强的法律学人特别是法科学子有所启示，或者引发一定情感共鸣，则于愿足矣。

本书以法治为主线，融时评短论、咨政建言、著作序跋、法治情怀、杏坛情缘、访谈对话和生活经验于一体，分为六个部分。第一部分"法苑新语"，主要收录我在《人民日报》《光明日报》等重要报刊上发表的若干代表性法治时评，这些时评篇幅不长，短则一千余字，长则二三千字，但都直面热点、导向鲜明、针砭时弊，有较强的现实性、时效性和政治性。第二部分"咨政建言"，主要收录我在相关重要座谈会、智库要报上的建言献策或者公开发表的部分政策性、对策性文稿，冀盼通过这些建言起到以文辅政、服务大局的作用，为相关改革、政策出台提供有益的决策参考。稍令人遗憾的是，近年来本人针对相关重要法治问题、热点案事件撰写的数十篇对策建言稿和访谈稿，很多是通过新华社内参、中央广播电视总台内参舆情中心、人民日报内参提交中央领导同志和中央有关部门决策参考的，尽管有较大应用价值，有的还被党和国家主要领导人批示，但囿于相关政策规定和保密纪律要求，均未能收入本书。第三部分"书里书外"，主要收录我的代表性著作的序跋和公开发表的若干重要书评，这类文稿大都说明了相关作品的创作意旨、主要内容、编次体例等情况，也包括对作品的评论及对相关主题的研讨阐发，是了解作品内容、价值和作者人生经历的捷径，读来或别有韵味，正所谓"读书先读序跋"。第四部分"京华检影"，主要收录我在检察院学习、工作、挂职时的一些所思所想、所行所悟，但愿对初入职场的机关干部特别是青年检察干警成长有所裨益，须知"侯门一入深似海"，"要知山下路，须问过来人"。第五部分"杏坛情缘"，主要收录我担任高校教师以来撰写的忆师念友、寄语青年学子和国外访学的散文。习近平总书记曾指出："一个人遇到好老师是人生的幸运"，个人的成长进步离不开老师的教导和栽培，我非常幸运，一路走来得到了诸多德高学富的老师的指点，特别是从研究生到博士生再到两站博士后，均有幸忝列名师门下，虽然自己才疏学浅，但不敢懈怠，常怀感恩之心，深恐有负师长期望，本部分收录的关于师者风范的相关文稿，就是以另一种方式向老师致敬。随着从学生到老师的身份转变，我愈益深刻认识到，老师唯有爱洒杏坛、用心育人、真情付出，才能担负起立德树人的光荣使命，才能万千桃李笑春风，因此本部分也收录了几篇我在不同场合对毕业生、青年学子的致辞寄语，希望能引导青年学生拥有一颗有趣的灵魂。第六部分"答记者问"，主要收录晚近几年我就法治热点案事件回答记者提问或者专访的部分报道稿，这些热点案事件，不仅在当时备受社会关注，而且也深深地烙上了我国法治发展的印记，颇值得回味和深思。

有道是"书如其人"，作品是作者风格气质、心理状态的综合呈现，是表现作者内心世界的一扇窗户。掩卷沉思，《法林漫步》之漫步不也正是对本人心中向往的随意、淡然、从容生活状态的折射吗。人到中年，在自己的时光里，浅浅笑、轻轻爱、慢慢走，善待自己、收敛心性、知足常乐、顺其自然，何尝不是一种幸福！杨绛先生曾说："我们曾如此渴望命运的波澜，到最后才发现，人生最曼妙的风景，竟是内心的淡定与从容。"斯言诚哉！这些年来，在工作之余的闲暇时光，我常一个人开车到京郊山水相间的清幽之地，徜徉在碧水蓝天下，望远山迷蒙、峰峦叠翠，观湖水清澈、波光潋滟，享和风暖阳、岁月静好，仿佛置于人间仙境，忘却城市喧嚣和生活烦恼，生活原来如此美好，我们原来如此容易满足。内心淡定和从容，就会暂缓脚步去慢慢欣赏人生旅途中的风景，生命就会更加丰盈。北宋文豪苏轼曾在《观潮》一诗中写道："庐山烟雨浙江潮，未至千般恨不消；到得还来别无事，庐山烟雨浙江潮。"据说这是苏轼人生中最后一首诗，浓缩了他一生的智慧和感悟，是他在繁华落尽后看到的生命脉络。该诗首尾两句相同，但意涵和心境已截然不同。庐山浩渺的烟雨、钱塘江壮观的潮汐是多少文人雅士心中魂牵梦萦的风景，如果无缘见过，一定会抱憾终身，此所谓"庐山烟雨浙江潮，未至千般恨不消"。此时的庐山烟雨浙江潮，与其说是心中的风景，毋宁说是人生中的目标、执念，我们被其牵引、摄控，以为只要实现了这一心愿，人生就圆满了。但是当有一天我们终于到达了这里，发现庐山烟雨浙江潮就是庐山烟雨浙江潮，过去的目标、执念不过如此，并无惊奇，反倒有怅然若失之感，此所谓"到得还来别无事，庐山烟雨浙江潮"。我们的人生何尝不是这样呢，烟雨的飘忽聚散，江潮的潮起潮落，有如人生的悲欢离合，风景还是那个风景，人生还是那个人生，看山还是山，看水还是水。生活要有目标、执念，但并不是为目标、执念而生活。那说到底，人这一辈子活着最大的意义在哪呢？也许当我们想要认真生活的那一刻，生命的火花就已被点燃；当我们迈出为实现理想信念的那一步开始，沿途的风景或许就是最大的意义。

最后，在本书付梓之际，我要特别感谢向读者推荐本书的高铭暄先生、陈光中先生、何增科教授和李晓东老师。高铭暄先生、陈光中先生是我国法学界德高望重、享誉中外的一代宗师，是公认的学界泰斗，虽然我与两位先生在年龄上相隔半个多世纪，但何其有幸，这些年我时常在两位先生身边亲炙谆谆教诲、感受大师风范，两位先生成为我亦师亦友的忘年交，他们的言传身教、耳提面命对我的为学、做事、为人都产生了很大影响。何增科教授是睿智渊博的著名政治学家，也是我在中共中央编译局从事政治学博士后研究工作期间的导师，对我多有提携和照顾，这次又欣然为本书题写推荐语，让本书增色不少。李晓东老师是中央广播电视总台知名主持人，我们在央视《今日说法》等节目中多次愉快合作，他沉稳平和的主持风格给我留下了深刻印象，感谢他的热情推荐。本书的及时问世，也得益于商务印书馆金莹莹老师严谨细致的辛勤编辑，在此一并表示感谢。

壬寅年农历十月初一
谨识于北京师范大学京师学堂

# 目 录

# 法苑新语

# 为新时代党和国家事业发展提供根本法治保障<sup>*</sup>

宪法是国家的根本大法，是治国安邦的总章程，是党和人民意志的集中体现。日前，第十三届全国人民代表大会第一次会议，表决通过了宪法修正案草案，这是党和国家政治生活中的一件大事，也是全面推进依法治国、推进国家治理体系和治理能力现代化的重大举措，顺应党心民意、符合实践发展和时代需求，充分彰显了以习近平同志为核心的党中央治国理政的政治智慧和历史担当，具有重大现实意义和深远历史意义。

实践证明，根据新形势新任务新要求对宪法进行适当、必要的修改，有利于更好发挥宪法作为治国安邦总章程的根本性规范和指导作用。这次宪法修改，立足于中国特色社会

---

＊　原载《北京工作》2018 年第 3 期。

主义进入新时代这一新的历史方位，把党和人民在实践中取得的重大理论创新、实践创新、制度创新成果上升为宪法规定，把党的十九大确定的重大理论观点和重大方针政策载入国家根本法，包括在宪法中确立习近平新时代中国特色社会主义思想的指导地位、调整充实中国特色社会主义事业总体布局和第二个百年奋斗目标的内容、完善依法治国和宪法实施举措、充实完善我国革命和建设发展历程的内容、充实完善爱国统一战线和民族关系的内容、充实和平外交政策方面的内容、充实坚持和加强中国共产党全面领导的内容、增加倡导社会主义核心价值观的内容、修改国家主席任职期限方面的规定、增加设区的市制定地方性法规的规定、赋予监察委员会宪法地位等，鲜明体现了党和国家事业发展的新成就、新经验、新要求，符合国情、符合实际、符合中国特色社会主义发展要求，既总体上保持了我国宪法的连续性、稳定性和权威性，又有新的重大发展，体现了宪法的适应性和进步性，有助于推动宪法与时俱进、完善发展，保持宪法持久的生命力，必将为新时代坚持和发展中国特色社会主义、更好满足人民日益增长的美好生活需要和实现中华民族伟大复兴的中国梦提供根本的法治保障。

习近平总书记曾深刻指出，坚持依法治国首先要坚持依宪治国，坚持依法执政首先要坚持依宪执政。这次宪法修改，坚持党的领导，严格依照法定程序，充分发扬民主、广泛凝聚共识，坚持对宪法作部分修改、不作大改，对党和人民在实践中创造的伟大成就和宝贵经验及时进行宪法确认，做到了既顺应党和人民事业发展要求，又遵循宪法法律发展规律，有利于维护宪法尊严和权威，有利于推动宪法完善和发展，有利于更好发挥宪法的规范、引领、推动、保障作用，充分表明了以习近平同志为核心的党中央坚持依宪治国、依宪执政的鲜明态度和坚定决心。

作为保证党和国家长治久安的重大制度安排，这次宪法修改的内容备受关注。其中，宪法修改国家主席任职期限方面的规定、增加有关监察委员会的各项规定等内容，尤其广受关注。应当说，宪法修改删去国家主席"连续任职不得超过两届"的规定，是对中国共产党、中华人民共和国、中国人民解放军领导人"三位一体"体制的制度性安排，有利于维护以习近平同志为核心的党中央权威和集中统一领导，是对党和国家领导体制的完善。在宪法中确立监察委员会作为国家机构的法律地位，则是对党的十九大健全党和国家监督体系重大部署的贯彻落实，有利于建立集中统一、权威高效的国家监察体系，为深化监察体制改革提供有力宪法保障，必将推动反腐败斗争深入开展。

与此同时，宪法修改过程中也伴随着一些杂音噪音，尤其是一些西方舆论打着所谓"民主政治"的幌子，炮制涉宪谣言、蛊惑党心民心，带有政治目的恶意诽谤和抹黑领导人，肆意歪曲和诋毁宪法修改工作，这些谣言和错误思想隐蔽性、欺骗性、危害性都很强，应当保持警惕和坚决抵制。其实，每临中国酝酿重大改革、做出重大决策时，意识形态领域的斗争就异常尖锐、复杂，西方政治势力通过各种手段、方式对我国进行思想文化渗透，加紧实施西化、分化策略，使得意识形态领域并不平静甚至暗流涌动，对此应当有清醒认识。越到决胜阶段、关键时刻，就越需要我们保持清醒头脑，增强政治定力，坚持"四个自信"，不为杂音噪音所扰，不为错误思想所惑，以更大的政治勇气和智慧推进国家治理体系和治理能力现代化，坚定走中国特色社会主义发展道路，这是历史的启示，也是现实的需求。

宪法的生命和权威在于实施。修改宪法亦是为了更好实施宪法，更好发挥宪法在治国理政中的重要作用。在中国特色社会主义进入新时代的新形势下，要以此次宪法修改为契机，提高全面贯彻实施宪法的自觉性和坚定性，采取有力措施加强宪法实施和监督工作，把实施宪法摆在新时代全面推进依法治国的突出位置，更加自觉地维护宪法权威和尊严，在全社会形成尊崇宪法、学习宪法、遵守宪法、维护宪法、运用宪法的浓厚氛围，真正使宪法家喻户晓、深入人心，让宪法的精神落地生根，才能更好地保证人民根本利益的实现，保障党和国家的长治久安。

# 在法治实践中培育法治信仰<sup>*</sup>

依法治国，建设社会主义法治国家，是党领导人民治理国家的基本方略。党的十八届四中全会对全面推进依法治国作出了战略部署，明确了全面推进依法治国的总目标和重大任务，强调法律的权威源自人民的内心拥护和真诚信仰。这不仅标志着社会主义法治国家建设迈入了新的历史阶段，也开启了法治信仰的新时代。站在新的历史起点上，要担当起建设法治中国的历史使命，必须努力培养全社会的法治信仰，让全体人民信仰法治、坚守法治，铸牢依法治国的精神之基。

法治信仰，是对法治的内心确认，是真诚地认同法治价值、弘扬法治精神、遵守法治规则、崇尚法治权威和捍卫法治尊严。法国启蒙思想家卢梭曾经说过："一切法律中最重要的法律，既不是刻在大理石上，也不是刻在铜表上，而是铭

---

＊　原载《法制日报》2017 年 8 月 9 日第 10 版。

刻在公民的内心里。"中国特色社会主义法律体系的形成，虽然总体上解决了有法可依的问题，但并不等于在社会层面形成了普遍的法治信仰，法治建设依然任重道远。首先，法治信仰的形成有赖于法治体系的健全完善。法治体系是立体的、动态的，法律体系是平面的、静态的，要从平面的、静态的法律体系上升到立体的、动态的法治体系，除了具备完备的法律规范体系之外，还需形成高效的法治实施体系、严密的法治监督体系、有力的法治保障体系和完善的党内法规体系。法律体系只是法治体系的前提和基础，法治体系则是对法律体系的拓展和提升。换言之，即便法律体系再完备，也不意味着法治成为了人们的思维方式和生活方式，更不等同于全社会对法治形成了共同信仰。其次，当前我国法治实践中还不同程度地存在"信访不信法""权大于法""信关系强于信法律"等破坏法治的现象，在一些地方和部门依然存在法律悬空、制度空转等深层次的问题。这些现象和问题的背后折射出法治精神的缺失以及对法治的信仰没有真正确立。

"法律必须被信仰，否则它将形同虚设。"法律必须被信仰，才能成为坚定的信念，才能内化为人们的行为准则。没有法治信仰，法治中国就没有灵魂。建设法治中国，必须信仰法治、坚守法治，要努力把法治精神、法治观念熔铸到民众的头脑中，形成办事依法、遇事找法、解决问题用法、化解矛盾靠法的自觉。只有在全社会弘扬法治精神，让法治成为一种全民信仰，并自觉依靠运用法治思维和法治方式深化改革、推动发展、化解矛盾和维护稳定，才能真正汇聚起全面推进依法治国的磅礴力量。

对法治的信仰有赖于内心深处的自觉认同和自愿依归，需要在立法、执法、司法、守法等具体法治实践中不断培育和累积形成。

要在科学立法中培育法治信仰。立法要以为了人民、依靠人民为核心，注意尊重客观规律，从立项、调研、修改、审议、实施等各阶段，从立法公开和参与、立法评估论证和组织协调等各层次，不断深化科学立法、民主立法，不断扩大群众对立法活动的有序参与，使立法更好地汇集民意和凝聚共识，更好地发挥立法在公平分配利益、妥善化解纠纷、维护社会和谐等方面的积极作用。立法要坚持问题导向，注意回应群众关切，增强立法的针对性、可操作性和实效性，确保立法"接地气"，贴近群众、贴近社会、贴近实际，在实施中能有效"落地"，更加充分发挥立法对改革和经济社会发展的引领、推动和保障作用。

要在严格执法中培育法治信仰。坚守法治信仰是确保严格执法的必然要求，信仰法治是执法人员严格执法的前提。当前，执法公信力并没有随着执法水平、执法能力的提高而得到同步提升，这首先要从执法机关自身找原因。执法人员如果不信仰法治，没有坚守法治的定力，面对权势、金钱、人情、关系是抵不住诱惑、抗不住干扰的。要让人们信仰法治，执法人员必须首先信仰法治。执法人员要有坚守法治的责任意识和正义感，刚正不阿、敢于担当，在遇到干扰、说情、打击、威胁时，能够坚守法治不动摇。要全面提高执法质量和办案水平，切实尊重和保障人权，改变重打击轻保护、重实体轻程序等传统执法观念和落后执法模式。

要在公正司法中培育法治信仰。坚持公正司法，扎实推进司法规范化建设，坚决破除各种潜规则，杜绝办关系案、人情案、金钱案，下大气力解决人民群众反映强烈的司法突出问题，逐步改变社会上那种遇事不是找法而是找关系的现象，要以实际行动让老百姓相信法不容情、法不阿贵，让人民群众在每一个司法案件中感受到公平正义。司法人员要带头坚守法治信仰，做知法、懂法、守法、护法的法治卫士，把法治精神当作主心骨，站稳脚跟，挺直脊梁，通过公正司法让人民群众理解现代法治的精神，改变传统思维习惯，养成依法办事风尚，形成法治信仰。

要在全民守法中培育法治信仰。群众既是法治建设的参与者，也是守法的主体。公民要增强法治观念和法治意识，心里树立法律至上的理念，自觉自愿地遵守法律，把依法办事当成自己的生活习惯。在自身权利受到侵犯时，要勇敢地拿起法律的武器，不能信仰关系文化或者丛林法则。否则，内心不信仰，一切都是空谈。领导干部要切实解决思想上

"法大还是权大"的问题，履职时多点法治思维、少点特权意识，在遵守法律上应发挥表率作用，不能搞以言代法、以权压法、徇私枉法，更不能"和尚打伞无法无天"。对不遵守法律、违法乱纪甚至侵犯群众权益的行为，应当坚决惩治，依法保护群众的合法权益，增强人们对法治的信仰和信心。

# 奏响深化公安执法规范化建设的时代强音<sup>*</sup>

近日，中央全面深化改革领导小组第二十四次会议审议通过《关于深化公安执法规范化建设的意见》，习近平总书记主持会议并发表重要讲话，强调深化公安执法规范化建设，明确了深化公安执法规范化建设的重点、目标、宗旨和基本思路，对公安机关在执法工作中更全面、系统、深入贯彻全面依法治国基本方略，更加有力有效地履行好维护社会大局稳定、促进社会公平正义、保障人民安居乐业的职责使命提出了新的更高要求，具有很强的战略性、现实性和针对性，是指导新形势下进一步深化公安执法规范化建设、全面建设法治公安的基本遵循和行动指南。这既充分体现了中央对深化公安执法规范化建设的高度重视，也积极回应了人民群众对公安执法工作的关切期待，意义重大。

---

＊ 原载《人民政协报》2016 年 5 月 24 日第 12 版。

多年来，在党中央、国务院的坚强领导下，公安机关以建设法治公安为目标，不断加强和改进执法工作，持续开展执法规范化建设，在更新执法理念、完善执法制度、规范执法程序、加强执法监督、提升执法能力等方面多措并举，努力实现严格规范公正文明执法，取得了有目共睹的显著成效。但同时也应当清醒地认识到，当前我国正处于经济社会转型期，经济体制深刻变革、社会结构深刻变动、利益格局深刻调整、思想观念深刻变化，各种矛盾纠纷不断涌现，社会成员维权意识和法律意识逐渐提高，公安执法工作面临的形势和环境发生了复杂而深刻的变化。然而，面对新形势新任务，公安队伍的整体素质和执法能力、水平还不能完全适应，还不能有效满足人民群众日益增长的执法需求，尤其是执法规范化建设还存在落实不到位、发展不平衡、成果不巩固等问题。这就迫切需要进一步深化公安执法规范化建设，切实把法治精神和理念贯彻落实到公安执法实践的各个环节，从而不断提升公安执法的公信力和公安工作法治化水平。

深化公安执法规范化建设，要着眼于完善执法权力运行机制。完善执法权力运行机制，是深化公安执法规范化建设的关键内容，也是防止执法腐败的重要保障。在执法权力运行的各个环节各个方面，都应规范执法依据、执法程序、执法行为。要建立健全执法权力清单制度，准确界定公安机关刑事、行政执法等各项权力，确保执法权力在法治轨道和制度框架内运行。要完善执法公开机制，创新执法公开形式，拓宽执法公开范围，最大限度公开执法依据、执法程序、执法进度、执法结果，增强执法工作透明度，让执法权力在阳光下运行。要全面落实领导干部、公安人员违规干预执法活动、过问具体案件的记录、通报和责任追究制度，规范执法办案人员与当事人、律师、特定关系人、中介组织等的接触交往行为，坚决杜绝关系案、人情案、金钱案等现象的发生，切实做到严格规范公正文明执法。

深化公安执法规范化建设，要着力解决影响执法公正、制约执法规范化建设的突出问题。群众反映强烈的公安执法突出问题，也是其最关心、最直接、最现实的利益问题。要树立执法为民的理念，从群众最期盼的地方做起，从群众最不满意的地方改起，积极回应群众对公安执法的诉求与期盼，集中整治随意执法、粗暴执法、不公执法等突出问题，让群众切实感受到执法规范化建设带来的新变化。要强化问题意识、问题导向，注重突出重点，紧紧围绕执法不公、执法不规范的重点领域和关键环节，着力解决掣肘执法规范化建设的深层次问题，从而推动公安执法规范化建设不断深化发展。

深化公安执法规范化建设，要全面落实执法责任制。执法责任制是规范和监督公安执法活动的一项重要机制。要以明晰的公安机关执法权限和执法人员职责为基础，以有效的执法监督管理制度为保障，着力构建有权必有责、用权受监督、失职要问责、违法要追究的执法责任体系。要严格执法监督，全面落实执法责任追究制度，让制度规范成为硬约束和带电的"高压线"，对违规执法或者不规范执法的公安人员，根据其过错形式、危害大小、情节轻重等具体情况，予以严肃问责；构成犯罪的，依法追究刑事责任。要以"零容忍"的态度惩治执法腐败行为，坚决清除公安队伍中的害群之马。

深化公安执法规范化建设，要保障执法质量和不断提高执法公信力。执法质量是执法公信力的基础，执法公信力体现的是群众对执法的信任程度。执法公信力的高低，也是衡量一个社会法治程度的重要标杆。公安执法具有较高的公信力，是公安机关充分发挥职能作用和彰显执法权威的必然要求，也是建设法治公安的必然要求。保障执法质量和提高执法公信力与深化执法规范化建设其实是相辅相成、互相促进的。要以实现执法队伍专业化、执法行为标准化、执法管理系统化、执法流程信息化为抓手，不断提高执法质量和执法公信力，推动公安机关执法规范化建设深化发展。要紧紧围绕"努力让人民群众在每一项执法活动、每一起案件办理中都能感受到社会公平正义"这个目标来改进执法工作，在执法办案尤其是复杂、敏感、热点案件的办理中，更要保障办案质量，实现法律效果与社会效果的统一，确保案件经得起法律和历史的检验。

# 收容教育制度存废考验法治的成色<sup>*</sup>

　　收容教育是一项专门对卖淫嫖娼人员集中进行法律教育和道德教育、组织参加生产劳动以及进行性病检查、治疗的行政强制教育措施。曾几何时，著名演员黄某波、知名导演王某安嫖娼被收容教育事件，经媒体曝光后，一度将收容教育制度推向了舆论的风口浪尖，继而引发对收容教育制度存废的持续拷问。前段时间发生的北京市民雷某涉嫌嫖娼在警方执法过程中非正常死亡事件，再次将收容教育制度存废问题拉入了舆论场，公共空间亦不乏要求废除收容教育制度的呼声。事实上，这些年来社会上呼吁废止收容教育制度的声音一直不绝于耳，两会期间还有政协委员提出了相关提案。那么，这项延续 20 余年之久，广被质疑、诟病的收容教育制度到底该何去何从？是"寿终正寝"退出历史舞台，还是继

---

<sup>*</sup>　原载《人民法治》2016 年第 9 期。

续在争议中前行，确实值得深思。

不可否认，收容教育制度的诞生、适用有其现实背景和历史意义，特别是对卖淫嫖娼这类违法人员的矫治发挥了一定积极作用。但是，随着我国法治进程加速、国家尊重和保障人权宪法原则的弘扬、公民权利意识的觉醒，收容教育制度的弊端和局限性日益凸显，面临着正当性、合法性危机，适时予以废止乃势在必行。

## 一、废止收容教育制度是法治中国建设的客观要求

党的十八届三中全会确立了建设法治中国的新目标。建设法治中国，全面落实依法治国基本方略，不断推进各项工作法治化，其中当然包括法律规范体系内部的和谐、统一。从法律规范的角度看，我国《立法法》第 8 条规定"只能制定法律"的事项，包括"对公民政治权利的剥夺、限制人身自由的强制措施和处罚"。《行政强制法》第 10 条也规定，行政强制措施由法律设定。尚未制定法律，且属于国务院行政管理职权事项的，行政法规可以设定除限制公民人身自由、冻结存款、汇款和应当由法律规定的行政强制措施以外的其他行政强制措施。由上可知，限制公民人身自由的行政强制措施只能由法律来设定，且属于全国人大及其常委会不得授权国务院以行政法规来规定的事项。而收容教育作为一种较

长期限限制公民人身自由的行政强制教育措施，其所依托的1991 年全国人大常委会通过的《关于严禁卖淫嫖娼的决定》（以下简称《决定》）、1993 年国务院颁布的《卖淫嫖娼人员收容教育办法》（以下简称《办法》），显然与《立法法》《行政强制法》的上述有关规定和精神存在冲突。而且 2005 年 8 月颁布的《治安管理处罚法》已对卖淫、嫖娼的处罚作了明确，即"处十日以上十五日以下拘留，可以并处五千元以下罚款；情节较轻的，处五日以下拘留或者五百元以下罚款"，并未规定可以收容教育。因此，即便认为《决定》属于广义上的法律范畴，按照新法优于旧法的法律适用原则，收容教育制度也缺乏合法性基础。更何况《立法法》《行政强制法》《治安管理处罚法》都是采取法律而非决定的形式，《立法法》更是由全国人大通过，其法律位阶显然要比《决定》高。故无论是从"新法优于旧法"角度，还是从"上位法优于下位法"角度，收容教育制度所依托的《决定》《办法》之有关规定都应当废止或者停止适用。这也是贯彻法治精神和理念、推进法治中国建设的客观要求。

## 二、废止收容教育制度是推进国家治理体系现代化的重要体现

国家治理体系现代化最重要的制度要求和特征就是"国

家治理体系法治化"。"国家治理体系法治化"是"国家治理体系现代化"实现的必要条件，也是其重要判定标准。收容教育制度不符合现代法治的精神，其废止也是"国家治理体系法治化"的重要体现。除此之外，"国家治理体系现代化"还包括国家治理体系的规范化、制度化、协调化等多方面的内涵，强调公共权力运行的监督制约、公共治理和制度安排的民主化、治理体系的协调和运行效率等。而收容教育制度的存在和运行影响法制体系的和谐，不具备临时性和非处分性等行政强制措施的本质特征，而且其审批缺乏必要的司法审查，程序正义缺失，被收容人员的合法权利难以得到有效保障，实践也表明对被收容人员教育和改造的目的亦未能很好地实现。因此，着眼于实现国家治理体系的现代化转型，收容教育制度也应当及时废止。

## 三、废止收容教育制度是国家尊重和保障人权的应有之义

国家尊重和保障人权是一项宪法原则。十八届三中全会决定也重申"国家尊重和保障人权"。我国政府签署的《公民权利和政治权利国际公约》第 9 条第 1 款亦规定："人人有权享有人身自由和安全。任何人不得加以任意逮捕或拘禁。除非依照法律所确定的根据和程序，任何人不得被剥夺自由。"该国际人权公约上述条款所确定的正当性程序和人权保障原

则，对我们加强执法领域的人权保障提出了更高的要求。就收容教育来说，其并非通常意义上的行政教育强制措施，而是与公民的人身自由权利直接相关，动辄就可能限制公民人身自由长达 6 个月至 2 年，严厉程度要远高于管制、拘役等刑罚，对于公民的人身自由权利损害极大，而公安机关收容教育的权力，缺乏外部的监督和制约，被收容人的辩解权、救济权等合法权利难以充分保障。特别是个别地方甚至将一些非卖淫嫖娼的上访人员也拘禁在收容教育所，更是违背法治精神、漠视人权的错误做法，有违执法领域人权保障的要求。因而在收容审查、收容遣送、劳动教养等与收容教育紧密关联、性质类似的行政强制措施已被废止的形势下，若能抓住有利时机和条件，及时废止收容教育制度，必将有力地提升我国人权执法保障的水平。

## 四、废止收容教育制度是强化执法权力监督的有力举措

有权力的地方必须有监督，不受监督的权力必然导致腐败。当前我国公安执法领域腐败现象发生的重要原因之一，就是执法权力未能得到有效的监督。在现行制度框架下，收容教育作为一项重要的执法权力，应当说其权力配置不尽合理。收容教育涉及限制公民的人身自由等基本权利，而其调查、决定、执行、复议等权力全都集中在公安机关一家手中，

无需经过司法审查或者有权机关的批准，就可以长时间限制被收容人员的人身自由。公安机关既当"运动员"又当"裁判员"，显然难以避免"有权任性"现象的发生。不难想象，收容教育权力过于集中，未能进行必要的分解和制衡，要对其进行有效监督实际上也是非常困难的。另外，收容教育权力运行封闭，透明度不够，这也在无形中增加了监督收容教育执法权力运行的难度，亦为权力寻租等执法腐败现象的滋生提供了土壤。事实上，近年来收容教育执法领域腐败现象也是时有耳闻。在有些地方，收容教育甚至异化成了某些办案人员徇私枉法、失职渎职而违规羁押公民或者进行要挟、勒索卖淫嫖娼人员的手段，社会反响非常强烈。究其原因，这与公安机关收容教育权力内外监督不足有很大关系。因此，适时废止收容教育制度，也是强化权力监督、将执法权力关进制度笼子里的有力举措。

## 五、废止收容教育制度是维护社会公平正义的现实需要

公平正义是建设和谐社会的基石，也是政法工作的"生命线"。执法办案中让人民群众感受到公平正义，是新形势下公安执法工作应有的追求。对卖淫嫖娼人员在治安行政处罚的基础上再予以收容教育，期限可长达 6 个月至 2 年，难以让人感受到公平正义。首先，卖淫嫖娼只是一种违法行为，

与犯罪不同，其尚不具有严重的社会危害程度，给予治安行政处罚，即足以实现惩戒和预防的目的。在很大程度上说，实践中收容教育的性质已由教育矫治性质的行政强制教育措施异化为较长期限限制人身自由的惩罚性措施。如果在治安处罚的基础上，再对卖淫嫖娼人员予以收容教育，无异于施加双重惩罚，有违"一事不二罚"原则的精神。而且对卖淫嫖娼人员施加的惩罚若超出了应承担的法律责任的限度，就会出现惩罚过剩现象，使本应受道义谴责和法律制裁的卖淫嫖娼人员转而变成了受公众同情的受害人，不仅难以让卖淫嫖娼人员认罚服法、悔过自新和接受矫治，而且也难以让公众感受到这是对正义的伸张，进而树立对法律的忠诚和信仰。事实上，卖淫嫖娼现象的发生有着深刻而复杂的人性因素和社会原因，特别是与市场经济的繁荣、社会管理工作的脱节和价值观念的变迁不无关系，光靠严厉打击并不能从根本上解决问题。其次，近年来收容教育在实践中运行时问题不少，收容教育的执行随意性强，执法标准不统一。从全国范围看，除了北京等地对卖淫嫖娼人员予以收容教育之外，也有江西等省市只给予治安行政处罚而不收容教育，这就人为地造成了不同地区卖淫嫖娼法律后果不同、适用法律不平等的情况，似难有公平正义可言。

## 六、废止收容教育制度是对社情民意的积极回应

倾听人民呼声、回应人民期待，让民意得到应有的尊重，

让立法最大限度地吸纳和展现民意，这是现代民主法治社会的常态。相当长的一段时间内，社会上要求废止收容教育制度的呼声响彻公共空间。每当有媒体曝光相关卖淫嫖娟人员收容教育案件，要求全国人大常委会废止收容教育法律法规的声音就此起彼伏。这与其说是公众对被收容人员表现出的某种程度的"同情"，倒不如说是对收容教育制度的"逆反"心理作祟。尽管国家决策层应当理性甄别民意，要对公共舆情作出科学判断，不能忽视现实中沉默的大多数，但对于反映真情实意的民意、反映法治文明和社会发展趋势的民意，有关部门给予积极回应也是民主政治、重视民意的体现，有利于实现国家决策的民主化、科学化。

随着我国经济社会和法治的不断发展进步，笔者坚信，收容教育制度一定会走向终结。但是，值得强调的是，废止收容教育制度，重在将权力运作纳入法治轨道，为保障公民人身权益提供更坚实的支点，仍需健全对卖淫嫖娟等违法行为的矫治机制，尤其要做好"后收容教育时代"的制度衔接和法治补缺，从而为公共治理和公序良俗筑立屏障，实现公共治理与公民自由的双赢，这才是对收容教育制度退出历史舞台的"最好揖别"。

# 不断提升民营企业法治获得感<sup>*</sup>

改革开放 40 余年来，我国民营经济蓬勃发展，规模比重不断提高，在稳增长、促创新、增就业、利民生等方面发挥了重要作用。关于民营经济对经济社会发展的突出贡献，有一个屡被提及的形象说法，那就是"56789"，即贡献了 50％以上的税收，60％以上的 GDP，70％以上的技术创新成果，80％以上的城镇劳动就业，90％以上的市场主体数量，这充分反映了民营经济在整个国民经济体系中的重要作用和地位。其中，民营经济的核心主体是民营企业，现已成为推动我国经济社会发展不可或缺的力量。支持民营企业发展壮大，是党和国家的一贯方针。习近平总书记在民营企业座谈会上的讲话中更是掷地有声地表示："民营企业和民营企业家是我们自己人"，充分体现了党中央对民营企业和民营企业家的重视

---

* 原载《人民法院报》2021 年 12 月 16 日第 5 版。

与支持，为民营经济更好发展注入了强大动力。

"法者，治之端也"，法治是民营企业发展的最好营商环境和最强有力的保障。近年来，为营造良好的法治化营商环境、用法治力量护航民营企业高质量发展，党和国家密集出台了一系列政策措施，从健全完善民营企业发展的法律保障体系到消除对民营企业发展的各种形式的不合理规定和隐性壁垒，从深入推进民营企业"法治体检"常态化制度化到引导民营企业加强合规管理、守法经营，从依法打击针对企业家和严重危害民营企业发展的各种违法犯罪行为到加大对涉民营企业产权冤错案件的纠正力度，新时期我国民营企业发展的法治保障更加充实、更有力量、更可持续。

推动相关政策举措落地见效是提升民营企业法治获得感的重中之重。"徒善不足以为政，徒法不足以自行"，提升民营企业法治获得感的当务之急是，要采取有力措施，加大落实力度，将党和国家大力支持民营企业发展壮大、为民营企业发展营造良好法治环境的政策举措落到实处，落到依法保障服务民营企业健康发展的全过程和各方面，打通政策举措落地的"最后一公里"，切实把保障服务民营企业发展的政策举措转化为实在行动和实际成效，推动解决民营企业的"急难愁盼"问题，为民营企业健康发展注入强大法治力量，让民营企业切实感受到法治保障的力度、法治服务的效度和法治化营商环境的温度，对创新创业和持续发展充满信心，不断提升法治获得感。

政法机关依法保障服务是提升民营企业法治获得感的关键环节。依法保障服务民营企业发展是政法机关义不容辞的法律责任和政治责任。政法机关作为国家专政机关，担负着维护社会公平正义和国家长治久安的光荣使命，在为民营企业健康发展营造良好法治环境、提供有力法治保障中责无旁贷、责任重大，要立足职能、精准服务，通过执法司法活动，在维护社会和谐稳定、净化经济发展环境、促进社会公平正义、提供优质法治产品等方面找准政法工作保障和服务民营企业健康发展的最佳结合点，更加重视对民营企业发展中涉法问题的有效应对、更加重视对民营企业法治需求的准确掌握，更加重视对民营企业发展法治化营商环境的大力营造，共商共建共促形成维护民营企业合法权益、支持民营企业健康发展的强大合力，当好民营企业健康发展的"法治护航者"，切实增强民营企业发展预期和创新创业信心，让民营企业在坚强有力的法治保障中有更多获得感。

坚持合规经营是提升民营企业法治获得感的真正源泉。"畏法度者最快乐"的历史典故，揭示了遵守法度、坚守"底线"才能知所敬畏、真正快乐的深刻道理，这对当下民营企业的健康发展仍不无启示意义。社会主义市场经济本质上是法治经济，民营企业只有牢固树立合规意识，强化合规经营责任，提升合规管理水平，在法治轨道上合规发展，方能做大做强、行稳致远。在一定意义上说，现代企业的竞争，不仅仅是产品、服务质量及技术实力的竞争，更是合规能力特别是刑事合规能力的竞争。随着全面依法治国的不断深入和越来越多中国企业"走出去"，坚持合规经营，筑牢发展基石，有效防控法律风险尤其是刑事法律风险，日益成为民营企业健康发展的"刚需"，更是创造价值、增强法治获得感的"不二法门"。这既是促进企业转型升级、推动国家治理能力提升的现实需要，也是民营企业长远发展之道。

# 浅谈企业家刑事风险如何防控*

当前，我国经济发展进入新常态，企业家在经济发展中扮演着越来越重要的角色，一大批优秀的企业家在市场竞争中脱颖而出，为累积社会财富、激发市场活力和促进经济社会健康发展做出了重要贡献。但与此同时，企业家面临的刑事风险也日趋增多，企业家犯罪呈现出高发多发态势。北京师范大学中国企业家犯罪预防研究中心发布的《2017中国企业家刑事风险分析报告》显示，2017年被法院判决有罪的企业家就高达2292人。企业家一旦面临刑事风险，将会直接影响到企业的健康发展和企业职工的切身利益，也关涉到社会和谐稳定。如何有效防控企业家刑事风险，减少企业家犯罪现象，是摆在我们面前的一道时代课题。

诚然，企业家面临刑事风险的原因是多方面的，既有企

---

* 原载《检察日报》2018年7月31日第8版。

业内控机制不健全、企业治理结构不完善等客观原因，也有少数企业家一味追求经济利益的非理性倾向和法律意识淡薄等主观原因，还与市场经营环境、政策导向等外部因素有关。因而科学有效防控企业家刑事风险就不能"单打一"，需要立足企业家犯罪的原因以及刑事风险的实际情况，予以科学施策、多措并举、综合治理。其中，对内加强企业家权力运行的监督制约、对外构建"亲""清"新型政商关系，对于减少企业家犯罪、有效防控企业家刑事风险意义重大。

当前，企业家犯罪的高发地带集中在日常经营、财务管理、企业融资、工程承揽等环节。这些环节利益和资源较为集中，而企业家权力的运行往往又缺乏有效的制度性约束，因而成为企业家刑事风险的重灾区。如就财务管理而言，有的企业财务管理制度不健全，导致企业真实资金流转、变动情况难以清晰反映，预算、结算、支出等过程监督也不到位，从而为企业家实施虚开增值税专用发票、职务侵占、挪用资金等犯罪行为提供了便利；有的企业尽管制定了预防财务不端行为的规章办法，但相关规定要么模糊笼统、可操作性不强，要么因种种原因落实不力，使得企业家在权力运行中有较大的处置自由度，从而为其谋私提供了可乘之机。其实，诸如虚开增值税发票、挪用资金等犯罪，很多就属于企业财务管理制度漏洞诱发的内生性犯罪。

此外，还有不少民营企业没有确立现代公司治理制度，在相当程度上存在"一言堂"现象，导致少数企业家把个人意志凌驾于企业经营决策程序和原则之上。因而应加快建立健全企业的治理机制，建立现代企业制度，改革过于强调集中统一的经营管理模式和权力结构，适度地实行企业经营管理决策权、执行权、监督权的分离，加强对企业的日常经营、资金管理、融资、贸易、物资采购等重点领域和薄弱环节的监管，特别是要加强对"人、财、物"权力集中和资金流量大的环节的监管，充分发挥企业各职能部门在经营管理活动中的相互制衡作用，将企业家行使权力的行为控制在有效的制度监督和约束之下，并使之成为一种良性循环。这不但有助于促进企业的稳健运行，而且对于防控企业家刑事风险也具有重要作用。

除加强企业内部的监督制约外，构建"亲""清"新型政商关系对防范企业家刑事犯罪而言也尤为重要。一段时间以来，畸形政商关系衍生出的官商勾结、权钱交易的利益同盟不断被曝光，一批腐败分子落马的同时也带出许多深陷其中的企业家，这为我们敲响了警钟。

构建新型政商关系，要着力抓好以下三个方面：一是保证市场在资源配置中起决定性作用，理性发挥政府作用，真正把市场机制能有效调节的经济活动交给市场。二是要继续深化"放管服"改革，加快转变政府职能。优化政府服务意识，创新服务方式，提高服务效率，监管好行政权力，用清单管理推动减权、规范用权，努力消除寻租腐败机会，从源头上防止腐败滋生。三是要通过制度规范政府与企业、官员与企业家之间的关系，搭建政商之间公开、规范的交往平台。如积极完善立法，为不同身份企业家的平等保护提供保障；加强企业依法、诚信经营的基本制度建设，引导企业家把守法诚信作为经营之本；健全完善党政干部正常联系民营企业和权力运行监督机制；探索建立企业评议政府服务的相关制度等。

# 依法理性表达诉求才是正道<sup>*</sup>

备受关注的江苏南通商人张某国寻衅滋事案，日前在江苏省南通市中级人民法院二审宣判，裁定驳回上诉，维持原审法院作出的张某国犯寻衅滋事罪，判处有期徒刑一年的判决。张某国因其网络寻衅滋事犯罪行为受到法律的惩罚，表明了司法机关严肃惩处寻衅滋事犯罪、维护社会公共秩序的鲜明态度，有力维护了法治的权威和尊严。这一案件的依法处理再次表明，网络空间不是法外之地，公民应通过理性、合法的渠道和方式表达诉求，通过法定程序维护权益。如果利益诉求脱离客观理性、表达方式偏离法治轨道，结果不仅会事与愿违，而且会受到法律的制裁。

对自身利益诉求未得到支持的司法判决有不同认识和看法，是很正常的现象，公民完全可以通过合法的渠道和理性

\* 原载江苏法院网 2021 年 8 月 27 日，又载《人民司法》2021 年第 28 期。

的方式表达。应该说，这个渠道也是畅通和有效的。作为民营企业家，应该具有依法维权的意识，应当具备理性表达诉求的素养。然而，遗憾的是，张某国却以编造虚假信息寻衅滋事的方式"搞事"，在信息网络上发泄情绪、起哄闹事，向司法机关施加压力，导致网络空间公共秩序严重混乱，极大损害了正常司法活动和司法公信力，造成恶劣社会影响，不仅于事无补，而且也将为自己的非理性"维权"行为付出代价。

公民表达诉求本无可厚非，也是法律赋予公民的重要权利。但是，只有在法治轨道上、法制框架内、法定渠道中表达诉求才是正道。采用违法犯罪手段表达诉求，既影响法治的权威和尊严，也损害社会公共利益，破坏社会和谐稳定。毫无疑问，张某国表达诉求的方式，严重违反法治精神，偏离法治轨道，是一次用极端方式表达诉求的非理性行为。说其极端，是因为张某国在利益诉求未得到民事判决支持、有法定救济渠道可以主张权利的情况下，却编造虚假信息，组织、指使多人在信息网络上广泛散布，抹黑、攻击人民法院和相关法官，诱导社会公众误解，极大干扰正常司法活动，严重损害司法权威，这样的任性"维权"行为，在司法领域，是极为罕见的，其破坏性和负面影响是不可低估的。以非理性的方式"搞事"来表达诉求，其结果，常常是诉求没解决，"自己"却先被处理了，因为，你已经触碰法律的红线了。

超越法治的"维权"方式不可取，无论是表达诉求还是解决问题，最终还是要回到法治的轨道上来。对那些以表达诉求、解决问题为名寻衅滋事、破坏公共秩序的违法犯罪行为，要按相关法律规定严肃处理，坚决防止形成"不闹不解决、小闹小解决、大闹大解决"的错误导向。

我们注意到，张某国案件发生后，引发了一定社会关注。其中，不乏理性之论、建设之言，但也有少数杂音，有的直接对人民法院或相关法官进行抨击，有的将其"定调"为公民正常行使举报权利，有的上升到维护民营企业家群体合法权益的高度等，这样一些言论，可能会增加社会的对抗性，不符合法治思维和法治方式，不利于引导群众依法理性表达诉求，难以实现维护公民诉求表达权利与公共秩序的统一。因此，这本身也是一种非理性的行为。

法治兴则国家兴，法治强则国家强。让群众把依法理性表达诉求当成一种自觉和习惯，形成良好的法治风尚和法治环境，需要全社会的共同努力。在这方面，司法机关责无旁贷、责任重大。应从讲政治和全局的高度认识到做好引导群众依法理性表达诉求工作的极端重要性，坚持公正廉洁文明规范司法，充分发挥司法职能作用，在司法办案中注意教育疏导、析法明理，加强和改进群众表达诉求行为引导，让群众认识到法治才是实现诉求的最佳路径和最优选择，真正把司法过程变成增强群众法律意识、践行为人民服务的过程，努力让人民群众在每一个司法案件中感受到公平正义。

# 筑牢公民个人信息保护的司法防线*

　　2018 年 5 月 25 日，备受社会关注的湖南益阳商人吴某戈雇人偷拍法官侵犯公民个人信息案在湖南省安乡县人民法院一审宣判，判决吴某戈犯侵犯公民个人信息罪，判处有期徒刑 4 年，犯骗取贷款罪，判处有期徒刑 4 年，数罪并罚，决定执行有期徒刑 6 年。吴某戈因其侵犯公民个人信息的犯罪行为受到法律的惩罚，表明了司法机关严肃惩处侵犯公民个人信息安全犯罪、切实维护人民群众个人信息安全以及人身、财产权益的鲜明态度和坚定立场。事实再次说明，法治社会公民应当采取理性、合法的方式表达利益诉求，通过法定程序维护权益。如果利益诉求脱离客观理性、表达方式偏离法治轨道，结果不仅会事与愿违，而且会受到法律的制裁。

---

　　* 原载《人民法院报》2018 年 7 月 18 日第 2 版。

## 一、定性准确、罚当其罪的判决

人民法院对吴某戈侵犯公民个人信息案的审判，严格贯彻刑法和刑事诉讼法，坚持以事实为根据、以法律为准绳，坚持罪刑法定和罪责刑相适应，坚持证据裁判和程序公正，定罪准确、量刑适当，让人民群众在这一司法个案中感受到了公平正义。

所谓侵犯公民个人信息罪，是指违反国家有关规定，向他人出售或者提供公民个人信息，窃取或者以其他方法非法获取公民个人信息，情节严重的行为。这里的"公民个人信息"包括身份识别信息和活动情况信息。具体来说，是指以电子或者其他方式记录的能够单独或者与其他信息结合识别特定自然人身份或者反映特定自然人活动情况的各种信息，包括姓名、身份证件号码、通信通讯联系方式、住址、账号密码、财产状况、行踪轨迹等。另外，《最高人民法院、最高人民检察院关于办理侵犯公民个人信息刑事案件适用法律若干问题的解释》（法释〔2017〕10号，以下简称《解释》）第5条还明确了非法获取、出售或者提供公民个人信息"情节严重""情节特别严重"的认定标准，为法官裁判案件提供了具体、明确的规则依据。就吴某戈侵犯公民个人信息案来说，根据湖南省安乡县人民法院判决认定的事实，2015年1月至

2016 年 5 月，吴某戈因不满益阳市有关法院对涉及益阳五洲房地产开发有限公司的民事诉讼所作出的裁判，雇佣张某理等人，采取在汽车底盘上秘密安装 GPS 定位器的方式，多次对益阳市相关法院的多名法官及其家人的行踪进行定位，并实施跟踪、偷拍；吴某戈还通过张某理找公安民警和移动公司员工购买或索要，非法获取益阳市相关法院多名法官及其家人、相关案件委托代理律师及其家人的住宿、消费、出行、房产、车辆、住址、户籍、通信记录等个人信息。吴某戈将非法获取的部分出行、住宿、消费信息通过剪辑、整理后借举报之名在互联网上炒作，引起社会广泛关注，给被害人及其家属造成巨大精神压力，严重影响其日常工作和生活。其中，吴某戈为主组织并亲自参与非法获取公民行踪轨迹和财产信息 921 条、通信记录和住宿信息 321 条、其他公民个人信息 209 条。由上不难看出，吴某戈出于对相关案件民事诉讼不满的犯罪动机，在非法获取公民个人信息犯罪意图的支配下，实施了雇人窃取、购买、索要等方式非法获取公民个人信息的行为，并且达到了情节特别严重的程度。首先，吴某戈雇人非法获取的公民住宿、消费、出行、房产、车辆、住址、户籍、通信记录等，属于《刑法》第 253 条之一规定的典型"公民个人信息"。其次，吴某戈雇佣张某理等人，采取在汽车底盘上秘密安装 GPS 定位器的方式对公民的行踪进行定位，并实施跟踪、偷拍；而且还通过张某理找公安民警和移动公司员工购买或索要等方式获取公民个人信息，属于窃取或以其他方法非法获取公民个人信息的行为。最后，吴某戈非法获取公民个人信息数量巨大，仅是其为主组织并亲自参与非法获取的公民行踪轨迹和财产信息就达921条，远超过500条，达到了司法解释所要求的"情节特别严重"的标准。根据《解释》第5条的规定，非法获取、出售或者提供行踪轨迹信息、通信内容、征信信息、财产信息50条以上的，即属于侵犯公民个人信息"情节严重"的情形之一；数量或者数额达到前述标准10倍以上的，则属于"情节特别严重"的情形。除此之外，非法获取、出售或者提供公民个人信息，造成被害人死亡、重伤、精神失常或者被绑架等严重后果的，或者造成重大经济损失或者恶劣社会影响的，或者其他情节特别严重的，都属于《解释》所规定的"情节特别严重"的情形。毋庸置疑，无论是从吴某戈非法获取公民个人信息的数量看，还是从其非法获取公民个人信息行为造成的后果及恶劣社会影响来看，吴某戈的行为都属于侵犯公民个人信息情节特别严重，依法应当适用"3年以上7年以下有期徒刑，并处罚金"的刑罚幅度。湖南省安乡县人民法院根据吴某戈侵犯公民个人信息犯罪的事实，犯罪的性质、情节和对于社会的危害程度，依法以侵犯公民个人信息罪判处吴某戈有期徒刑4年，可谓定性准确、罚当其罪，体现了罪责刑相适应的原则和要求，经得起法律和历史的检验。

## 二、在法治轨道内理性表达诉求

《宪法》第41条规定："中华人民共和国公民对于任何国家机关和国家工作人员，有提出批评和建议的权利；对于任何国家机关和国家工作人员的违法失职行为，有向有关国家机关提出申诉、控告或者检举的权利，但是不得捏造或者歪曲事实进行诬告陷害。"诚然，申诉权、控告权、检举权是《宪法》赋予公民的重要民主监督权利，但是上述权利的行使应当遵循法治的原则和要求，采取理性、合法的方式，特别是不得捏造或者歪曲事实进行诬告陷害。公民举报官员涉腐行为，应当通过合法的途径或者方式提供线索或者收集证据，如通过律师依法调查取证等，而且要围绕被举报人涉嫌违法犯罪的事实来提供证据，不得通过窃取、胁迫、恐吓、非法侵入他人计算机系统等方法非法获取公民个人信息，当然也不能把合法途径和方式获得的公民个人信息用于实施违法犯罪活动。也就是说，反腐举报提供线索或者收集证据，不得违反法律法规的禁止性规定，举报要落实在公共利益上，必须摒弃为举报而"不择手段"收集证据的错误观念。在公民举报维权中，凡是通过正当合法途径包括经权利人授权同意获取的公民个人信息、委托律师依法收集的有关证据材料等，无论是言词证据、视频资料还是实物证据，都可以作为证据提供。采取暴力、威胁、故意伤害等非法手段取得的言词证据，应予以排除，即使它是真实、可靠的，也不应作为证据采信。物证、书证的取得明显违反法律规定，可能影响公正司法，又不能补正或者作出合理解释的，也不应采信。事实上，只有通过合法渠道和方式取得证据，履行法律程序，充分合理表达，才能有助于问题更快、更好地解决。

# 勿因贪"小便宜"犯大错[*]

在信息网络时代，电商平台通过提供"首单优惠"等活动吸引新用户注册和下单体验，本是常见的促销活动，也受到诸多消费者的欢迎。然而，一些用户和不法分子采取恶意欺骗手段，利用平台漏洞反复"薅羊毛"，进行不正当牟利，给平台商家造成巨大经济损失，引发社会广泛关注。

从法律性质上看，电商平台提供的商品或者服务，若明示或者规定消费者可以享受"首单优惠"，则属于"要约"，实即平台向消费者做出的希望与其订立合同的意思表示，消费者的注册和下单体验则是"承诺"。只要消费者做了承诺，那么电商平台则受要约内容（商品或服务价格、品质等）的约束。这是电商平台从事经营活动应当遵循自愿、平等、公平、诚信原则和保护消费者合法权益的题中应有之义。同理，

* 原载《人民日报》2021 年 9 月 7 日第 12 版。

如果消费者采取恶意手段，钻平台漏洞和法律空子，反复冒充新用户享受"首单优惠"，则不仅有违诚实信用原则和商业道德，而且直接触碰法律的"红线"，轻则需要承担赔偿损失等民事责任，重则会被刑事制裁。

在市场经济活动中，消费者享有自主选择商品或者服务的权利，但也应当有公平交易的意识，若以非法占有为目的，恶意利用平台漏洞，采取冒充"新用户"等隐瞒真相的方法牟取非法利益，骗取数额较大的财物，则完全符合了诈骗罪的犯罪构成要件，依法应以诈骗罪追究刑事责任。以恶意欺骗手段从电商平台"薅羊毛"，其结果常常是"羊毛"没"薅"多少，自己却被处理了，因为，你已经违法或者犯罪了。

电商平台上"薅羊毛案"时有发生，也不能全怪消费者喜欢"薅羊毛"，究其根源，其背后的网络黑灰产团伙才是真正的"帮凶"，无论是运营"接码平台"还是在手机中植入非法程序，都为恶意"薅羊毛"提供了直接便利和条件。有效治理电商平台上"薅羊毛"乱象，需要正本清源，依法严厉打击此类违法犯罪背后的网络黑灰产业链条，加强源头治理、综合治理。电商平台要完善运营管理，及时堵塞系统漏洞，充分运用大数据等技术手段精准识别"新用户"，切实履行主体责任。相关职能部门要履行好监管职责，加大对恶意"薅羊毛"行为的惩戒力度，有效切断"薅羊毛"的暗黑渠道。消费者也要提高自身思想道德修养和法律意识，坚决抵制"薅羊毛"行为，避免因贪"小便宜"而铸大错。

# 多管齐下，综合治理高空抛物现象<sup>*</sup>

近年来，高空抛物事件时有发生，严重威胁、损害人民群众生命和财产安全，影响社会和谐稳定，成为社会公众关注的焦点问题之一。特别是高空抛物因取证困难而给追责带来重重考验，引发了许多人对"头顶上的安全"的担忧。

杜绝高空抛物，有效治理高空抛物这一"悬在城市上空的痛"，既是维护人民群众"头顶上的安全"、筑牢城市安全文明底线的现实需要，也是适应新时代人民群众日益增长的美好生活需要、保障人民群众安居乐业和维护社会公平正义的客观要求，有助于增强人民群众的获得感、幸福感、安全感。

高空抛物不仅仅是不文明、不道德行为，更是制造了法所不允许的法益侵害风险，极易造成重大事故和人身伤亡、

＊ 原载《人民日报》2021 年 8 月 17 日第 11 版，标题有改动。

财产损失，具有高度的危险性和严重的社会危害性，对其予以法律制裁已经迫在眉睫。"民有所呼，法有所应"，2021年1月1日起正式实施的《民法典》明确禁止从建筑物中抛掷物品，规定从建筑物中抛掷物品或者从建筑物上坠落的物品造成他人损害的，由侵权人依法承担侵权责任，禁止"高空抛物"从道德约束上升为法定义务。2021年3月1日施行的《刑法修正案（十一）》也积极回应社会关切，将情节严重的高空抛物行为纳入了刑事制裁范围，大大提高了高空抛物的违法成本和代价，传递出依法严厉惩处高空抛物行为、切实维护人民群众"头顶上的安全"的强烈信号，体现了以人民为中心的司法理念，对于有效遏制高空抛物现象、进一步提升人民群众的安全感，具有重要意义。

当然，对高空抛物现象的治理是一项系统工程，离不开法律、技术与道德层面的共治，除了法律规制和制裁之外，尚需加强法治宣传教育力度，提高城镇居民道德素质，增强居民的责任心和安全意识，推进文明社区建设，改革创新基层治理方式。唯有全社会共同努力，才会少些"悬在城市上空的痛"，真正让人为制造的"飞来横祸"不再发生，让高楼下的人不再担惊受怕。

# 扫黑除恶的时代意义和法治内涵<sup>*</sup>

　　日前，党中央、国务院发出了《关于开展扫黑除恶专项斗争的通知》，决定在全国开展扫黑除恶专项斗争。这次扫黑除恶专项斗争，是在全面建成小康社会决胜阶段、中国特色社会主义进入新时代的关键时期部署开展的，是以习近平同志为核心的党中央审时度势作出的重大决策部署，其规格之高、力度之大、范围之广前所未有，充分表明了在全国开展扫黑除恶专项斗争的极端紧迫性和重要性，充分彰显了党中央坚决扫除黑恶势力的鲜明态度和坚定决心，必将有力地增强人民群众的获得感、幸福感、安全感，对于保障人民安居乐业、社会安定有序和国家长治久安，意义重大而深远。

---

＊　原载《紫光阁》2018 年第 3 期。

## 一、在全国开展扫黑除恶专项斗争的重大政治和法治意义

第一，体现了党立党为公、执政为民的执政理念。近年来，我国对黑恶势力保持高压态势，取得明显成效，但当前涉黑涉恶问题仍然比较突出，黑恶势力的组织形态、行为手段、攫取利益的方式出现新动向，滋生黑恶势力的土壤和条件仍然存在，黑恶势力处于活跃期的基本态势没有改变，其欺压残害群众、严重破坏社会秩序的本质没有改变，人民群众对此深恶痛绝。在全国开展扫黑除恶专项斗争，必然会打掉一批黑恶势力组织及其"保护伞"，最大限度地挤压黑恶势力的生存空间，更好地保障广大人民群众的合法权益。可以说，扫黑除恶是让人民群众过上更加美好生活的一项"民心工程"。要从立党为公、执政为民的高度来认识此次开展扫黑除恶专项斗争的必要性和重要性，充分认识到扫黑除恶不仅是维护社会治安的问题，也是重要的政治问题、民生问题，事关人心向背和人民群众的安居乐业。

第二，维护社会安定有序、实现国家长治久安的现实需要。当前我国处于发展的重要战略机遇期，同时也处于社会矛盾凸显期和刑事犯罪高发期，黑恶势力危害严重，往往集多种违法犯罪于一体，与淫秽、赌博、吸毒、传销、拐卖等违法犯罪问题也呈现出合流趋势，严重损害人民群众的获得

感、幸福感、安全感。特别是近年来各种社会消极因素和人民内部矛盾增多，而且矛盾的关联性、聚合性、复杂性、敏感性和对抗性明显增强，这也在一定程度上助长了黑恶势力的滋生和发展。很多群体性事件和突发性事件的发生，就有黑恶势力介入或者在背后推波助澜，有的甚至就是由黑恶势力团伙直接制造、操控，意图要挟政府，谋求经济利益最大化。在黑恶势力猖獗的地方和行业，社会治安恶化，正义得不到彰显，如果不能有效铲除黑恶势力，就难以让社会安定有序，难以为改革开放和社会主义现代化建设创造安全稳定的社会环境。中央这次决定对黑恶势力果断"亮剑"，一个重要的目的就是要打掉黑恶势力这个社会"毒瘤"，重塑风清气正的朗朗乾坤，从而维护社会大局持续稳定，实现国家的长治久安。

第三，深入开展反腐败斗争、纯洁党员干部队伍的重要举措。一段时间以来，在一些地方和行业，黑恶势力与腐败分子相互勾结，出现了宗族恶势力、"村霸"、"保护伞"等违法犯罪，严重损害国家、社会利益和公民权益。黑恶势力之所以能长期称霸一方、为非作恶、屡禁不绝，重要原因就是其背后往往有一项或多项"保护伞"。如果没有"保护伞"撑腰或者支持、纵容，黑恶势力就不可能坐大成势。这次扫黑除恶专项斗争，坚持将扫黑除恶与反腐败斗争和基层"拍蝇"相结合，深挖黑恶势力"保护伞"，对扫黑除恶专项斗争中发现的"保护伞"问题线索优先处置，发现一起、查处一起，将腐败分子及时清除出党员干部队伍，必然会促进党的肌体健康和队伍纯洁，推动反腐败斗争向纵深发展和取得更大成效，进一步增强人民群众对党和国家的信心信赖。

## 二、以法治思维和法治方式推进扫黑除恶专项斗争

扫黑除恶专项斗争必须依法进行，这既是对以往打黑除恶专项斗争经验教训的汲取，也是新时代全面推进依法治国、建设社会主义法治国家的必然要求。在全面推进依法治国的新形势下，要坚决打赢扫黑除恶攻坚战，就应当以法治思维和法治方式推进扫黑除恶专项斗争，使扫黑除恶运行在法治的轨道上，真正做到既严厉打击各类黑恶势力违法犯罪，又依法依规有序开展，确保扫黑除恶法律效果、社会效果和政治效果的统一。

第一，扫黑除恶要恪守法治原则，不能运动化和扩大化。扫黑除恶恪守法治原则，不搞运动，不人为扩大，这是现代法治的必然要求。如果扫黑除恶出现运动化倾向，只顾"一阵风"，或者将普通的共同犯罪、犯罪集团或者恶势力人为拔高升格为黑社会性质组织犯罪来处理，那么，势必会导致扫黑除恶的扩大化、运动化，这必然会破坏社会主义法治，有悖于全面推进依法治国的根本要求。因此，要把法治理念贯

穿于扫黑除恶全过程，坚决不能采取那种以人划线、上挂下联、层层检查、人人过关的政治运动或者群众运动模式。当然，这并不等于扫黑除恶不走群众路线。事实上，扫黑除恶专项斗争要真正取得实效，就必须依靠人民群众的积极参与，应当鼓励群众积极举报涉黑涉恶违法犯罪，在社会上营造出对黑恶势力"人人喊打"的强大声威。此外，要坚持严格依法办案，注意明确政策法律界限，准确适用法律法规和掌握司法认定标准，真正做到以事实为根据、以法律为准绳，确保打得准、打得狠、打得稳，确保办理的案件经得住法律和历史的检验，避免出现冤假错案。

第二，扫黑除恶要贯彻宽严相济刑事政策，做到不枉不纵。宽严相济是我国的基本刑事政策，其对扫黑除恶尤其是惩治黑社会性质组织犯罪具有重要的指导意义。扫黑除恶贯彻宽严相济刑事政策，既要体现从宽的一面，也要体现从严的一面，要根据黑恶势力违法犯罪分子的具体违法犯罪事实、性质、情节、地位作用、主观恶性、认罪悔罪态度等，分别情况，区别对待，切实做到该宽则宽、当严则严、宽严有据、罚当其罪。对于黑恶势力组织中的组织者、领导者、指挥者、策划者、骨干分子及其"保护伞"要依法从严惩处，该判处刑罚或重刑的要坚决判处，绝不手软。对于起次要、辅助作用的一般参加者、受胁迫而被裹挟者及犯罪情节较轻的其他参加人员，依法从轻、减轻或者免除处罚；对涉案的未成年人，要充分考虑其身心特点和接受改造、回归社会的实际需要，审慎认定涉黑罪名，依法从宽处罚。

第三，扫黑除恶要做到有案必查、有黑必扫、有恶必除、除恶务尽，不搞选择性作为。要以"零容忍"态度开展扫黑除恶专项斗争，坚持打早打小，始终保持对各类黑恶势力违法犯罪的严打高压态势，迅速形成对黑恶势力违法犯罪的压倒性态势。诚然，扫黑除恶应当坚持问题导向、突出重点，要把打击锋芒对准群众反映最强烈、最深恶痛绝的各类黑恶势力违法犯罪，诸如群众反映最强烈的涉及威胁政治安全、把持基层政权、欺行霸市、操纵经营黄赌毒等黑恶势力违法犯罪，但决不能搞选择性作为、选择性扫黑除恶。扫黑除恶必须不留死角，没有"禁区"，没有免罪的"丹书铁券"，不能搞特赦变通，应当发现一起查处一起，发现多少查处多少，真正做到有案必查、有黑必扫、有恶必除、除恶务尽。只有这样，扫黑除恶才能真正赢得人民群众的信任和拥护。

第四，扫黑除恶要注意充分保障犯罪嫌疑人、被告人的诉讼权利，不能忽视程序正义。司法公正是法治的生命线，在扫黑除恶过程中，既要重视实体正义，也不能忽视程序正义。在切实保护被害人、普通公民合法权益的同时，也要充分保障犯罪嫌疑人、被告人的诉讼权利，执法办案不能忽视程序正义。要主动适应以审判为中心的刑事诉讼制度改革，切实把好案件事实关、证据关、程序关和法律适用关，依法、准确、有力惩处黑恶势力违法犯罪。不管是什么样的涉黑涉恶案件，追究行为人的刑事责任都应当经过正当的法律程序，只有确保案件事实清楚，证据确实、充分，才能定案，要努力把每一起案件都办成经得起历史和法律检验的铁案，努力让人民群众在每一个涉黑涉恶案件中感受到公平正义。在法治成为时代主旋律的今天，扫黑除恶更应牢固树立证据意识、程序意识，严格落实罪刑法定、疑罪从无、证据裁判、非法证据排除等法律原则和制度，要注意充分保障被告人等相关当事人的诉讼权利，以体现程序正义的理念和精神。我们没有理由说，为了确保能打掉一些黑恶势力，就必须给司法权力横冲直撞的理由。任何忽视甚至违反程序正义的做法都是不符合现代法治精神的。

# 推进扫黑除恶常态化发展 <sup>*</sup>

2018 年 1 月，党中央、国务院发出《关于开展扫黑除恶专项斗争的通知》，在全国范围内开展扫黑除恶专项斗争。这场为期三年的扫黑除恶专项斗争，彻底打击了黑恶势力的嚣张气焰，有效遏制了黑恶犯罪的滋生蔓延，显著改善了社会治安环境，有力增强了人民群众的获得感、幸福感、安全感，赢得了人民群众的高度肯定和广泛赞誉。目前，专项斗争已取得了胜利，实现了预期目标，扫黑除恶从专项斗争转向常态化。新形势下如何实现扫黑除恶常态化发展，从而有力巩固拓展扫黑除恶专项斗争成果，防止黑恶势力死灰复燃、卷土重来，无疑是专项斗争收官之后必须面对的现实问题，也是人民群众非常关心的问题。为此，本文试提几点不甚成熟的思考和建议。

---

　　* 原载《人民法院报》2021 年 4 月 15 日第 6 版。

一是始终坚持以法治思维和法治方式扫黑除恶。扫黑除恶必须依法进行，这既是对以往扫黑除恶专项斗争经验教训的汲取，也是新时代全面依法治国、建设社会主义法治国家的必然要求。在扫黑除恶进入常态化发展阶段，更应当坚持法治思维和法治方式，强化扫黑除恶的法治保障，使扫黑除恶始终运行在法治的轨道上，做到既严厉打击黑恶势力违法犯罪，又依法依规有序开展，实现扫黑除恶法律效果、社会效果和政治效果的有机统一。要尽快出台《反有组织犯罪法》，推动扫黑除恶工作机制化、常态化开展，提升扫黑除恶工作法治化、规范化、专业化水平，为遏制黑恶犯罪滋生蔓延提供法治保障。要切实恪守法治原则，坚持严格依法办案，准确把握法律政策界限，做到以事实为依据、以法律为准绳，把好涉黑涉恶案件事实关、证据关、程序关和法律适用关，既不"降格"也不"拔高"，依法、准确、有力惩处黑恶势力违法犯罪，避免出现冤假错案。要全面贯彻宽严相济的刑事政策，根据涉黑涉恶人员违法犯罪事实、性质、情节、主观恶性、认罪悔罪态度等区别对待，该宽则宽、当严则严、宽严有据、罚当其罪。要牢固树立程序公正理念，充分保障涉黑涉恶人员的诉讼权利，严格依照法定条件和程序处置涉案财产，努力把每一起涉黑涉恶案件办成经得起法律和历史检验的"铁案"，让人民群众在涉黑涉恶案件的司法处理中感受到公平正义。

二是在扫黑除恶"打伞破网"上持续发力。实践中，黑恶势力如果没有"保护伞"撑腰或者其背后没有强大的"关系网"，就难以坐大成势。黑恶势力在一些地方之所以长期盘踞，往往是有"保护伞"纵容、支持，甚或黑恶势力直接与"保护伞"彼此捆绑、深度勾连，形成利益共同体，得以游走于法律之外。可以说，"保护伞"一日不除、"关系网"一日不破，黑恶势力就有可能"野火烧不尽，春风吹又生"，人民群众就会有顾虑。因此，在扫黑除恶常态化发展的过程中，应聚力深挖彻查黑恶势力"保护伞"，持续加大工作力度，努力凝聚起拔除"保护伞"、剪断"关系网"的强大合力。特别是纪委监委在扫黑除恶中要强化职责履行，注意把反腐败斗争与常态化扫黑除恶有机结合起来，探索完善提级交叉办案、回溯核查等有效工作机制，坚决排除扫黑除恶过程中的外部干扰，推动一查到底、伞网清除，推动修复被黑恶势力污染的政治生态，助力彻底铲除黑恶势力滋生的土壤。

　　三是持之以恒推进重点行业领域乱象治理。重点行业领域乱象为黑恶势力的滋生提供了土壤，也是黑恶势力"前打后生"的重要原因之一。实践中，一些行业领域利益资源高度集中、存在政策和制度漏洞、行业监管不力、行刑衔接机制不畅等，使得黑恶势力出现屡打不绝、周期性反复现象。为此，应坚持扫黑、除恶、治乱同步推进，强化源头治理，在扫黑除恶中持续推进重点行业领域乱象整治，完善重点行业领域市场准入、行业管理等相关制度机制，堵塞政策和管理漏洞，真正实现打击与防范、治标与治本有机统一。要紧盯社会治安、乡村治理、金融放贷、工程建设、交通运输、市场流通、资源环保、信息网络、文化旅游等重点行业领域乱象，以"零容忍"的态度重拳出击，严厉惩治这些重点行业领域的涉黑涉恶违法犯罪，集中解决群众反映强烈的突出问题，切实增强人民群众的安全感和满意度。要进一步夯实行业监管部门的主体责任，健全重点行业领域监管机制，充分发动群众参与重点行业领域乱象治理，在建立健全长效长治机制上下功夫，推动重点行业领域乱象治理工作向纵深发展。

四是精准有效开展扫黑除恶督导督办。做好扫黑除恶督导督办工作，可以压实地方扫黑除恶政治责任，及时解决扫黑除恶中的重点难点问题，提升涉黑涉恶案件办理质效，助力扫黑除恶常态化见真章、出实效。要坚持问题导向、效果导向，紧盯重点案件、重点线索、重点行业、重点问题开展督导督办，地方可结合实际挂牌督办相关重点案件和线索。要创新和改进扫黑除恶督导督办方式，探索完善特派督导组（员）、机动式督导督办、"点穴"式督导督办、"回头看"式督导督办等有效督导督办方式，及时发现解决问题，增强督导督办的实效。要强化责任意识，准确把握督导督办要求，层层压实责任，联动开展督导督办，推动形成"横向到边、纵向到底"的督导督办工作格局，切实把督导督办成果转化为扫黑除恶的实际成效。

五是强化扫黑除恶案例指导。"一个案例胜过一打文件"。案例是司法实践中鲜活生动的法治教材，凝结了司法工作的智慧经验。在扫黑除恶专项斗争开展过程中，最高人民法院、最高人民检察院曾先后发布过多批开展扫黑除恶专项斗争的典型案例，社会反响良好，为引导地方司法机关准确把握黑恶势力犯罪的基本特征和构成要件，严把案件事实关、证据关、程序关和法律适用关，确保法律统一正确实施，发挥了重要作用。在扫黑除恶常态化发展的新阶段，这一成功经验值得传承和发扬，司法机关要继续强化案例意识，将指导性案例、典型案例作为新时期扎实推进扫黑除恶常态化、提升群众对扫黑除恶工作满意度的重要抓手，积极回应群众司法需求。除了最高人民法院、最高人民检察院可以发布扫黑除恶指导性案例、典型案例之外，省级人民法院、人民检察院也可收集、筛选和发布涉黑涉恶典型案例，加强对下指导。无论是指导性案例还是典型案例，其作为司法经验和智慧的结晶，完全可以成为司法机关未来办理涉黑涉恶案件的重要参考和指导。要完善指导性案例、典型案例的生成机制，优化指导性案例、典型案例的发现、审查、发布、汇编、整理等程序，尤其是要精准提炼指导性案例、典型案例在事实认定、证据运用、法律适用、政策把握等方面的办案理念、指导要点和裁判规则，真正提升案例指导的应用效能。

# 织密惩治贪污贿赂犯罪的法网 <sup>*</sup>

2016 年 4 月，最高人民法院、最高人民检察院联合发布《关于办理贪污贿赂刑事案件适用法律若干问题的解释》，明确了贪污贿赂犯罪的定罪量刑标准以及死刑、终身监禁、罚金等的适用原则和条件，对当前办理贪污贿赂犯罪案件较为突出的法律适用问题提出处理意见，为惩治贪污贿赂犯罪提供了有力的法律依据和明确的规范指引。这是司法机关贯彻法治反腐理念、依法从严惩治贪污贿赂犯罪所作的又一次重要努力。

反腐败务必从严，重点是要严厉惩治贪污贿赂犯罪。贪污贿赂犯罪是腐败最为集中、最为严重的表现形式，也是群众最痛恨的腐败行为。严厉惩治贪污贿赂犯罪，是全面从严治党的必然要求，也是广大群众的共同愿望。十八大以来，

---

* 原载《光明日报》2016 年 6 月 6 日第 10 版。

中央始终保持反腐败的高压态势，坚持以零容忍态度惩治腐败，"老虎""苍蝇"一起打，一大批贪污贿赂犯罪分子被绳之以法，深得党心民心。这次出台的司法解释，从合理确定贪污受贿犯罪定罪量刑具体数额标准到赋予终身监禁制度刚性，从加大经济处罚力度到扩张解释贿赂犯罪构成要件，从受贿与行贿一并惩罚到对贪赃枉法型贿赂犯罪实行数罪并罚，通篇"严"字当头，强调依法从严惩治贪污贿赂犯罪，是对党中央坚定不移反对腐败的决心没有变、坚决遏制腐败现象蔓延势头的目标没有变的生动诠释，从中我们看到了司法机关猛药去疴、重典治腐的信心与决心。

法治反腐是当代世界反腐败的主流，也是我国反腐倡廉建设的发展方向。确保反腐败斗争取得根本成效、避免"人存政举、人亡政息"历史困局的最好办法，就是坚持以法治思维和法治方式反腐败，加强反腐倡廉制度建设，使反腐败走向规范化、制度化。无论是反腐惩治还是反腐预防，无论是反腐执纪还是反腐执法，无论是反腐立法还是反腐司法，都应当充分贯彻现代法治的精神和理念，让法治反腐成为新的常态。司法机关将惩治贪污贿赂犯罪实务中一些具有普遍意义的做法和成功经验规范化、制度化，及时上升为司法解释条文，进一步夯实了法治反腐的制度基础，鲜明体现了法治反腐的理念，是我国反腐败法治建设的重要成果。

民意是观察反腐问题的晴雨表。群众对当前反腐败工作是信任和支持的，这是不争的事实。从十八届三中、四中全会有关反腐败工作的重要部署到《刑法修正案（九）》修订完善惩治贪污贿赂犯罪法律规定，再到司法机关出台贪污贿赂犯罪法律适用问题的解释，群众是点赞的。虽然根据经济社会的发展变化和贪污贿赂犯罪案件办理的实际情况，适当调整了贪污受贿犯罪定罪量刑的具体数额标准，但社会总体反响正面、积极，主流民意高度支持，并不认为反腐败力度有所降低。这充分表明我国民众的反腐观念日趋成熟、理性。实际上，以零容忍态度惩治腐败重在强调有贪必肃、有腐必反、除恶务尽，而绝不意味着对腐败行为实行刑事犯罪门槛的零起点。毕竟，党纪严于国法，惩治腐败在刑罚之前还有纪律处分，要合理协调刑事犯罪与违纪行为之间的关系，做到衔接有序、运转顺畅，刑法制裁必须为纪律发挥作用留有空间，以体现"把纪律挺在法律前面"的精神。

徒法不足以自行。司法解释颁布出台了，并不代表它就能自动发挥作用。虽有严密的规范制度，但若制度只是"稻草人"，那么让制度发挥积极正向功效就只能是一句空话。"牛栏关猫"式的制度是不行的，制度空转、执行制度流于形式更是不行的！法律的生命在于实施，司法解释的生命也在于实施，这一重要司法解释颁布后，司法机关认真落实、不折不扣地执行就是关键。要坚决摒弃以往司法实践中曾经出现的贪污受贿达到数额较大标准而由检察机关进行"内部消化"处理的做法,更应杜绝对小贪小腐搞"罚酒三杯"式的假惩罚。只有这样,才能使规范制度成为硬约束,才能使反腐败的"达摩克利斯之剑"始终高悬,让"法律红线不能触碰、法律底线不可逾越"的观念深入人心。

依法从严惩治腐败是一项任重而道远的工作,永远在路上。反腐败仅"上面九级风浪"是不行的,需要层层传导压力,推动反腐败向基层延伸,打通反腐"最后一公里",让老百姓更直接、现实地感受到反腐败的成效。同时,反腐败仅仅靠纪检、司法机关单打独斗和孤军奋战也是不行的,需要各界及全社会齐抓共管、协同努力,共同推进党风廉政建设和反腐败工作任务的落实。

# 理性看待刑事责任年龄下限个别下调*

近年来，不满十四周岁的低龄未成年人实施的故意杀人、故意伤害等恶性犯罪案件时有发生，行为人因未达到法定最低刑事责任年龄而免受刑事制裁，引发社会高度关切。这类案件普遍具有犯罪人心理异常、犯罪手段成年化、犯罪情节恶劣、犯罪后果严重等特点，不仅严重侵害被害人的生命安全和身体健康，而且冲击社会容忍底线，增加民众恐慌和焦虑情绪，成为影响社会和谐稳定的重要因素。

长期以来，我国《刑法》规定的法定最低刑事责任年龄是14周岁，不满14周岁即属于完全不负刑事责任的年龄阶段。14周岁以下的低龄未成年人实施的任何犯罪，都不负刑事责任。就是已满14周岁不满16周岁的未成年人，也只对八种明显具有严重社会危害性的犯罪负刑事责任。应当说，

---

* 原载《民主与法制时报》2021年2月3日第6版。

我国《刑法》规定的刑事责任年龄下限，经过了长期的实践检验，总体上是符合未成年人身心发展特点和成长规律的，也体现了对未成年人犯罪坚持"教育为主，惩罚为辅"的原则和实行教育、感化、挽救的方针，故不宜贸然对刑事责任年龄下限进行普遍性下调。

当然，刑事责任年龄下限不应普遍性下调，并不等于《刑法》关于刑事责任年龄的规定尽善尽美。恰恰相反，完善我国刑事责任年龄立法，包括科学设定刑事责任年龄的下限标准，确有必要性和现实可行性。其一，近年来未满14周岁的低龄未成年人实施恶性犯罪案件较为突出，并非个别现象，而且犯罪主体年龄主要集中在12至14周岁，犯罪类型以故意杀人、故意伤害、强奸等恶性暴力犯罪为主，具有严重的社会危害性，有必要从维护社会治安大局稳定、加强社会治理出发，统筹考虑未成年人犯罪治理、未成年人身心发展的特殊性以及未成年人犯罪原因的复杂性等因素，修改、补充刑法的有关规定。其二，我国未成年人刑事责任年龄立法，无论是立法的前瞻性还是立法的回应性，都不尽如人意，尤其是对刑事责任年龄下限采取"一刀切"式的刚性标准，难以适应低龄未成年人犯罪有效治理的现实需要。事实上，不少低龄未成年人实施故意杀人等特定恶性暴力犯罪时，客观上已具备刑法意义上的辨别和控制自己行为的能力，只是《刑法》将其划入完全不负刑事责任年龄阶段，推定其不具有刑事责任能力而已。如果不考虑实践中这种主观恶性大、有意为之甚或恶意利用刑事责任年龄下限规定实施恶性暴力犯罪的情况，那追求的只是一般正义而忽视了个别（个案）正义。而《刑法》对刑事责任年龄下限标准的设定，无疑需要兼顾一般正义与个别正义的平衡，这样才能更好地实现社会公平正义。其三，随着扫黑除恶斗争的深入推进，实践中发现一些黑恶势力利用低龄未成年人心智不成熟、社会阅历浅、法治意识淡薄等弱点，拉拢、引诱甚至威逼他们加入黑恶势力组织并实施各种违法犯罪活动，意图规避刑事责任。此类案件中，不满14周岁的低龄未成年人因受刑事责任年龄下限的限制而不负刑事责任，但却被当作黑恶势力的犯罪工具利用，这不仅严重损害低龄未成年人的身心健康，而且也不利于从源头上预防低龄未成年人被黑恶势力拉拢。因此对《刑法》规定的刑事责任年龄下限作个别下调，不失为阻断黑恶势力向未成年人渗透、从严惩处黑恶势力犯罪的明智之举。其四，域外国家刑事责任年龄下限的法治经验，为我国刑事责任年龄立法的完善提供了有益启示。放眼域外，大多数国家都是以14周岁作为刑事责任年龄的下限标准，这表明国际社会将14周岁确定为刑事责任年龄的下限标准有较广泛之共识，但是其中就有不少国家如俄罗斯、乌克兰等国，在将14周岁确定为一般犯罪的刑事责任年龄下限时，同时规定未满14周岁的未成年人实施特定严重犯罪的，可以追究其刑事责任。此外，美国等英美法系国家对于低龄未成年人实施犯罪是否具有刑事责任能力的判断，一般遵循"恶意补足年龄"的规则。换言之，如果有证据证明未达到刑事责任年龄下限的低龄未成年人，实施犯罪时出于恶意，能够辨别是非善恶，则应推定其具有刑事责任能力。域外关于刑事责任年龄下限的某些法治经验，体现了原则性与灵活性相结合，确有值得称道之处。

在这种背景下，进一步完善我国刑事责任年龄立法，对刑事责任年龄下限标准进行适当微调，既适应惩治、预防低龄未成年人犯罪的现实需要，又缓和刑事责任年龄下限标准的刚性，为提升低龄未成年人犯罪治理能力提供有力法律支持，就是顺理成章的事了。2020年12月26日，第十三届全国人民代表大会常务委员会第二十四次会议通过的《刑法修正案（十一）》，就对《刑法》第17条进行了修改，增补规定："已满十二周岁不满十四周岁的人，犯故意杀人、故意伤害罪，致人死亡或者以特别残忍手段致人重伤造成严重残疾，情节恶劣，经最高人民检察院核准追诉的，应当负刑事责任。"此一补充修改既回应了社会关切，让"恶魔少年"不再有免罪的丹书铁券，同时又保持了刑法谦抑，避免不必要的刑罚扩张，显著增强了刑事责任年龄立法的针对性和实用性，无疑有助于遏制低龄未成年人恶性犯罪的滋生。

显而易见，《刑法修正案（十一）》对未成年人刑事责任年龄下限的修改，并非普遍性地降低法定最低刑事责任年龄，而是经特别程序对刑事责任年龄下限作个别下调，其主要目的是对极少数、极个别的已满12周岁不满14周岁的低龄未成年人实施的恶性犯罪进行有效制裁。从实体内容看，立法从犯罪主体的年龄段、触犯罪名、危害后果、犯罪情节等多个方面作了非常严格的限制；从程序启动看，对这类案件的追诉，必须报经最高人民检察院核准，彰显了程序的严格性和公正性。概言之，修正后的《刑法》规定的低龄未成年人犯罪应当负刑事责任的情形，限制十分严格、审慎。

"纵有良法美意，非其人而行之，反成弊政。"法律的生命力在于执行、在于实施，在《刑法修正案（十一）》对刑事责任年龄下限作个别下调之后，准确适用关于低龄未成年人犯罪的新规定就非常重要。从司法适用看，何谓"已满十二周岁不满十四周岁的人"、"犯故意杀人、故意伤害罪"、"致人死亡"、"致人重伤造成严重残疾"，评价标准相对客观，不存在解释上的疑惑。正确适用此一新规的关键是，准确阐释"特别残忍手段"、"情节恶劣"的规范含义。笔者认为，该条所说的"特别残忍手段"，应是指故意要造成他人严重残疾而采用毁容、挖人眼睛、砍掉人双脚等特别残忍的手段故意伤害他人的行为。所谓"情节恶劣"，属于综合性的衡量标准，主要是指犯罪的动机卑鄙、手段残酷、后果严重、社会影响恶劣，以及多次实施犯罪、屡教不改，毁灭罪证、嫁祸于人等。

最后，值得强调指出的是，低龄未成年人犯罪的有效治理是一项系统工程，需要多措并举、综合施策。立法对刑事责任年龄的下限作个别下调只是其中一环，还需从源头上做好预防和治理工作，包括健全预防未成年人犯罪的相关法律制度，强化家庭监护和学校教育的责任，整治影响低龄未成年人学习、生活的社会不良环境，加大政府对深处困境的低龄未成年人及其家庭的帮助和支持等。

# 遏制刑讯逼供的域外经验及其启示 *

刑讯逼供是导致冤错案件发生的重要原因。晚近曝光的不少冤错案件，诸如"吉林刘忠林案""安徽涡阳'五周杀人案'"等，无不与刑讯逼供密切相关。可以说，刑讯逼供的"幽灵"仍然徘徊在中国这块古老的土地上，成为损害司法公正、侵犯人权和妨碍刑事法治进步的重要顽疾。为有效遏制刑讯逼供这一现象，域外相关国家在法治实践中积极探索，积累了丰富的经验，形成了较为成熟的遏制刑讯逼供的制度机制。除了对刑讯逼供予以刑事规制之外，更为重要的是，有相对完善的权利保障机制、程序防范机制和权力监督制约机制。这为减少甚至杜绝刑讯逼供现象提供了重要保障。

其一，遏制刑讯逼供的权利保障机制。有效的权利保障机制是遏制刑讯逼供的有力武器。尤其是以下几项权利保障

＊ 原载《检察日报》2018 年 6 月 28 日第 3 版。

机制，对遏制刑讯逼供意义重大。一是不得强迫自证其罪权和沉默权。很多国家的宪法、刑事诉讼法或者刑事证据法中，都规定有不得强迫自证其罪的内容。如《日本刑事诉讼法》第146条规定："任何人，都可以拒绝提供有可能使自己受到刑事追诉或者受到有罪判决的证言。"不被强迫自证其罪，表明行为人可以拒绝作不利于自己的陈述，司法机关也无权强迫其认罪，这相当于给被追诉人提供了与控方抗衡的有力武器，避免其沦为司法机关追诉犯罪的工具，实质上也意味着司法机关通过刑讯逼供等强迫性手段从被追诉人处获取的有罪供述无效，这对遏制刑讯逼供现象应当说确有釜底抽薪之功效。关于沉默权，其核心含义是指被追诉之人对刑事指控有保持沉默的权利。沉默权的确立，使得被讯问人的人格尊严与诉讼主体地位得到尊重和彰显，从国外的实践看，其已成为遏制刑讯逼供的一个重要力量。二是讯问时律师在场权。大多数国家不仅规定犯罪嫌疑人在侦查阶段有获得律师帮助的权利，而且也赋予了讯问时的律师在场权。如在美国，"米兰达规则"就包括讯问时有权要求律师在场的内容，联邦最高法院在一系列判例中更是不断强化了讯问时的律师在场权，且对这一权利几乎没有限制。应当说，讯问阶段是最容易发生刑讯逼供现象的，赋予讯问时的律师在场权，不仅可以减少犯罪嫌疑人的心理恐惧，确保供述的自愿性和客观性，而且还能增强侦查程序的透明度，对遏制刑讯逼供有十分积极的作用。三是身体健康检查权。所谓身体健康检查权，是指允许被羁押者根据自己的意愿选择医生对其身体健康进行检查的权利。被选择的医生应该与羁押机关及其人员、被羁押者没有利害关系，以保证检查结果的客观、真实。赋予被羁押者身体健康检查权，有助于促进讯问的合法进行，当然也有利于对刑讯逼供证据的固定。法国、英国等诸多国家的刑事诉讼法都对被羁押者的身体健康检查权作了明确规定。

其二，遏制刑讯逼供的程序防范机制。合理设计有关程序规范，构筑严密的程序控制机制，亦是防止和遏制刑讯逼供的重要环节。域外在遏制刑讯逼供的有关程序规范和机制方面，也有不少好的做法和经验值得重视。一是严控讯问时间和场所。从司法实践情况看，很多冤错案件大都存在长时间连续讯问或者在封闭空间内讯问的情况。因此严格控制讯问的时间和场所，有助于遏制刑讯逼供现象的发生。如根据《英国警察与刑事证据法》的要求，在任何 24 小时内必须允许被拘留者享有连续 8 小时的休息时间，休息时间一般应在夜间，不受干扰、不被延迟，讯问的休息时间应为普通用餐时间，用茶点的短时间休息应每隔 2 小时一次；除法律规定的例外情况外，警察不得在除警察署或其他授权拘留地之外的任何地方对被捕的嫌疑人进行讯问。二是侦查讯问录音、录像。对讯问过程进行录音、录像，可以再现被讯问人接受讯问时的身体和精神状况，也能为讯问合法性的审查和证明提供直接依据，因而能够对刑讯逼供起到一定的防范作用。侦查讯问录音、录像制度在当今世界许多国家都实行。如在美国，大部分州侦查讯问录音录像是强制性的，一旦没有满足录音录像的条件，侦查机关获得的口供便失去证据效力。三是确立非法证据排除规则。非法证据排除规则对于遏制非法取证行为、保障被追诉者的人权和防范冤错案的发生等，具有重要意义。如美国不仅排除因刑讯逼供等非法手段直接获取的证据，而且对于因非法取证行为而间接获取的"毒树之果"，也一概排除，在采取强制排除模式中，法官的自由裁量权很少。

其三，遏制刑讯逼供的权力监督机制。由于侦查程序的封闭性以及羁押对人身自由的限制，刑讯逼供最易发生在审前羁押阶段。因此，对审前羁押阶段侦查权进行司法控制，通过外部力量介入对其进行监督制约，也是域外诸多国家遏制刑讯逼供的普遍做法。一是侦查权的司法控制制度。域外对侦查权的司法控制存在不同模式，有的采用治安法官授权制，有的采用司法令状主义制度，有的采用人身保护令制度等。如在英国，当侦查机关要对犯罪嫌疑人采取拘留、逮捕或讯问等强制措施时，必须事先向治安法官提出申请，并说明正当、合理的根据。通过对侦查权的司法授权控制或者强制性侦查行为的司法审查，有助于防止侦查权的滥用，客观上也大大减少了刑讯逼供的发生概率。二是独立的羁押巡视制度。简言之，就是由平民探访者或者非政府力量对羁押场所进行探访和巡视。如在匈牙利，设立了非政府组织——赫尔辛基人权委员会，负责对警察看守所与监狱进行非定期的巡视并评估羁押状况。该委员会通过对羁押场所的不定期巡视探访，可以了解被羁押人的羁押状况、羁押条件和待遇，督促相关机构合法羁押和保护被羁押人的人权，进而起到预防刑讯逼供发生的作用。

"他山之石，可以攻玉。"域外相关国家遏制刑讯逼供的法治经验，为我国遏制刑讯逼供提供了有益的启示。笔者认为，为推动我国刑讯逼供遏制机制的健全完善，在严密规制刑讯逼供行为刑事法网的基础上，应着力从以下几方面努力：

其一，严格控制讯问的时间和场所。对于被拘留的人，尽管法律要求在其被拘留后的 24 小时内讯问，但并没有对每次讯问的持续时间作出规定，也没有禁止夜间讯问。事实上，现在采取暴力、殴打等显性刑讯逼供行为的情况越来越少，而采取疲劳战术、夜间通宵审讯等隐性方式却时有发生，且往往被视为"有效策略"。这种所谓"有效策略"常使被讯问人供述的自愿性受到损害，无形中滋长了非法取证行为，理当予以禁止。例如，可考虑在刑事诉讼法中明令禁止夜间审讯，硬性规定单次连续讯问的时间不超过 4 小时，24 小时内必须保证被讯问人有 8 小时的休息时间等。另外，关于讯问场所，主要涉及监视居住指定居所问题。监视居住的严厉程度显然应低于拘留和逮捕，但在指定的居所（如宾馆等）执行，犯罪嫌疑人完全处在办案机关监控之下，相比看守所提讯更少受制约和监督，侦查人员完全可以零距离接触犯罪嫌疑人，且有充足时间随时进行讯问，这就给采用疲劳战术、夜间通宵审讯等方法逼取口供提供了可能和机会。因此，对于指定居所监视居住的情况，应有相应的防范措施，防止异化为变相羁押或者诱发刑讯逼供等非法取证现象。

其二，切实赋予犯罪嫌疑人沉默权。赋予犯罪嫌疑人沉默权是大势所趋，而且也是衡量一国诉讼文明程度和人权保障水平的重要标尺。建议删除刑事诉讼法中"犯罪嫌疑人对侦查人员的提问，应当如实回答"的规定。因为"不得强迫自证其罪"与"应当如实回答"之间存在内在的紧张关系，"应当如实回答"也就意味着行为人不能沉默，没有不陈述的自由，这必然会影响供述的自愿性，成为刑讯逼供或者强迫供述的重要诱因。而且"应当如实回答"也会严重影响"不得强迫自证其罪原则"功效的发挥，导致立法的目的难以实现。

其三，积极探索建立羁押巡视制度。建议在参酌域外经验并总结我国羁押巡视实践探索情况的基础上，探索建立中国特色羁押巡视制度，让社会公众以合适的途径和形式参与到羁押巡视之中。这不仅有利于打破羁押场所的神秘主义色彩，更好地监督和制约司法官员行使权力，从而起到遏制刑讯逼供发生的积极作用，而且也体现了司法的人民性属性，有助于提升司法公信力，形成文明、开放、规范的司法氛围。

# 依法准确适用特殊防卫制度<sup>*</sup>

近年来发生的多起涉正当防卫因素的热点案件，如于欢故意伤害案、昆山砍人案等，引发社会广泛关注。其中，争议的焦点是行为人的行为是否属于特殊防卫，是否防卫过当。这实际上涉及特殊防卫适用对象的规范解释问题。从《刑法》第 20 条第 3 款的规定看，特殊防卫的适用对象系正在进行的"行凶、杀人、抢劫、强奸、绑架以及其他严重危及人身安全的暴力犯罪"。从法教义学角度分析特殊防卫的适用对象，关键在于廓清《刑法》中特殊防卫适用对象的含义。

## 一、关于"暴力犯罪"的理解和适用

对于一般防卫权来说，防卫行为既可以针对暴力手段的

---

　　* 原载《检察日报》2018 年 10 月 29 日第 3 版。

不法侵害实施，也可以针对非暴力手段的不法侵害实施。但是，特殊防卫的实施只能针对暴力手段的不法侵害，对于非暴力手段的不法侵害不能进行特殊防卫。从《刑法》的有关规定来看，不仅法条所明确列举的"行凶、杀人、抢劫、强奸、绑架"等是典型的暴力犯罪，而且其所使用的概括性表述"其他暴力犯罪"，也清楚地表明特殊防卫只能针对暴力犯罪实施。对于非暴力的犯罪行为，只能进行一般防卫而不能特殊防卫。此外，尽管以暴力手段实施的犯罪范围是十分广泛的，但并非所有的暴力犯罪都是特殊防卫适用的对象，暴力犯罪还要受犯罪程度的限制。《刑法》第 20 条第 3 款所指的暴力犯罪，可以从以下几个方面来确定：一是从具体罪名上确定暴力犯罪的程度。有些犯罪，只要看其罪名，即可判断是否达到了严重危及人身安全的程度。如暴力危及飞行安全罪，就应允许进行特殊防卫。二是根据具体案件中是否具有"严重危及人身安全的威胁"来确定暴力犯罪的程度。有些犯罪，其暴力的程度可能会因为行为方式的不同而有较大的差异，轻的可能致人轻微伤或者轻伤，重的则可能致人重伤或者死亡。对于这类犯罪，应根据具体案件中犯罪分子所实际使用的暴力是否具有严重危及人身安全的程度来认定，对于行为强度足以致人重伤或者死亡的，则应当认为属于严重的暴力犯罪，可以实施特殊防卫。而对于仅仅可能造成轻微伤或者轻伤结果的，则不能实施特殊防卫。三是从法定刑幅度看，在刑法分则中，虽然有些犯罪如侮辱罪可以是以暴力手段实施，但是这些暴力犯罪都属于较轻的暴力犯罪，对此不能对其实施特殊防卫。若必须进行防卫的，也只能适用一般防卫的规定。

## 二、关于"危及人身安全"的理解和适用

特殊防卫必须在发生了危及人身安全的暴力犯罪侵害的时候才能实施，对于仅仅危及国家利益、公共利益或者财产权利的暴力犯罪侵害，只要这种侵害没有危及人身安全，则不允许进行特殊防卫。这是特殊防卫权不同于一般防卫权的一个重要特征。那么，什么是"危及人身安全"的暴力犯罪呢？从《刑法》列举的犯罪来看，主要是指侵犯人的生命权、健康权、自由权、性权利和身心健康等权利的犯罪。侵犯除此之外的其他权利的犯罪，不能纳入侵犯人身安全犯罪的范畴，也就不能成为特殊防卫所适用的前提条件。例如，在于欢故意伤害案中，杜志浩等人的违法讨债、非法拘禁、严重侮辱等不法侵害行为，虽然侵犯了于欢母子的人身自由、人格尊严等合法权益，但并非危及于欢母子人身安全的性质，因此于欢案并不存在特殊防卫的前提。当然，"危及"的形式不仅限于暴力犯罪造成了实际的严重损害，对于尚未造成实际损害但是具有造成实际损害可能性的暴力犯罪，同样存在

实施特殊防卫的可能性。因为法律并未规定特殊防卫的行为人必须身受重伤、已被抢劫、强奸既遂等才可以进行防卫。防卫的目的恰恰是使行凶、杀人、抢劫、强奸、绑架等暴力犯罪不能得逞，因此，即使防卫人根本没有受到实际伤害，也不应影响特殊防卫的成立。

## 三、关于危及人身安全暴力犯罪"严重性"的理解和适用

特殊防卫只能适用于严重危及人身安全的暴力犯罪。这是《刑法》对特殊防卫适用的前提条件在量上的规定。因而，如果是危及人身安全的暴力犯罪侵害，但侵害行为程度较轻的或者未达到严重程度的，只能进行一般防卫，不能实施特殊防卫。在实践中，许多被认定为防卫过当的案件都是由于暴力犯罪的程度尚未达到严重程度，故并未适用特殊防卫条款。而这些案件的防卫对象几乎均表现为"行凶"类的暴力犯罪。例如，在"吴某故意伤害案"中，李某等人使用暴力强行闯入吴某的宿舍，欲强行带走吴某同宿舍的尹某；吴某见尹某被殴打并被撕毁睡衣，即上前劝阻李某等人，遭到李某等人的殴打。在此过程中，李某从桌上拿起一把重 550 克的铁挂锁欲砸吴某，吴某顺手从床头柜上摸起一把水果刀，刺向李某进行防卫，导致李某死亡。该案中，由于吴某是对严重危及人身安全的暴力行为实施防卫，故虽然造成李某死

亡，也在《刑法》第20条第3款法律许可的幅度内，不属于防卫过当。又如，在"赵某故意伤害案"中，在赵某受到王某等人殴打的过程中，王某将寝室的木质扫帚的一头去掉，拿着木棒对着赵某的上半身进行殴打，赵某用左手抵挡，右手从自己后裤包拿出弹簧刀将王某捅成重伤。该案中，王某的不法侵害虽然危及人身安全，但并未达到严重的程度，而赵某虽然实施的是防卫行为，但其防卫明显超过必要限度造成了他人重伤的后果，属防卫过当，其行为构成故意伤害罪。由上可见，对于一般的暴力行为不能够认定为特殊防卫中的行凶，而只有对人身安全的危及达到严重的程度，才可能对其进行特殊防卫。

## 四、关于"行凶、杀人、抢劫、强奸、绑架"的理解和适用

《刑法》第20条第3款对特殊防卫的适用对象作了部分列举，即"行凶、杀人、抢劫、强奸、绑架"等严重危及人身安全的暴力犯罪。

第一，"杀人、抢劫、强奸、绑架"的含义相对比较明确，是一种罪名与手段相结合的立法形式，并非特指具体的某种罪名。"杀人、抢劫、强奸、绑架"应当包括具有同类性质或者相同手段的多种犯罪罪名。例如，对于《刑法》第269

条规定的准抢劫犯罪，应允许实施特殊防卫。此外，"杀人、抢劫、强奸、绑架"也可以是指以这四种手段实施的其他罪名的犯罪。如绑架犯罪，不仅包括《刑法》第239条规定的绑架罪，而且还包括以绑架的手段实施的触犯其他罪名的犯罪。如以出卖为目的，使用暴力、胁迫或者麻醉方法绑架妇女、儿童的行为，虽应当认定为拐卖妇女、儿童罪，但从犯罪手段上看，这是以绑架的手段实施的犯罪，应允许实施特殊防卫。

第二，"行凶"不是一个独立的犯罪罪名，一般是指故意实施的危及他人生命、健康的暴力犯罪行为。从特殊防卫的宗旨出发，"行凶"必须是程度严重的危及人身安全的暴力犯罪，即应理解为与杀人、抢劫、强奸、绑架等暴力犯罪大致相当的杀伤或其他严重危及人身安全的暴力犯罪行为，尤其是使用凶器对被害人进行暴力袭击，严重危及人身安全的行凶。否则，不能进行特殊防卫。例如，在"黄某故意伤害案"中，武某在黄某所经营的冷饮吧内，向黄某提出欲找女服务员陪酒的无理要求被拒绝后，又到其他房间寻衅滋事，被他人劝走后，回家携带凶器再次返回冷饮吧并先后两次对黄某实施砍击。在此过程中，黄某在推开武某的同时用刀捅伤武某腹部，致其重伤。该案中，武某实施的就是严重危及人身安全的"行凶"，黄某的行为应认定为特殊防卫。

# 咨政建言

# 关于深化新时期纪检监察体制机制
改革的建议<sup>*</sup>

党的十九大以来，党的纪律检查体制改革、国家监察体制改革和纪检监察机构改革有机融合、一体推进，较好解决了反腐败力量分散、纪法衔接不畅、监督对象覆盖不全等制约反腐败工作深入开展的问题。当前，我国纪检监察体制改革的"四梁八柱"已经搭建，"形"已具备，但"神"尚未形成，还有不少短板弱项要补齐。十九届中央纪委二、三、四、五次全会对新时期深化纪检监察体制改革做出了重要部署。当务之急，是要贯彻落实中央决策部署，持续深化纪检监察体制改革，一体推进不敢腐、不能腐、不想腐。结合当下纪检监察体制改革实践，我就新时期纪检监察体制改革可以探

---

* 在 2020 年 12 月 4 日中央纪委国家监委召开的"就深化纪检监察体制改革工作听取意见建议"座谈会上的发言。

索推进的几项举措，谈几点不甚成熟的建议和意见，供中央纪委国家监委决策时参考。

## 一、探索推行行贿人"黑名单"制度

在国家监察体制改革背景下，随着检察机关反贪、反渎和预防等职能转隶至监察机关，原检察系统建立的"全国行贿犯罪档案查询系统"已经暂停服务，检察系统掌握的行贿犯罪档案记录、行贿信息等不完整，客观上已无法提供全面准确权威的行贿人信息查询。事实上，"全国行贿犯罪档案查询系统"也未随着检察机关相关职能的转隶自动划转到监察机关，毕竟这涉及工作衔接、流程重塑、职责关系厘清、数据收集扩容等实际难题。在反腐败斗争向纵深推进、纪检监察体制改革持续深化的新形势下，笔者认为，应尽快推行行贿人"黑名单"制度。推行行贿人"黑名单"制度，不但是有力有效推进受贿行贿一起查的重要举措，而且将成为遏制行贿、预防腐败的重要制度利器。该制度通过联合惩戒等机制，依法依规剥夺行贿人因行贿而谋取的各种不正当利益，并且在市场准入、资质资格等方面作出限制，将大大提高行贿的违法成本，对于提高治理行贿的综合效能、净化政治生态、优化营商环境和推动构建亲清政商关系，具有重要意义。

当然，行贿人"黑名单"制度的推行绝不是轻轻松松、敲锣打鼓就能实现的，也绝不仅是一个法律层面的问题，其涉及反腐政策、反腐理念、反腐机制、反腐措施等多个方面，需要立足我国国情和反腐败斗争实际，精准研判反腐败斗争的形势变化，既要把现代法治、治理的科学理念融入制度构建之中，也要明确制度构建的总体思路、主要内容、保障措施等内容，同时要使行贿人"黑名单"制度与相关行业的市场准入、资质资格限制等相关制度协同配合，让制度优势真正转化为治理效能。具体来说，推行具有中国特色的行贿人"黑名单"制度，特别应注意以下几点：一是要避免原检察机关运行的"全国行贿犯罪档案查询系统"存在的漏洞，尽力杜绝纳入"黑名单"的行贿人改头换面借壳"死而复生"等现象，并且录入行贿人"黑名单"的信息不能仅限于"法院作出生效有罪判决、裁定"的范围之内，要将涉嫌行贿犯罪以及被纪检监察机关作出党纪政务处分的行贿人信息统一录入"黑名单"，实现行贿信息的分级分类全覆盖录入。二是要坚持顶层设计与实践探索的有机统一。一方面，行贿人"黑名单"制度涉及面广，特别是联合惩戒机制涉及多个部门职责的履行，尤其需要加强制度构建的顶层设计和统筹规划，要依靠顶层设计指路，应由中央纪委国家监委科学确定该制度的基本框架、运行机制等内容；另一方面，每个地区发展水平、政治生态、反腐情况等都存在差异，也要充分发挥地方纪检监察机关实践探索的积极作用，从而为顶层设计提供重要的实践支撑。三是要着力构建有力有效的联合惩戒机制。联合惩戒机制是大幅提高行贿违法成本、释放行贿人"黑名单"制度威慑效果的核心制度安排，也是提升行贿治理综合效能的关键，应作为行贿人"黑名单"制度构建的重中之重。

## 二、建立监察机关与高等院校的双向交流机制

目前，人民检察院、人民法院等政法机关与高等院校的交流、互聘实践时间较长，已积累了一定经验，形成了稳定的互挂互派与合作交流工作机制，各方面反响良好。其实，在深化纪检监察体制改革的新形势下，也宜建立监察机关与高等院校的双向交流机制：一方面，高等院校相关领域的专家学者到监察机关交流挂职，对于繁荣监察理论研究、提升监察机关办案质效、推动纪检监察事业创新发展具有重要作用；另一方面，监察人员可以参与到高等院校监察人才培养、学科建设、课程设置等工作中来，从而充分发挥监察机关在监察人才培养中的独特作用，这是创新监察人才培养机制、加速监察人才培养的有效途径。值得注意的是，即将于近期提请审议的《监察官法草案》就明确规定："国家加强监察学科建设，鼓励具备条件的普通高等学校设置监察专业或者开设监察课程，培养德才兼备的高素质监察官后备人才，提高监察官的专业能力。"这表明加强监察学科建设、重视监察后

备人才培养等，将获得法律层面的认可，监察机关与高等院校深化交流合作已是大势所趋。

## 三、强化职务违法调查工作

做好职务违法调查工作，及时发现公权力行使过程中的违法行为，有效管住公职人员从"好同志"到"阶下囚"的广阔地带，避免小错发展为大错，有利于强化不敢腐的震慑，及时纠正权力运行中的偏差。从实践情况看，相比于职务犯罪、违纪案件立案调查，纪检监察机关在职务违法调查方面的工作还有待加强。比如，在思维模式上，有的纪检监察机关存在路径依赖，对轻微、严重的职务违法，习惯于以纪律审查替代监察调查，以党纪处分替代政务处分；在职责定位上，少数纪检监察机关履行纪检、监察两项职能不够全面，尚不能有效做到该执纪的时候执纪、该执法的时候执法、该作犯罪处理的进行职务犯罪调查；在业务能力上，部分纪检监察干部熟练掌握纪法"两把尺子"的能力还有所欠缺，对职务违法案件特别是对贪污贿赂、滥用职权以外的其他职务违法类型掌握不够。

在深化纪检监察体制改革的新形势下，建议从以下几方面强化纪检监察机关职务违法调查工作：一是加强制度规范供给。如省级以上纪检监察机关可结合实际制定调查职务违法案件的工作指引、证据收集指引等制度规范，对职务违法线索来源、初核、立案调查、证据收集等作出明确规定，从实体和程序两个方面细化操作规程，为纪检监察机关调查职务违法工作提供遵循。二是拓宽问题线索来源渠道。纪检监察机关除通过信访举报、上级交办、领导批示、巡视巡察和有关单位移交外，还可根据行业系统执法的特点和职务违法案件发案规律，着重从在办案件、专项整治、事故调查、社会舆情等多方面拓展案源，主动搜集、深入挖掘，变职务违法问题线索"等靠要"为主动"摸排找"，提高发现问题的能力。三是完善调查工作机制。在立案方面，确立党纪政务处分双立案制度，对于党员身份的监察对象需要追究纪律和法律责任的，在党纪立案同时办理审查调查立案手续。在监察职能向基层延伸方面，探索推行县级监委向乡镇（街道）派出监察员办公室、乡镇纪检监察机构向村庄（社区）派出监察专员工作，并授予这些派出机构、人员调查相应职务违法的权力。

## 四、加强对监督检查权力运行的程序规制

监察机关的重要职责之一是对监察对象是否依法履职、秉公用权、廉洁从政从业以及道德操守情节进行监督检查。在实践中，监督检查权力运行的边界在哪，要遵循什么样的

程序和要求，还缺乏有效的程序规制（存在灰色地带）。现在对审查调查权力的运行，有相对严密的制度规范，但对于监督检查权力的运行，现有的一些规定如《监察机关监督执法工作规定》只是概括性地提到了监督的职责、方式等，表述相对概括、原则，实践中地方的纪检监察机关对哪些情况下可以监督检查，还存在把握不准、标准不一、随意性较强的问题。比如，公职人员不在场的时候能否打开其办公桌抽屉？谈话的时候能否要求检查其手机？检查一个领导办公室面积有没有超标的时候，可不可以让其打开柜子查看？再比如，在节假日路上碰到公职人员开的车，可不可以要求其打开后备厢检查？如果可以，公职人员在八小时之外的隐私如何保障？

当然，地方纪委监委可以在这方面先行探索、积累经验。如制定《关于对公职人员履职尽责情况加强监督的意见（试行）》等工作办法，既加强对各类公职人员依法履职、秉公用权等情况的监督检查，同时也健全规范化的监督权力运行机制，划清相关主体间的工作界限，明确协作配合工作机制，确保执纪监督工作始终在制度的轨道上运行。这个方面的实践探索做好了，相信会是监督工作的重要亮点。

## 五、继续深化高校纪检监察体制改革

高校纪检监察体制机制改革是整个纪检监察体制改革的

重要组成部分。这几年，中管高校纪检监察体制以及贵州、海南等省推进的省属高校纪检监察体制改革，取得了很好的效果，增强了高校纪检监察的独立性和权威性，过去高校纪检监察机构职责不清、工作内容泛化、监督意愿和监督能力不强等问题有所缓解。

现在的突出问题是：高校反腐重心没有下移，学部院系层面的纪检监察工作比较虚化。近几年，高校的校领导案发被查处的较多，但到学院层面很少，被抓的基本都是贪污科研经费案件。在学院层面，高校除了学部院系党组织层面设立纪检委员外，还在基层党支部层面设置了纪检委员。但是这些纪检委员大多为专职教师或普通教师兼任，本身就承担着大量的科研、教学任务，对于监督执纪业务知识并不熟悉，且在人际关系与情感上与学院更加贴近。如果学部院系的纪检委员不兼任副院长、副书记的话，还不参加学部院系的党政联席会议，对学部院系重大事项决策也不了解，所以监督工作流于表面。

建议从以下几方面继续深化高校纪检监察体制改革：一是推动把高校反腐和高校纪检监察体制改革工作重心下移，着力解决学部院系、基层组织普遍存在的监督薄弱等问题，切实增强监督实效。比如，可进一步推进学部院系和校内其他单位纪检机构建设，配齐配强纪检干部。基层单位纪委书记、专职纪检监察员的提名和考察以学校纪委会同组织部门为主；二级党组织配备的纪律检查委员，须征求学校纪委意见。二是高校主管部门比如教育部、教育厅（局）的纪检监察机构要加强与高校党组织关系所在地的省级纪委监委的工作衔接和配合，明确党组织关系所在地地方纪委监委在高校纪检监察体制改革中的权限和责任，把高校党组织关系所在地的地方纪委监委的积极性和主动性调动起来。进一步健全联席会议、情况通报、线索移交等机制，共同促进高校实现从被动预防到主动预防的转变，增强高校防治腐败的整体合力。

## 六、加强反腐败国际追逃追赃能力建设

当前，我国反腐败国际追逃追赃工作进入攻坚期和深水区，剩余的反腐败国际追逃个案大多系难啃的"硬骨头"，成功追逃追赃难度较大。实践中，制约反腐败国际追逃追赃工作深入开展的一个突出问题是：办案人员开展反腐败国际追逃追赃工作普遍依赖劝返，不善于运用国际司法合作规则开展追逃追赃，对国际条约（协定）的适用率明显偏低。此外，部分办案人员的能力素质与反腐败国际追逃追赃形势不相适应，难以满足反腐败国际追逃追赃的现实需要。须知，办案实践中主要依靠劝返手段进行追逃追赃，一方面会使反腐败国际追逃追赃出现"边际效益"递减效应，剩下的一些老大

难案件，当事人基本上不接受劝返，此时劝返作用空间有限，若不通过有力有效的国际司法执法合作，让外逃人员归案、追缴腐败资产则是困难重重；另一方面，也会在无形中助长办案人员的惰性和逃避心理，一旦碰到反腐败国际追逃追赃案件，就习惯性地进行劝返，而不重视、不善于利用已有的国际条约资源进行追逃，国际追逃追赃能否成功在一定程度上就取决于运气等非理性因素，从而使得我国反腐败国际追逃追赃合作在较低水平徘徊。而从反腐败追逃追赃国际合作实践看，域外国家普遍重视通过多边或者双边国际条约、刑事司法协助协定等方式开展追逃追赃合作。为此，在继续采取劝返等有效方式开展反腐败国际追逃追赃的同时，办案机关及其人员确有必要认真研究相关国际条约或公约规定的国际执法司法合作方式，要积极探索多种反腐败国际追逃追赃合作的途径和渠道。如《联合国反腐败公约》等国际条约确立的"联合侦查""没收事宜国际合作""资产返还"等有效执法司法合作机制，就值得高度重视。此外，要注意解剖反腐败国际追逃追赃典型案例，既重视总结诸如"李华波案"这样成功案例的经验，也要认真分析诸如"乔建军案"等利用国际条约追逃追赃未果案例的原因，汲取利用国际条约开展反腐败国际追逃追赃的经验教训，增强主动适用相关国际条约的自觉和信心，不断提高反腐败国际追逃追赃中国际条约适用的能力和水平。

# 关于公安机关落实"两个规定"的建议[*]

　　**背景:** 2015 年 3 月,中共中央办公厅、国务院办公厅和中央政法委分别印发《领导干部干预司法活动、插手具体案件处理的记录、通报和责任追究规定》《司法机关内部人员过问案件的记录和责任追究规定》,明确划出"高压线",从记录、通报和追责三个环节对领导干部和司法机关内部人员干预司法的行为进行约束。下一步,公安机关如何制定操作性强的实施办法?在全面深化公安改革的大框架下,如何完善、建设相关配套制度,以解决执法不公、执法不严,办关系案、人情案等执法弊端问题,解决执法不作为、执法乱作为、执法懒惰等问题?《公安内参》第 18 期头条"本期关注",采访了北京师范大学中国反腐败教育与研究中心研究员彭新林,彭新林提出了建设性的建议和意见。

---

　　*　原载《公安内参》2015 年第 18 期。

彭新林认为，领导干部干预司法活动、插手具体案件的批示、函文、来电、记录等信息，公安人员均要予以依法提取、介质存储、专库录入、入卷存查，相关干预的信息要予以固定。

　　彭新林表示，哪些案例可以向社会公开，需要总结实际经验进行归纳、提炼和细化。一般来说，如果通过内部通报就能够发挥警示作用的，按程序报批准后可予以通报；通过内部通报尚不能有效发挥警示作用或者干预情节特别严重、影响极其恶劣的，可以向社会公开，让其他人引以为戒。具体来说，公安机关对违反法定程序干预执法办案情况予以登记备案后，上报本级党委政法委和上级公安机关，再由本级党委政法委汇总报经本级党委批准，可在本区域内通报。通报也即将违法干预司法活动的情况在一定范围内公开，对实施违法干预的领导干部进行警示。

　　彭新林建议，为增强公安机关纪检监察部门处置线索、调查的独立性，可探索建立实行"双报告"制度，即本级纪检监察部门向本级党委报告的同时必须向上级公安机关纪检监察部门报告。如果干预线索以及处置情况必须同时向上级公安机关纪检监察部门报告，就会对本级党委形成制约，有利于推动干预线索的处置和调查等工作。

　　彭新林强调，一方面，要建立健全民警履行法定职责保护机制；另一方面，要继续全面深化公安改革，对公安人员的薪酬待遇、职务调整等，建立起公开、透明、独立的管理制度和保障体系，即要着重从管理制度、保障体系等方面入手改革和完善，尽快建立起人民警察专业职务序列和工资制度，减少公安系统内部的行政化倾向，消除少数领导干部对公安人员执法活动的"影响"。也就是说，要有效消除领导干部干预案件现象，必须切断干预人（领导干部）和被干预人（民警）之间的利害联系，使公安人员具有抵制干预的能力，能够没有后顾之忧地对干预行为说"不"。

# 建立科学合理的司法责任追究制度 *

　　最高人民法院对备受关注、影响广泛的聂树斌强奸妇女、故意杀人案再审公开宣判，宣告撤销原审判决，依法改判聂树斌无罪，产生了良好的社会反响。这是司法机关践行司法为民理念、纠防冤假错案所作的又一次努力。

　　从中央政法委出台首个关于切实防止冤假错案的指导意见，到最高人民法院、最高人民检察院、公安部出台一系列政策措施健全落实冤假错案防范和纠正机制，再到包括聂树斌案在内的一批重大冤假错案的依法纠正，我们看到了司法机关勇于纠正和防止冤假错案、实现司法公正、尊重和保障人权的信心与决心。对聂树斌案等冤假错案的依法纠正，充分展示了新时期全面深化司法改革的实际成效，让人民群众

　　* 原载最高人民检察院刑事申诉检察厅编：《刑事申诉检察工作指导》，中国检察出版社 2017 年版。

在司法个案中感受到了公平正义，提振了人们对全面依法治国的信心，必将在全社会产生信赖司法、信仰法治的强大正能量。

冤假错案每少一起，公平正义就会多几分。冤假错案一旦发生，不仅会给受害人及其家庭造成难以挽回和抚平的巨大伤痛，更为严重的是会损害司法公信力和社会公平正义，动摇公众对司法的信心、对法治的信仰。"往事不可谏，来者犹可追。"从每一起冤假错案的平反昭雪中认真总结反思，汲取深刻教训，健全纠防冤假错案长效机制，让悲剧不再重演，才能真正告慰像聂树斌一样的无辜者，也才能让每个公民都感受到法治的庇佑和正义的阳光。

有权必有责，失职要问责，违法必追究。全面落实司法责任，实行办案质量终身负责制和错案责任倒查问责制，对造成冤假错案负有直接责任尤其是失职失责性质恶劣、后果严重的司法人员依法问责，这是纠防冤假错案的题中应有之义，也是敦促司法人员依法办案、促进司法公正的客观要求。惟其如此，才能给受害人及家庭一个交待，才能维护法律尊严，才能让人们看到全面深化司法改革的决心和实效。但同时也应当强调的是，对司法人员的问责要区分情况，要做到宽严适度、不枉不纵，决不能搞"一刀切"式的全盘问责，或者不问青红皂白式的简单问责，这样的问责不仅会挫伤司法人员的积极性，还可能削弱司法机关自我纠错的动力和勇气，不利于冤假错案的纠正，而且也达不到问责的目的和效果，亦是人民群众不希望看到的结果。

冤假错案的发生原因是多方面的。从近年来已纠正的许多冤假错案来看，冤错案件的发生与当时法律法规不健全、司法规范化程度不够、司法理念滞后、司法人员整体素质不高，以及追求不正确的司法政绩观包括破案率、批捕率、起诉率、定罪率等有很大关系。可以说，出现冤错案件是当时多方面原因综合促成的。在当前我国诉讼法律制度日益健全、司法能力和水平明显提高、司法规范化建设不断推进、司法队伍素质有很大提升的时代条件下，因上述原因导致的冤假错案概率越来越小。因此对司法人员的问责，应当实事求是，应该放在冤假错案发生时所处时代和社会的历史条件下去分析，不能离开对历史条件、时代背景的全面认识和对司法规律的科学把握，不能用今天的时代条件、认识水平、司法标准去衡量和苛求以前的司法人员，不能把冤错案件的发生简单归咎于司法人员个人。

当前，我国司法队伍整体素质能力和司法公信力不断提高，司法责任制改革成效逐步显现，符合司法规律的体制机制正在形成。确立科学合理的司法责任追究制度，实行问责和免责相结合，成为确保办案质量、维护司法公正的必然选择。只有对故意违反法律法规或因重大过失造成错案或其他严重后果的，特别是对因刑讯逼供、打击报复、徇私枉法、暴力取证、隐匿伪造证据等情形造成冤假错案的，才应严格问责；构成犯罪的，依法追究刑事责任。如果司法人员只是在事实认定、证据采信或法律适用问题的判断上发生了偏差而导致错案，若不是出于故意或者重大过失，以及司法办案中存在的瑕疵，若不影响案件结论正确性的，则不宜追究司法责任。

从认识规律的角度看，冤假错案是任何司法制度都无法完全避免的，百分之百杜绝冤假错案也是不现实的。如据有关调研报告显示，即便是具有较为完备司法制度的美国，其死刑案件无辜者被错判死刑的比率尚达 5％左右。可以说，冤假错案的发生，古今中外概莫能外。对造成冤假错案负有责任的有关司法人员依法问责固然是必要的，但比追责更为重要的恐怕还是要有效防范冤假错案的发生、一旦发生即能够得到及时纠正。与对司法人员的责任追究这种事后的救济相比，事前的预防显然更为重要。在此方面，西方法治发达国家的经验值得一提。为了保障司法独立、司法公正等核心价值，西方法治发达国家更为注重通过提高司法人员素质、强化司法人员职务保障、健全司法权力运行制约机制等来强化司法人员责任、促进其客观公正处理案件；一般不以实体裁判结果作为追责司法人员的依据，除了某些特定的限制情形之外，司法人员在职务范围内行使职权的行为享有司法豁免权，不用担心受到控诉，不存在被全面追责或者追责泛化的问题。"他山之石，可以攻玉。"就我国而言，积极健全防止冤假错案的体制机制，建立科学合理、符合司法规律的办案绩效考评制度，处理好司法责任与责任豁免、依法问责与司法保障的关系，具有更为重要的历史和现实意义。

冤假错案是投向法治建设的阴影和社会公平正义的伤疤。当前中央政法领导机关已对完善司法责任制、建立健全冤假错案纠正和防范机制作出了重要部署，明确了冤假错案标准、纠错启动主体和程序等内容，这为司法人员司法责任的追究、冤假错案的纠防提供了有力的规范指引。一分部署，九分落实。当务之急是要将中央的相关精神以及政策措施贯彻落实到司法办案的每一个环节，以切实防止冤假错案的发生，一步步堵塞住冤假错案的制度漏洞，从而不断提高司法公信力，为人权司法保障筑立屏障。

司法权力与舆情民意的互动、程序正义与实体正义的平衡、法律效果与社会效果的统一，在聂树斌案等冤假错案的纠正中得以鲜活展现。在某种意义上说，司法机关对这些冤错案件的依法纠正，就是一场有益的法治文明和法治理念的熏陶、训练与养成。更进一步说，只有牢固树立保障人权、严格司法、无罪推定等法治理念和价值，才有可能从根本上珍视人性、敬畏法律，公正裁决一个公民的罪与罚、生与死、自由与放逐。

# 关于防治"失意者"个人极端
# 暴力犯罪的建议<sup>*</sup>

    "失意者"个人极端暴力犯罪的防治是一项系统工程,需要标本兼治、综合施策。当前,推进"失意者"个人极端暴力犯罪的科学有效防治,关键是要着力抓好以下五个方面的工作:

    一是要深化改革,促进社会公平正义。当前社会上还存在不公平、不正义的现象,比如贫富悬殊、社会保障体系"碎片化"、特殊化和特权现象、司法不公和侵害弱势群体权益等,这些社会现象的存在,也是滋生"失意者"极端暴力犯罪的灰色土壤。祛除极端暴力犯罪毒草固然重要,但培育公正公义的和谐土壤、消除产生极端事件的源头和隐患才是根本,这也是防治"失意者"个人极端暴力犯罪发生的治本

---

  *  原载《方圆》2014 年第 11 期。

之策。要全面深化改革，缩小贫富差距，调整社会分配体制，让发展成果更多更公平地惠及全体人民特别是弱势群体，把促进社会公平正义、增进人民福祉作为深化改革的出发点和落脚点。要创新社会治理模式，健全社会管理，完善社会保障体系，重点解决好"失意者"等特殊群体的民生问题，使他们能有尊严、有希望地生活下去，从而彻底消除滋生"失意者"个人极端暴力犯罪的土壤。

二是要开展社会矛盾纠纷和"失意者"极端暴力犯罪隐患大排查。集中组织开展一次全方位、地毯式的矛盾纠纷和"失意者"极端暴力犯罪隐患大排查活动，切实消除容易引发矛盾纠纷和极端暴力犯罪的源头性问题，有效预防和化解安全隐患，最大限度地增加社会和谐因素，最大限度地减少不和谐因素。对信访重点问题、重点人和信访积案要重点排查，逐一梳理，深入分析研究，做到底数清楚、情况明晰、不留死角。对排查掌握的矛盾纠纷和隐患，要在源头治理、妥善处理上下功夫，防止矛盾积聚、激化，第一时间将发现的个人极端暴力犯罪苗头遏制在萌芽状态。

三是要把严惩个人极端暴力犯罪摆在重要位置。文明底线不容挑战，法律尊严不可亵渎。对践踏文明底线、漠视基本人权、手段残忍、危害极大的个人极端暴力犯罪行为决不能手软，必须坚决打击、严厉制裁。要深刻认识"失意者"个人极端暴力犯罪形势的严峻性和复杂性，强化底线思维，坚持"零容忍"，以坚决的态度、果断的措施重拳出击，形成严打个人极端暴力犯罪的有力震慑和舆论氛围。只有这样，才能有效消解此类案件的负面示范效应，切实减少人民群众的生命财产损失，有力维护社会治安稳定。

四是要畅通"失意者"等特殊群体的利益诉求表达渠道。当前社会转型期矛盾复杂、多元，若利益诉求表达渠道不畅，"失意者"的声音沉没，其被压抑的情绪长期不能纾解，矛盾积累到一定程度，那么会很容易滋生某些极端情绪，引发个人极端暴力事件。因而应当健全完善"失意者"等特殊群体的利益诉求表达机制，进一步改进信访工作，维护"失意者"等特殊群体的表达权，主动倾听他们"沉没的声音"，引导他们理性、合法地表达诉求，并使之能够得到积极回应和妥善解决。这才是化解矛盾、协调利益的应有之义，也是构建和谐社会的关键所在。

五是要把切实改进干部工作作风的要求落实到基层一线。冀中星、陈水总这些"失意者"们并非天生就是犯罪人，他们身处社会底层，其之所以走上极端暴力犯罪道路，除了自身命运凄凉、不能正确看待挫折外，多多少少与其利益诉求长期得不到有效解决、维权无门，一些单位和部门工作方法简单粗暴、对待弱势群体疾苦漠不关心、推诿塞责有些关系。在很多情况下，案件的发生就是"小事拖大，大事拖炸"，以致造成无可挽回的严重后果。因此要切实扫除干部作风之弊、行为之垢，把群众尤其是底层"失意者"群体最关心、最直接、最现实的利益问题解决好，在改进干部工作作风中扎扎实实推动和谐社会建设。

# 立足现实构建犯罪记录消灭制度<sup>*</sup>

## 一、犯罪记录长期存在带来的不利后遗效应

犯罪记录是国家专门机关对犯罪人员情况的客观记载。当前，我国正处在社会转型期，特别是进入信息网络时代，诱发犯罪因素增多，重新犯罪率较高，具有犯罪记录的人员绝对数量庞大。诚然，确立有犯罪记录制度，对于国家有关部门充分掌握与运用犯罪人员信息、适时制定和调整刑事政策及其他公共政策、有效防控犯罪，具有积极意义。但是，仅有犯罪记录制度，而无相辅相成的犯罪记录消灭制度，那么，犯罪记录的长期存在可能衍生出诸多社会问题：一是如

　　* 原载《检察日报》2021 年 11 月 2 日第 3 版，后作为中国法学会董必武法学思想（中国特色社会主义法治理论）研究会智库成果，报送中国法学会。

果没有消除犯罪记录"污名化"歧视以及让有犯罪记录人员顺利复归社会的救济机制，"罪犯"的标签将左右有犯罪记录人员一生的机遇和抉择，很多有犯罪记录人员因遭受就业歧视等而无法融入社会，进而"破罐破摔"，重新实施犯罪。二是在当今信息网络时代，犯罪记录带来的污名化以及不利后遗效应被无限放大，有犯罪记录人员遭受的种种资格或者权利的限制以及差别化歧视待遇，使得其进一步被社会孤立和边缘化，进而滋生出机会公平、身份歧视、社会稳定等问题。三是实践中犯罪记录越来越株连影响到有犯罪记录人员近亲属的升学、入党、入伍等合法权益，有损社会公平正义。

## 二、域外国家犯罪记录消灭的法治经验及启示

正是基于犯罪记录所施加的污名风险及其伴随的种种影响有犯罪记录人员更生的不利后遗效应，特别是会降低和挫败犯罪人将来过守法生活的努力，加之信息网络时代对犯罪记录扩大化使用的担忧，无论是英美法系国家还是大陆法系国家，都在寻求破解这一问题的有效策略。其中，很多国家采取了犯罪记录消灭的办法。

在英美法系国家中，美国犯罪记录消灭立法及实践内容丰富、特色鲜明、影响较大，具有较强的代表性。美国对待犯罪记录消灭的立场明显受刑事政策的影响，特别是新世纪

初以来，伴随恢复性司法理念的盛行，犯罪记录消灭制度受到极大关注。尽管美国联邦和各州关于犯罪记录消灭的内容不尽相同，但大都对犯罪记录消灭规定了限制条件，一般要求行为人有实质性的改过迁善表现。此外，美国联邦和各州基本上都允许消灭未成年人犯罪记录、未以判决结案的被告人的犯罪记录、错判案件被告人的犯罪记录。美国犯罪记录消灭主要包括申请人请求启动、司法机构自动启动、依政府赦免令启动等三种模式，其法律效果主要体现在删除或封存犯罪记录、否认犯罪记录不构成伪证罪、禁止相关利益主体询问已消灭的犯罪记录和复权等四方面。

在大陆法系国家中，法国前科消灭制度源远流长、体系完备，经过多年的发展和演进，已经形成了比较成熟、定型的重要刑事制度，尤为值得关注。法国犯罪记录消灭制度主要是由该国《刑事诉讼法》第八编（犯罪记录）规定的。根据该法的相关规定，犯罪记录消灭的条件分为时间条件（有罪判决后经过若干年）和表现条件（未再获新的有罪判决等），并因前科之罪的类型、主体等的不同而稍有差异。犯罪记录消灭模式包括法院依职权消灭犯罪记录和法院依被记录人申请消灭犯罪记录两种。犯罪记录一旦消灭，将产生两方面的法律效果：一是意味着有犯罪记录人员获得司法复权；二是禁止对犯罪记录进行公开和传播。

不难看出，两大法系国家犯罪记录消灭制度各有特色，特别是在犯罪记录消灭的内容、消灭的模式、消灭的效果等方面存在不少差异。归根结底，这与一国文化传统、价值观念、司法政策等密切相关。但总体而言，域外国家犯罪记录消灭制度在增进有犯罪记录人员就业、减少重新犯罪、促进社会稳定等方面都发挥了积极作用。当然，域外国家犯罪记录消灭制度的实践运行也面临一些挑战，如犯罪记录消灭与维护公共安全、保护隐私权、信息自由、审判公开等价值理念之间存在一定内在张力，特别是信息网络时代犯罪记录信息的广泛传播，也会影响犯罪记录消灭制度的功效。这些都是我们借鉴域外法治经验时应当注意的问题。

## 三、建立犯罪记录消灭制度的必要性和可行性

我国 2012 年修订的《刑事诉讼法》确立了"未成年人轻罪记录封存制度"，但其主要是"有限地封存"未成年人轻罪记录，不但适用范围和现实价值有限，而且也非严格意义上的犯罪记录消灭制度。实际上，犯罪记录消灭制度因其具有排除有犯罪记录人员更生障碍、减少重新犯罪、彰显宽容人道理念、缓和社会矛盾等多重价值和利益，不仅成为域外国家普遍推行的重要刑事制度，而且近年来在我国也得到了部分全国人大代表、全国政协委员的关注。笔者认为，在全面依法治国、大力推进国家治理体系和治理能力现代化的新形

势下，构建覆盖所有未成年人和成年人的中国特色犯罪记录消灭制度，可谓正逢其时，也具有极为重要的现实意义。具体来说：一是有利于破解有犯罪记录人员重新犯罪治理难题，降低重新犯罪率，促进犯罪治理体系和治理能力的现代化，从而更好地预防再犯、累犯。二是有利于排除有犯罪记录人员的更生障碍，消除对他们的身份歧视，帮助其顺利回归社会，从而增进就业公平与其他社会公平，更好地缓和社会矛盾，促进社会和谐稳定。三是符合我国宽严相济刑事政策以及"给出路"政策的精神，体现恢复性司法理念，彰显司法文明与司法温度，展现我国刑事法治的道路自信和制度自信。四是有利于发挥犯罪记录消灭的感召效应，弘扬尊重和保障人权的理念，形成宽容、人道、公平、和谐的社会氛围，而且也契合"过而能改，善莫大焉"的历史传统。五是晚近20余年来我国犯罪结构发生变化，严重暴力犯罪连续呈下降趋势，新类型犯罪增多，特别是"醉驾"案件就占刑事案件总数的1/4以上。此类轻罪案件的当事人之主观恶性和人身危险性相对较小，已经因"醉驾"承担了刑事责任，继续让其在长时间内承受犯罪记录带来的种种不利后遗效应，难以让人感受到公平正义，也有违刑罚的目的。

## 四、构建中国特色犯罪记录消灭制度的路径

构建中国特色犯罪记录消灭制度，要立足我国基本国情

和司法现实，并与有犯罪记录人员回归社会和维护社会和谐稳定的现实需要相适应。

第一，犯罪记录消灭立法的基本构想。为更好发挥犯罪记录消灭制度的政策功效，实现有犯罪记录人员教育改造和回归社会的目标，应构建覆盖成年人和所有未成年人的犯罪记录消灭制度（不限于未成年人轻罪记录封存）。建议在《刑法》总则增加"犯罪记录消灭"一章，集中规定犯罪记录消灭的条件、程序、效力等基本内容；对《刑法》第100条规定的犯罪记录报告制度进行修改，将该条第2款规定的"犯罪的时候不满十八周岁被判处五年有期徒刑以下刑罚的人，免除前款规定的报告义务"，修改为"犯罪记录已经消灭的人，免除前款规定的报告义务"，使之能够与犯罪记录消灭制度有机衔接；对单位犯罪的犯罪记录消灭一并作出规定；对民事、行政法规中设置的犯罪记录效应加以清理和整合。

第二，犯罪记录消灭的合理模式。建议确立依申请人请求启动、人民法院依职权启动的双轨并行的犯罪记录消灭模式。确立"双轨制"的犯罪记录消灭模式，有利于构建相互配合、衔接紧密、运转顺畅的犯罪记录消灭制度形态，充分发挥犯罪记录消灭制度在重新犯罪治理等方面的功效潜能。对于人民法院依职权启动的犯罪记录消灭，因不需要特别申请，程序相对简单，对有犯罪记录人员更为"优待"。参照《刑法》对累犯的排除性规定，可将其限制在过失犯罪和不满十八周岁的人的犯罪记录。在过失犯罪罪犯、未成年罪犯刑罚执行完毕或者赦免以后，五年内未再实施犯罪的，做出生效判决的人民法院可以对其采取犯罪记录消灭措施。除了上述两类犯罪之外，对于其他类型的犯罪记录消灭，则建议以申请人请求的方式启动，并且应从考验期限、现实表现两个方面设置差异化的犯罪记录消灭条件，由申请人提出书面请求，并提供符合犯罪记录消灭条件的相关证明材料，由人民法院裁决。

第三，犯罪记录消灭的主要内容。构建中国特色犯罪记录消灭制度，既要突出重点，注重消灭刑事裁判记录，同时也要兼顾对非刑事裁判记录（刑事拘留、留置、逮捕记录等）的消灭，实现刑事裁判记录与非刑事裁判记录消灭的有序衔接。对未以刑事裁判结案的案件（不起诉、撤回起诉等）、错判案件、无罪判决案件等的相关刑事记录，都应提供救济渠道。此外，犯罪记录消灭不应仅限于对犯罪记录的封存，可以探索犯罪记录消灭的多种形式，以此放大犯罪记录消灭的政策效应。由于我国现在还未建成全国统一的犯罪信息库，因此消灭犯罪记录时，还需要处理好各机关建立的有关记录信息库之间的关系，统筹衔接相关犯罪记录信息的消灭。

第四，犯罪记录消灭的保障措施。犯罪记录消灭制度的实践运行，必须有相应的配套制度保障。一是要将已消灭的犯罪记录纳入隐私权保护范围。已消灭的犯罪记录是对个人不利也不愿让人知悉的负面信息，在法律性质上宜定位为个人隐私，他人不得非法获取、使用、披露或者公开。如果他人恶意获取、使用、披露或者散布已消灭的犯罪记录信息，造成已消灭犯罪记录的人名誉受损的，应当允许其向有管辖权的法院提起隐私权侵权之诉，并有权获得损害赔偿。二是赋予已消灭犯罪记录的人员在就业、受教育等方面遭受歧视时的诉权。犯罪记录的不利后遗效应往往包括在就业、受教育、社会福利等方面的诸多歧视。因此，一旦犯罪记录消灭，就更有理由禁止在就业、就学、社会福利等方面对已消灭犯罪记录的人的歧视，应当允许他们在遭受歧视时为保障自己的公平就业、受教育等权利而提起诉讼。这里值得强调的是，对于犯罪记录引发的株连效应，即有犯罪记录人员的近亲属由于身份或血缘关系受到犯罪记录负面影响的波及，如在就业、入伍、升学的资格审查时受到限制的，更有必要赋予已消灭犯罪记录的人及其近亲属相应的诉权。三是对于违规向他人出售、非法提供或者非法获取已消灭的犯罪记录信息，情节严重的，依法以侵犯公民个人信息罪追究刑事责任。在教义学视域内，已消灭的犯罪记录信息完全可以解释为公民个人信息。而《刑法》第 253 条之一规定了侵犯公民个人信息罪，因此无论是违反国家规定向他人出售或者提供已消灭的犯罪记录信息，还是窃取或者以其他方法非法获取已消灭的犯罪记录信息，只要达到情节严重的标准，就应依法进行刑事制裁。刑事规制作为最严厉的法律制裁手段，也是犯罪记录消灭制度顺畅运行的重要法治保障。

# 多措并举有效治理招生录取领域
# 高校领导干部腐败[*]

近年来，高校腐败案件频发，引发社会广泛关注。从纪检监察机关查处的高校腐败案件和相关情况通报看，当前我国高校腐败现象总体上呈现数量上升、范围扩大趋势，腐败存量不少，腐败增量仍有发生，腐败现象在高校某些领域、环节和部位多发、易发，高校党风廉政建设和反腐败斗争形势依然严峻复杂。在高校腐败案件中，属于高校领导干部腐败的案件占相当大的比例。通过对中国裁判文书网收录的2010—2020 年间 405 份涉高校腐败犯罪裁判文书的梳理统计，发现属于高校校级、处级领导干部腐败的案件约占 60%。2021 年 1—12 月，中央纪委国家监委网站"审查调查"栏目

    \* 此文系北京师范大学中国教育与社会发展研究院（国家高端智库建设试点单位）智库成果，报送中共中央宣传部、教育部等部门。

通报的高校系统中管、省管领导干部就有 21 人，并且其腐败问题大都发生在基建工程、校办企业、招生录取、合作办学等重点领域和关键环节。这充分说明了抓住高校领导干部这个关键少数、聚焦重点领域和关键环节持续推进高校正风肃纪反腐的重要性和必要性。

## 一、招生录取领域高校领导干部腐败的危害、成因和表现形式

高校腐败特别是发生在招生录取这一重点领域的高校领导干部腐败，不仅直接侵犯公职人员职务的廉洁性，带坏校园风气，污染高校政治生态，诱导学生形成错误的价值观念，而且严重损害教育公平、社会公正，直接啃食人民群众的获得感，侵蚀党的执政基础，社会危害极大。从这个意义上说，招生录取领域高校领导干部腐败的"杀伤力"绝不可低估，对于高校造成的伤害更不能小视。这也是人民群众对高校腐败现象容忍度越来越低的重要原因。

招生录取领域成为高校领导干部腐败的"重灾区"，极大地损害了教育公平，使得教育公平这架社会稳定的"天平"发生严重倾斜，这既与近年来高校招生自主权扩大、招生录取领域腐败机会增多有关，也与高校领导干部权力过于集中、缺乏有效监督和制约有直接关系，还存在对高校领导干部监

督执纪问责偏松偏软、反腐倡廉宣传教育实效不足、部分高校领导干部法纪意识淡薄等方面的原因。

从实践情况看，这类高校领导干部腐败现象，主要集中在自主招生、特长生、少数民族招生、保送生、单独考试研究生、申请考核制博士生招生、论文博士生招生等特殊类型招生领域和学生转学、转专业、评奖评优、破格录取、补录等重点部位。有的在自主招生等特殊类型招生过程中为考生提供帮助，收受考生家长巨额贿赂；有的利用职务之便为考生篡改试卷分数，使不符合条件的考生被录取；有的在学生升学就业、调换专业等事项上提供帮助，本人或通过其特定关系人多次收受他人财物；有的以捐资助学之名，在招生录取过程中向考生家长索取高额费用；有的降低要求在学历学位问题上搞"私人定制"，向不符合要求的领导干部授予学历学位等，不一而足。

## 二、有效治理招生录取领域高校领导干部腐败、维护教育公平的对策

有效治理高校腐败特别是招生录取领域高校领导干部腐败，坚决维护和推进教育公平，是一项复杂的系统工程，应立足新形势下构建惩治和预防高校腐败体系的实际情况，针对高校领导干部腐败的特点和成因，聚焦招生录取领域，深

113

化系统施治、标本兼治，一体推进不敢腐、不能腐、不想腐，实现惩治震慑、制度约束、提高觉悟一体发力，努力取得更大的高校腐败治理成效。

## （一）建议教育部适时组织开展高校违规招生录取问题专项治理

高校招生录取领域廉洁风险突出，成为高校领导干部腐败的高发地带，对于这一高校的共性和行业性突出问题，建议教育部结合十九届中央第七轮巡视（巡视教育部党组和 31 所中管高校党委）反馈情况，适时组织开展高校违规招生录取问题专项治理，可以先从中管高校开始，以后逐步推开到省管高校，对高校招生录取工作进行重点督查，特别是要聚焦廉洁风险突出、社会关注度高、群众反映强烈的特殊类型招生问题，督查高校是否严格执行招生政策规定、招生录取重大事项是否经过集体决策、考试安全责任是否落实、是否存在试题泄露和考试舞弊情形，以及是否存在突破招生计划录取、突破公示优惠分值录取、降低标准录取、录取时变更专业等违规行为，以"零容忍"的态度进行整治，查处一批典型违纪违规问题，通报一批干预、插手招生录取活动的典型案例。对顶风违纪、损害教育公平的高校领导干部，发现一起，严肃查处一起，同时予以公开曝光；对治理行动迟缓、推动措施不力、问题多发的高校进行约谈，视情节轻重，暂停或取消其相关单项招生资格或全部特殊类型招生资格，以夯实治理责任。要通过专项治理，坚决整治高校招生录取领域损害群众利益的问题，强化标本兼治，有力维护教育公平公正，让人民群众对教育公平有更多实实在在的获得感。

## （二）建议教育部建立高校领导干部干预、插手招生录取活动的记录、通报和责任追究机制

针对招生录取领域高校领导干部腐败问题，有必要建立防止高校领导干部违规干预、插手招生录取活动的"防火墙"和"隔离带"，为高校领导干部干预、插手招生录取活动划出"红线"，营造不干预、不插手招生录取工作的良好氛围。建议教育部在充分调研的基础上，及时制定高校领导干部干预、插手招生录取活动的记录、通报和责任追究规定，划出纪律红线，为维护招生录取正常秩序和教育公平提供制度机制保障。除因履行职责需要、依照工作程序了解或过问招生录取情况之外，禁止高校领导干部干预、插手招生录取活动。无论是依规过问还是违规干预、插手，招录工作人员都应当全面如实记录，做到全程留痕，有据可查，并向纪检监察机关、党委组织部门反映；不记录或者不如实记录的，应当酌情给予纪律处分，强化招录工作人员如实记录的责任心和法纪约束。高校党委应当每年度研究校内领导干部干预、插手招生录取活动的情况，对于违规干预、插手招生录取活动特别是造成后果或者恶劣影响的，应当在一定范围内予以通报，必要时可以向社会公开，并对相关当事人予以党纪政纪处分；

涉嫌构成职务犯罪的，依法将案件线索移送监察机关处理。

**（三）高校要完善和细化各类型招生录取资格条件和评价标准，严格规范自由裁量权行使**

大量事实表明，一些高校领导干部在招生录取领域栽跟头、搞腐败，大都与相关制度规范不完善、滥用自由裁量权密切相关。比如，原来相关高校对特长生的界定把握较窄，但慢慢就宽起来了，一些莫名其妙的"获奖"也视为有特长。诸如此种特殊类型招生中的录取资格条件和评价标准，因条件和标准有一定的弹性，自由裁量空间相对较大，容易受高校领导干部主观因素的影响，一旦审核把关不严，就会导致权力寻租现象的出现。因此，高校要认真梳理分析各类型招生特别是本科各项特殊类型招生中的相关制度缺陷和管理漏洞，既要严格规范报名资格审核、考试组织、录取行为，更要完善和细化相关资格条件和评价标准，消除"面目隐蔽""标准模糊"的有关规定，尽可能细化裁量基准，消除过大的自由裁量空间，实现审核、招录过程和管理精细化、标准化、规范化、法治化，切实保障考生合法权益，维护教育公平公正。

**（四）高校要建立招生录取领域定期调整分工和轮岗交流制度**

高校领导干部若分管招生工作时间过长或者在招录重点岗位上长期任职，容易形成思维定势，产生职业疲劳，而且可能形成关系网和利益圈，把分管的招生录取部门或者岗位当做"自留地"，从而为以权谋私、违规干预或插手招录活动创造便利。建立招生录取领域定期调整分工和轮岗交流制度，既可促使领导干部完善知识结构、提升综合能力，也有利于他们摆脱关系网和利益圈的困扰，有利于尽早发现招录工作中存在的问题和隐患，大大减少高校领导干部在招生录取领域腐败的概率。鉴此，建议高校出台相关办法，对于分管招生工作的高校领导干部满三年的，原则上要在班子成员内部进行分工调整；在招生录取重点岗位任职满三年的，应当轮岗交流。概言之，要通过定期调整领导班子对招生工作的分工和加大招录重点岗位干部轮岗交流力度等措施，助力高校招生录取领域有效预防腐败和激发队伍活力。

### （五）高校纪检监察机构要强化在招生录取领域的监督执纪问责，保持震慑和监督常在

高校招生录取领域权力相对集中和重要，被"围猎"风险大，如果缺乏有效的监督和制约，就容易滋生腐败。高校纪检监察机构要将新形势下高校纪检监察体制改革的制度优势转化为治理效能，切实负起监督责任，强化对高校领导干部这一"关键少数"的监督，通过查阅资料、调取录像、个别访谈、听取汇报等方式常态化开展对招生录取工作的监督检查，严肃查处违反招录工作纪律行为，对履行管理监督职责不力的人员予以问责，保持震慑常在、监督常在；做实日

常监督，督促学部院系在招生录取工作中制定严格的内控制度、加强考务管理和录取进程监管，特别是对一些师生有反映、存在苗头性倾向性问题的人员，及时进行约谈提醒。

**（六）高校要做好各类型招生录取公开透明工作，主动接受师生和社会监督**

高校要严格按照《高等学校信息公开事项清单》等有关规定，做好招生录取领域的公开透明工作，面向社会统一发布招生政策、招生计划、招生章程、考生资格名单等招录信息，不断扩大招录信息公开范围，完善各类型招生特别是本科各项特殊类型招生资格条件、评价标准、考试成绩、录取名单的公示和监督制度，畅通师生和群众举报和受理申诉渠道，主动接受师生、公众和舆论监督，让"潜规则"搁浅，真正做到阳光招生、公正录取，确保教育公平公正，最大限度地防止招录权力行使的"异化"和"利益驱动"。

**（七）高校要健全反腐倡廉教育长效机制，筑牢高校领导干部拒腐防变的思想堤坝**

高校招生录取领域利益诱惑较多、廉洁风险突出，做好这些重点领域的反腐倡廉宣传教育工作，健全长效机制，是营造风清气正的招生秩序和考试环境的现实需要，也是从源头上治理高校领导干部腐败的重要举措。要根据高校领导干部的心理特点和工作实际，重点进行理想信念和从政道德、党纪条规和法律法规、权力观和廉政警示教育，善于运用典型案例和身边事教育身边人，做到以案明纪、以案说法、以案为鉴，增强教育的针对性和实效性。要做好招生录取领域反腐倡廉教育经常性工作，加强校园廉洁文化建设，营造以廉为荣、以贪为耻的浓厚氛围，引导高校领导干部正确对待招录权力，牢固树立廉洁自律、遵纪守法的观念。要结合高校腐败案件查处、招录工作启动前夕等重要时间"节点"深入开展警示教育，做到因势利导，早警戒、早提醒、早教育，为高校领导干部打好"预防针"，切实提升教育效果。

# 我国反腐败境外追赃的难点及对策<sup>*</sup>

本文系笔者在中国法学会的一项课题研究成果中，就我国反腐败境外追赃工作中面临的主要难点问题进行的研究，并提出了对策建议。

## 一、我国反腐败境外追赃的主要难点

一是对腐败资产违法性的证明和认定难度较大。无论是要求返还还是分享外流的腐败财产，前提是要有证据能够证实该腐败资产系非法所得。而实践中，很多腐败分子往往采用复杂、隐秘的犯罪手段，如通过洗钱、虚假投资、利用离岸公司账户、非居民账户协助转移、在境外成立空壳公司、多账户资金跳转等手段将腐败犯罪资产转移至境外，有的甚

---



　＊　原载中国法学会《要报》2017 年第 22 期，略有删改。

至直接在海外账户收受贿赂，这样转移至境外的腐败资产往往披着合法的外衣，隐蔽性强，查证比较困难。在腐败资产"漂白"后，办案机关很难查清涉案腐败资产的来源、去向和数额，难以区分哪些是合法资产哪些是腐败资产，更难向资产流入国证实涉案资产的违法性。如果不能提供充足的证据证实涉案资产的违法性，那么就无法得到资产流入国执法机构的支持，要将腐败资产追回来就非常困难。

二是中外对"没收财产"范围的理解存在较大差异。我国《刑法》第 59 条规定的"没收财产"是一种经济制裁手段，即没收犯罪分子个人财产的部分或者全部，而域外多数国家法律中的"没收财产"是一种特殊预防措施，没收范围限于与案件有关的特定财产，更类似于《刑法》第 64 条规定的"犯罪所得之物、所用之物的处理（特别没收）"。而且，域外法律在没收财产问题上都有比较严格的适用条件、程序和证明要求，相关重要国际条约也都强调资产追回合作须在资产流入国"法律允许的范围内"进行。因此，外国司法机关基本上不认可我国没收财产（附加刑）的刑事裁决。即便是没收个人部分财产，若其并非犯罪所得或者与案件无关，这种没收裁决也很难被接受。

三是"违法所得没收程序"之证明标准过高。2012 年修订的《刑事诉讼法》规定了"违法所得没收程序"，为我国境外追赃提供了重要制度平台。但是，"违法所得没收程序"的证明标准与定罪证明标准一样，要达到"事实清楚，证据确实、充分"的证明程度，即要求排除合理怀疑、得出的结论具有唯一性。实践中，在腐败分子逃匿或者死亡的情况下，司法机关及相关诉讼参与人无法对其进行交叉询问、质证，要得出排除合理怀疑的唯一性结论，实属勉为其难。

四是缺乏规范化、制度化的腐败资产分享机制。追回腐败资产离不开资产流入国的配合和支持。在没有资产分享机制的情况下，如果涉案资产缺乏合法所有人或者无法证明其合法所有人，资产流入国通常会对资产没收后自行处置；即便能证明涉案资产来源于我国或者其合法所有人，但如果不能适当分享腐败资产，外国配合我国追赃的积极性就不高，甚至会直接拒绝，这样显然不利于从整体上维护国家利益。虽然我国已加入了不少规定有资产分享条款的国际条约，但相关条约内容较为原则、概括，实践中典型案例也很少，尚未形成务实合理的资产分享机制。

五是域外刑事没收裁决的承认和执行制度缺失。刑事裁决是司法主权行使的体现。在国际法上，本国没有承认和执行外国刑事裁决的义务。我国的刑事诉讼法也只概括性规定了刑事司法协助的原则，并未具体规定相应的方式和程序，相关司法解释规定的人民检察院司法协助的范围，也未包括对刑事没收裁决的承认和执行。事实上，在我国的刑事法律中也找不到承认和执行外国刑事没收裁决的规范。在刑事没收裁定的认可方面，外国基本上秉持"对等原则"或者互惠原则来处理。既然我国不能承认和执行外国刑事没收裁决，外国自然也不会认可我国的刑事没收裁决。

六是追赃可能造成我国与资产流入国经济利益上的冲突。不论资产性质如何，从外国流入的巨额资产对本国经济建设具有一定作用。故尽管外国可能不希望自身成为腐败分子的"避罪天堂"，但几乎都不排斥资产的流入。特别是在全球经济增长放缓的大气候下，外国配合我国追赃的积极性更加不足，甚至还有相关国家的金融机构为腐败资产流入提供转账、结算等便利服务，大多希望通过消极不作为留住"不义之财"。

此外，境外追赃成本高昂、追赃经验不足、追赃技术落后和对外国法律制度不熟等，也是我国反腐败境外追赃中必须克服的难题。

## 二、相关对策建议

做好新形势下我国反腐败境外追赃工作，需要综合施策、多措并举。

第一，境外追赃与境外追逃双管齐下，以追逃促追赃。追赃与追逃密切关联、相辅相成，既要大力开展分享和返还腐败资产的国际合作，挤压腐败分子在境外的生存空间，又要高度重视境外追逃工作，把追逃作为资产追回的重要支撑点、发力点。若能实现成功追逃，就等于掌握了追赃的主动权，追赃就相对比较容易。

第二，确立"优势证据"的违法资产证明标准，充分激活"违法所得没收程序"在资产追回上的功能。"违法所得没收程序"是一种对物的相对独立的特别程序，具有民事诉讼的确权性质，其证明标准不宜过高，建议实行"优势证据"证明标准。这样可大大降低运用该程序追回腐败资产的难度。当然，在充分运用"违法所得没收程序"追赃的同时，也要大力践行资产追回的其他途径，如积极劝导外逃人员及其近亲属主动退赃、在境外提起民事诉讼追赃、利用资产流入国的犯罪所得追缴法或国内法追赃等。

第三，确立承认和执行外国刑事没收裁决的制度，从而可根据对等原则要求外国认可我国的刑事没收裁决。确立承认和执行外国刑事没收裁决的制度，从长远来看，是有利于我国追回境外腐败资产的。事实上，2001 年我国与乌克兰缔结的《中乌移管被判刑人条约》就规定了相互承认和执行刑事裁决的内容，这完全可以吸纳规定到《刑事诉讼法》之中，从而上升成为一种正式的司法协助制度。"与人方便，自己方便"，我国一旦确立承认和执行外国刑事没收裁决的制度，就可理直气壮地要求相关国家按照对等原则认可我国的刑事没收裁决。

第四，建立务实合理的资产分享机制，最大限度地追回外流腐败资产。相比于坚持全部追回但实践困难的追赃模式，资产分享其实是一个更为务实、理性的选择，而且为诸多国际公约所确认。建议我国采取务实追赃的办法，坚持原则性与灵活性相结合，及时确立腐败资产分享机制，推动反腐败境外追赃合作不断深化发展。当然，要科学设定资产分享的条件、比例和范围等内容，以充分发挥该机制在资产追回上的正向功能。

第五，刑事裁决中灵活处理"没收财产"事项，没收外流腐败资产适用《刑法》中的"特别没收"规定。对于腐败分子死亡、逃匿的情形，追缴其腐败资产，直接适用"违法所得没收程序"作出刑事没收裁决即可。对于腐败分子被缉捕归国的情况，可在刑事裁决中灵活处理没收财产事项，将对外流腐败资产的没收与对腐败分子经济制裁的惩罚性没收财产刑分列，即对外流腐败资产没收适用《刑法》第 64 条"特别没收"的规定并予注明，以与绝大多数国家对"没收财产"范围的要求相一致。当然，此项"没收财产"的裁决内容可要求外国司法机关承认和执行。至于对腐败分子科处的没收财产刑，我国可不提出司法协助请求，这样有助于纾解境外追赃配合难的困境。

第六，以建设性的方式管控分歧，敦促资产流入国履行返还资产的条约义务。诚然，各国国情不同，开展反腐败追赃合作的需求、重点和主张也不尽一致，难免会存在分歧。一方面，各国要尊重彼此在反腐败追赃合作领域的核心利益，尤其是要努力克服法律制度方面的差异，找到合作的最大公约数，尽力提高合作实效。另一方面，我国应充分发挥在反腐败国际合作领域"领头羊"的作用，敦促资产流入国切实履行公约、协定义务，积极推进我国与资产流入国开展分享与返还腐败资产的国际合作，进一步明确、细化双方反腐败追赃合作的措施和路径，探索资产追回的灵活框架。

# 完善我国腐败犯罪刑法立法的建议 *

腐败犯罪刑法立法完善直接关系到腐败犯罪法律治理的力度和效果，关系到法治反腐的深入推进。近年来，我国腐败犯罪刑法立法不断健全完善，总体上能够适应惩治腐败犯罪的实际需要，但在相关腐败犯罪构成要件设置、刑罚配置等方面依然存在不足。特别是与腐败犯罪法律治理现代化目标相比，与巩固发展反腐败斗争压倒性胜利的要求相比，我国腐败犯罪的犯罪圈需要适度拓展、腐败犯罪的刑罚配置尚需改进，有必要推动腐败犯罪刑法立法进一步修正完善。

## 一、腐败犯罪构成要件立法完善

### （一）拓宽贿赂犯罪的对象范围

刑法将贿赂犯罪的对象限定为"财物"，迄今未作调整，

---

* 原载《法学杂志》2021年第3期，后作为成果要报报送中国法学会。

明显不符合司法实践中财产性利益贿赂、非财产性利益贿赂常见多发的现实情况。虽然相关司法解释将"财物"解释为"财物和财产性利益",但存在类推解释之嫌,毕竟财产性利益与财物不能直接画等号。况且,党的十八届四中全会《决定》明确提出"完善惩治贪污贿赂犯罪法律制度,把贿赂犯罪对象由财物扩大为财物和其他财产性利益",是将财物与财产性利益并列,并未把财产性利益视为财物,且宜通过立法修改予以解决。故由司法解释把"财产性利益"直接解释进贿赂犯罪对象(财物)之中,无论是解释的主体还是解释的合理性、妥当性都存在一定问题。

考虑到近年来贿赂犯罪法治实践又有新的发展,特别是2015年8月通过的《刑法修正案(九)》修改了贪污受贿犯罪定罪量刑标准,将以往单一的刚性数额标准调整为"数额＋情节"的二元弹性定罪量刑标准,"情节"成为修改后的贪污受贿犯罪定罪量刑的重要标准,从而为具有严重社会危害性的非财产性利益贿赂的规范评价提供了制度空间。故建议立法机关直接对刑法有关贿赂犯罪的法条进行相应修改,拓宽贿赂犯罪的对象(财物),将"财物"修正表述为"贿赂",使修改后的贿赂犯罪对象能涵括财物、财产性利益、非财产性利益在内。主要理由还在于:一则是对贿赂犯罪对象把握上的"拨乱反正"。无论是1979年《刑法》还是1982年3月8日通过的全国人民代表大会常务委员会《关于严惩严重破坏经济的罪犯的决定》，对贿赂犯罪对象的表述都是用"贿赂"，而未用"财物"。显而易见，"贿赂"的外延要远宽于"财物"，能涵括财产性利益、非财产性利益在内，更符合反腐败斗争实际；二则顺应反腐败刑事法治发展国际潮流，使得贿赂犯罪对象界定更加准确、周延；三则有利于堵塞贿赂犯罪刑事规制的漏洞，显著加大了对贿赂犯罪的惩处力度，也符合从严治腐的刑事政策。

### （二）调整商业贿赂犯罪的体系定位

商业贿赂犯罪是发生在市场经济活动领域的贿赂型犯罪集合，主要包括非国家工作人员受贿罪，对非国家工作人员行贿罪，对外国公职人员、国际公共组织官员行贿罪，现《刑法》规定在分则第三章第三节"妨害对公司、企业的管理秩序罪"之中。建议将商业贿赂犯罪整体纳入《刑法》第八章"贪污贿赂罪"之中。申言之，在《刑法》第388条"受贿罪"之后规定"非国家工作人员受贿罪"；在《刑法》第389条"行贿罪"之后规定"对非国家工作人员行贿罪"和"对外国公职人员、国际公共组织官员行贿罪"。主要理由是：

第一，从犯罪本质属性上分析，商业贿赂犯罪系贿赂犯罪特殊类型之一，是发生在市场经济活动领域的贿赂犯罪，妨害对公司、企业的管理秩序只是商业贿赂行为导致的结果，不能仅因为是发生在市场经济活动领域的贿赂犯罪活动，就认为应将其规定在《刑法》分则第三章"破坏社会主义市场经济秩序罪"之中。贿赂犯罪活动既可以发生在市场经济活动领域，也可以发生在其他社会、行业领域之中。正如不能因为在社会管理领域也会发生贿赂犯罪活动，就主张在《刑法》分则第六章"妨害社会管理秩序罪"之中增设相应的贿赂犯罪罪名一样，对于在市场经济活动领域发生的贿赂犯罪活动，也无必要放在《刑法》分则第三章"破坏社会主义市场经济秩序罪"之中规制。概言之，以发生的领域来决定商业贿赂犯罪在《刑法》分则中的体系定位是不科学的。

第二，将商业贿赂犯罪调整到《刑法》分则第八章"贪污贿赂罪"之中，有助于提升贿赂犯罪刑法立法体系的综合效能。首先，便于形成逻辑严谨、内部协调的腐败犯罪刑法规范体系。既然刑法分则根据犯罪所侵犯的同类客体设置了十章，包括专章规定"贪污贿赂罪"，这就表明贪污贿赂罪是代表性犯罪类型之一。在《刑法》分则第八章集中规定贪污贿赂罪之外，再在其他章节规定少数几个商业贿赂犯罪，无异于是对贿赂犯罪刑法规范体系应有的整体性、协调性、逻辑性的破坏，不利于形成科学、合理、严密的贿赂犯罪刑法规范体系，反而影响贿赂犯罪刑法规范体系治理效能的发挥。其次，有助于司法机关准确把握贿赂犯罪之间的内在有机联系，形成整体性的思维路径，从而更加准确地适用法律和追诉贿赂犯罪。再次，将相关贿赂犯罪集中规定在一章，也便于群众查找、学习和掌握何种行为属于刑法所禁止和处罚的贿赂犯罪，使刑法规范所具有的对行为人的指引、评价、预测功能得到有效发挥。

### （三）关于行贿罪构成要件的立法完善

行贿罪构成要件不完备也是影响贿赂犯罪刑事治理成效的重要因素。从行贿罪犯罪构成要件立法完善角度着眼，建议作以下两个方面的修改完善。

第一，修改行贿罪中"给予国家工作人员以财物"的规定。为谋取不正当利益而允诺给予或者提议给予国家工作人员以财物，同样具有权钱交易的本质，无论是实际给予财物还是允诺给予财物或者提议给予财物，一旦与国家工作人员的职务行使形成对应，就都会损害国家工作人员职务的廉洁性，都有给予刑事制裁的必要。否则，若仅规定（实际）"给予国家工作人员以财物"这一种情形，则势必留下刑事规制的漏洞，给大量形形色色、花样翻新的行贿行为开"后门"。基于上述考虑，建议将《刑法》第 389 条第 1 款中的"给予国家工作人员以财物"修改为"提供、提议、允诺国家工作人员以贿赂"。相应地，《刑法》第 389 条第 2 款中的"给予国家工作人员以财物"也应作同样的修订，以使行贿罪的刑事法网更趋严密。

第二，关于被勒索给予国家工作人员以财物之出罪条件的完善。根据《刑法》第 389 条第 3 款的规定，行为人被索贿的情况下必须"没有获得不正当利益"，才不认定为行贿。

须知，"没有获得不正当利益"是客观结果。既然行为人是因被勒索给予国家工作人员财物，就不可能是"为谋取不正当利益"，被勒索贿赂的被迫心理与"为谋取不正当利益"的主动心态矛盾，两种心理成分难以相容。而且在被勒索给予财物的情况下，行为人能不能获得"不正当利益"完全取决于索贿的国家工作人员。换言之，行为人被勒索给予国家工作人员以财物，是否构成行贿犯罪，完全取决于国家工作人员是否为其谋取不正当利益这一不确定性的要素，而非以行贿人自身的行为及其责任作为归责根据，显系规范评价基点错位、角色混淆，也有违责任主义原则。可以说，《刑法》第389条第3款规定"没有获得不正当利益"的出罪条件实有"画蛇添足"之嫌，建议刑法修正时予以删除。删除"没有获得不正当利益"这一限制性条件之后，可将该条第3款表述为："因被勒索给予国家工作人员财物，不是行贿"。

### （四）关于巨额财产来源不明罪构成要件的立法完善

随着腐败犯罪司法实践的发展，《刑法》关于巨额财产来源不明罪的规定日益暴露出一些弊端，影响了该罪的司法适用。一是犯罪主体范围狭窄，该罪主体限于国家工作人员，不包括离职的国家工作人员、国家工作人员的近亲属等特定关系人。这就使得有些国家工作人员可能钻法律的空子，甚或选择特定关系人作为"挡箭牌"，自己名下并无多少财产，但其特定关系人名下却有巨额存款，同样无法说明来源合法，却无法以巨额财产来源不明罪追究其刑事责任。二是该罪构成要件中包含授权性要素。《刑法》第 395 条第 1 款将"可以责令该国家工作人员说明来源"设置为巨额财产来源不明罪客观方面重要构成要件要素，相当于授权办案机关自由裁量。在一定程度上，国家工作人员是否构成巨额财产来源不明罪，不是基于能否说明差额巨大的财产之来源，而取决于办案机关态度（是否责令说明来源）。尽管办案机关一般都会责令涉案的国家工作人员说明巨额财产的来源，但在理论上、逻辑上无法不得出这个结论。此外，在立法中对巨额财产来源不明罪构成要件设置授权性要素，也使得构成要件的定型功能受到影响，难以成为确定的犯罪定型，有损刑法的明确性原则。三是罪状表述欠科学。如该罪罪状表述中未界定"可以责令该国家工作人员说明来源"的主体，不符合刑法规范表述和文法习惯；该罪罪状表述中的"差额部分以非法所得论"与国家工作人员刑事责任的对应性不强。

基于巨额财产来源不明罪构成要件存在的上述纰漏，建议对《刑法》第 395 条进行以下修改：第一，在《刑法》第 395 条增加一款作为第 2 款，将拥有巨额来源不明财产的离职的国家工作人员、国家工作人员的特定关系人纳入刑事制裁范围，按照巨额财产来源不明罪的规定定罪处罚。具体可表述为"离职的国家工作人员、国家工作人员的特定关系人犯前款罪的，依照前款的规定定罪处罚"。第二，将该罪罪状表述中的"可以责令该国家工作人员说明来源"修改为"办案机关应当责令该国家工作人员说明来源",把巨额财产来源不明罪构成要件中的授权性要素转化为法律义务规定,而且还明确了责令说明来源的主体即办案机关,以切合当前反腐败斗争实际情况。第三,删除"差额巨大的"之表述,在"差额部分以非法所得论"表述之后增加"非法所得差额巨大的",以使"非法所得差额巨大"与国家工作人员的刑事责任对应起来,这样罪状表述逻辑更加顺畅。据此,《刑法》第395条第1款可修改为:"国家工作人员的财产、支出明显超过合法收入,办案机关应当责令该国家工作人员说明来源,不能说明来源的,差额部分以非法所得论。非法所得差额巨大的,处五年以下有期徒刑或者拘役;差额特别巨大的,处五年以上十年以下有期徒刑。财产的差额部分予以追缴。"

## 二、腐败犯罪刑罚配置立法完善

尽管晚近几次刑法修正使以往腐败犯罪刑罚配置存在的不均衡、不合理等问题得到了一定程度的纾解,但离腐败犯罪刑法立法现代化仍有不少差距,腐败犯罪刑罚配置立法依然面临着亟待解决的问题。

### (一)采取"贪贿分立"的法定刑配置模式

《刑法》对贪污罪、受贿罪适用同一定罪量刑标准,即采取"贪贿同一"的法定刑模式。实践证明，这种模式存在较多弊端，不利于对贪污罪、受贿罪进行准确规范评价，建议《刑法》分则第八章分别确立贪污罪、受贿罪各自的定罪量刑标准，并对受贿罪配置相对较重的法定刑。主要理由在于：

第一，贪污罪、受贿罪规范评价的重点不一样。贪污罪的规范评价重在衡量贪污数额的多少，而受贿罪规范评价重在衡量受贿情节的轻重。究其原因，贪污数额是表征贪污行为社会危害性大小的基本标尺，贪污数额大小与贪污罪行之轻重呈正相关关系。与此相对的是，受贿情节在受贿罪社会危害性大小评价中占有更为重要的地位，并通过"为他人谋取利益"或者受贿的手段（有无索贿等）、造成的危害结果等来体现，受贿数额只是一个客观衡量因素。

第二，贪污罪、受贿罪的犯罪主体存在较大差别，亦表明两罪不宜采用同一法定刑。就贪污罪来说，除了国家工作人员之外，很大一部分犯罪主体系"受委托人员"，而受贿罪犯罪主体中并无"受委托人员"，只能是国家工作人员。这意味着，刑法在规制贪污行为时，更多考虑的是对公共财产所有权的保护，即无论是作为身份犯的国家工作人员还是非身份犯的"受委托人员"，只要利用职务便利实施贪污行为，达到一定数额标准的，一律予以刑事制裁。而刑法未将"受委托人员"纳入受贿罪犯罪主体，这在很大程度上说明，刑法对受贿行为规制的重心在于对国家工作人员职务廉洁性和纯洁性的维护。

第三，相关司法解释明确将国家机关工作人员渎职并受贿的情形，以渎职犯罪和受贿罪实行数罪并罚，而对贪污且渎职的并无相应的规定，不实行数罪并罚，这也从一个侧面佐证了贪污罪与受贿罪的社会危害性大小不能简单画等号，对于受贿罪应当进行更为严格的规范评价，其实这也是当前受贿罪在腐败犯罪中占主体地位、突出反腐败斗争重点的必然要求。

## （二）扩大罚金刑在腐败犯罪中的适用范围

刑法规定的非国家工作人员受贿罪、挪用公款罪、巨额财产来源不明罪、隐瞒境外存款罪等，都属于贪利型腐败犯罪，且犯罪分子往往是在经济利益的驱动下实施此类犯罪的，配置罚金刑可以更好地发挥刑罚的预防犯罪功能。如非国家工作人员受贿罪，其与受贿罪的区别主要在于犯罪主体的不同，而在权钱交易本质、受贿行为方式等方面都是相同的，既然《刑法》对受贿罪配置了罚金刑，那么对非国家工作人员受贿罪配置罚金刑也是顺理成章的。又如，就挪用公款罪而言，无论哪种形式的挪用公款，都有贪利性的一面。对挪用公款罪配置罚金刑，有利于增大对挪用公款犯罪的惩处力度，让行为人同时付出经济利益方面的代价、得不偿失，无疑有助于遏制此类犯罪的发生。再如，关于巨额财产来源不明罪，对该罪配置罚金刑，可使国家工作人员感到即使办案机关不能证明差额部分是贪污贿赂犯罪所得，其同样无利可图，不仅无法占有不能说明来源的巨额财产，而且还要承受经济制裁的代价，这样显然有助于遏制国家工作人员贪腐、非法聚敛财富的欲念。最后，关于隐瞒境外存款罪，国家工作人员对其在境外数额较大的存款隐瞒不报，要么是该境外存款来路不正，要么是想为以后潜逃境外做准备，难言有合法的目的。否则，如果是合法所得的存款或者没有其他非法意图，又有什么理由甘冒被刑事追究的风险而隐瞒不报呢？而对隐瞒境外存款犯罪配置罚金刑，目的就是要让隐瞒境外存款的国家工作人员"竹篮打水一场空"，让试图隐瞒境外存款的国家工作人员丢掉幻想。总之，对前述四种腐败犯罪配置罚金刑，符合贪利型腐败犯罪的刑罚配置规律，能更好地实现罪刑相适应。

### （三）对腐败犯罪一律配置资格刑

对于腐败犯罪而言，往往是行为人公权私用、亵渎职责，利用职务便利实施权钱交易等腐败行为。对腐败犯罪配置资格刑，既是加强对权力运行制约和监督的现实需要，也是维护公职人员良好形象的有力举措。即使不是公权力行使主体的行贿人，其行贿犯罪也与公权力的滥用或者异化紧密相关，通常是权力的围猎者和受益者。正是由于腐败犯罪的权力依附性和对职务廉洁性、公正性的损害，故无论是受贿的公职人员还是行贿人，都有给予资格刑制裁的必要。鉴此，对于腐败犯罪，无论受贿行贿，建议在立法中一律配置资格刑，从而增强惩治和遏制腐败犯罪的效果。

立足长远，在对腐败犯罪配置资格刑的基础上，还有必要完善资格刑立法。目前《刑法》规定的资格刑，主要是剥夺政治权利一项，存在政治化色彩浓厚、适用种类单一、灵活性不够等明显缺陷。至于我国资格刑立法的改革完善，试提如下几项建议：一是扩大资格刑适用范围，淡化资格刑的政治色彩，可将《刑法》规定的资格刑——剥夺政治权利改为剥夺法定权利，消除其浓厚的政治性，使之成为可以适用于包括腐败犯罪在内的绝大多数犯罪类型的刑罚。二是充实资格刑的内涵，实行资格刑分立制。从域外法治经验看，很多国家立法中所确立的资格刑之内容比较丰富，一般包括限制或者剥夺一定的权利（如政治权利、民事权利）、禁止担任一定的职务、禁止从事特定的职业、剥夺荣誉称号等，而且法院可以灵活选择适用一项或者几项内容，体现了资格刑适用的灵活性和针对性。以上域外有益法治经验，值得我们完善资格刑立法时参考。

**（四）推动贪污受贿犯罪死刑立法改革**

《刑法》对贪污罪、受贿罪尚规定有死刑，在短期内也没有要取消的迹象。这绝不意味着腐败犯罪死刑立法改革就不能有所作为。详言之：

第一，立法上进一步严格贪污罪、受贿罪适用死刑的条件。其中，一个重要方面就是要激活终身监禁措施的死刑替代功能，为废止贪污罪、受贿罪死刑创造条件。建议对《刑法》第 383 条的规定进行修改，在该条第 1 款第 3 项之后，增补规定"被判处死刑的，人民法院根据犯罪情节等情况可以同时决定在其死刑缓期执行二年期满依法减为无期徒刑后，终身监禁，不得减刑、假释"。同时相应地删除该条第 4 款的规定。作上述修改，即对于数额特别巨大，并使国家和人民利益遭受特别重大损失的罪行极其严重的犯罪分子，在判处死刑的同时，原则上适用终身监禁措施；如果在提起公诉前有如实供述自己罪行、真诚悔罪、积极退赃，避免、减少损害结果的发生等情形的，原则上可适用死刑缓期两年执行。这样的话，就进一步显著提高了贪污受贿罪死刑的适用标准和条件，真正把终身监禁的死刑替代功能释放出来，基本上可以做到不到万不得已不适用死刑立即执行（保留适用死刑立即执行的可能性）。

第二，根据当前国情民意和社会发展阶段，参酌党的十九大报告确定的从 2020 年到本世纪中叶分两步走全面建设社会主义现代化国家的战略安排，建议在 2035 年基本实现社会主义现代化的情况下，果断地取消贪污罪、受贿罪的死刑。实践一再证明，贪污受贿犯罪的发生有社会、环境、制度、文化等方面的复杂成因，并非一味靠死刑就能遏制得住。如果不认真分析贪贿犯罪的根源，不重视综合治理，期冀依靠死刑"一杀了之"，结果可能事与愿违。而从 2020 年全面建成小康社会到 2035 年，经过 15 年左右的发展，国家基本实现社会主义现代化，中国特色社会主义制度包括腐败犯罪刑事治理体系臻于成熟、定型，法治、人权、文明等观念深入人心，反腐败斗争也将取得全局性的最后胜利，届时取消贪污罪、受贿罪死刑的时机便已成熟。

# 关于强化互联网企业反腐败的建议<sup>*</sup>

　　新形势下互联网企业内部腐败的科学有效治理，需要惩防并举、标本兼治、多管齐下、综合施策，要努力构建互联网企业腐败治理的长效机制。具体来说，当前要着力从以下几个方面努力：

　　第一，要加强互联网企业反腐倡廉制度建设。包括互联网企业在内的民营企业建立完善的反腐倡廉制度，是从根本上遏制企业内部腐败现象蔓延的治本之策，也是提高企业依法治理水平、建立现代企业制度的必然要求。因为制度带有全局性、根本性和长远性。没有规矩不成方圆，任何一家企业的运营都有一定的"规矩"，更何况是互联网这样的企业。大到国家的法律法规包括《刑法》，小到公司的规章制度，互联网企业员工应当严格遵循，不能触碰法律红线和企业制度

　　* 原载《刑事法判解研究》第 37 辑，人民法院出版社 2018 年版。

底线。制度面前人人平等，制度约束没有例外。努力加强企业制度建设尤其是反腐倡廉制度建设，把企业内部员工尤其是高管的权力关进制度的笼子里，堵塞腐败行为发生的制度漏洞，逐步建立起企业内部"不敢腐、不能腐、不想腐"的科学反腐新机制。具体来说，要从加强企业内部反腐倡廉教育制度、监督制度、预防制度、惩治制度建设入手，筑牢企业内部拒腐防变的思想堤防，强化对企业员工权力运行的制约和监督，形成防范企业内部腐败的预警系统，完善查处内部腐败的惩戒机制。

第二，要充分发挥技术在互联网企业内部反腐的支撑作用。基于互联网企业自身的特点，企业内部的腐败行为一般都会在技术上留下痕迹，这是互联网企业发现腐败的重要方向。互联网公司本身具有技术优势，可采用技术手段对于敏感交易行为进行监管，通过技术措施防范腐败，比如数据保存、身份溯源等减少腐败行为的发生。而且可以发挥其自身科技优势，探索有效的反腐败监控手段，充分利用大数据、全程留痕等技术手段进行反腐，提高内部反腐败的效率。

第三，要重视企业内部反腐与企业外部反腐相结合、相呼应。就企业内的反腐而言，对于一个损害企业利益、有腐败行为的员工，企业能使用的一般是纪律手段、民事手段或劳动行政手段追究其责任，仅是内部的这些处理措施往往难以达到预期的效果。涉事员工进行一定赔偿后，往往就可以拍拍屁股走人，到了新单位又是一条好汉。那么，此时，注重反腐的内外结合，加强企业内部反腐部门及合规人员与专业审计机构、律师事务所以及公安司法机关的协作配合尤为必要和重要。对于企业内部的腐败行为，企业内部的监察、审计或者合规部门可以先行进行一定的内部调查，决定是否聘请律师事务所、会计师事务所等外部机构参与调查，而后形成一份合乎侦查机关口味的审查报告。待刑事立案后，再继续配合侦查机关和检察机关进行必要的证据和线索的收集。企业发现员工的腐败行为涉嫌犯罪的，应当坚决移送公安、检察机关依法调查处理。

第四，要重视社会监督的作用，共同构筑预防企业内部腐败的防火墙。企业要不断拓宽监督的途径，保障企业员工的知情权、参与权、信访权，尤其是要畅通信访渠道，认真受理企业员工、客户、民众举报反映的问题，建立健全预防与处理企业内部腐败行为的工作机制、措施以及受理、调查、认定、处理与监督机制，力争在第一时间发现和掌握企业有关人员腐败案件的线索，早教育、早提醒、早防范，尽力把腐败消灭在萌芽状态。比如，京东集团开设了"廉洁京东"微信公众号和"廉洁京东"官方网站，不仅让企业员工、广大客户、群众直观地看到京东集团的反腐败资讯、反腐倡廉规章制度、反腐败措施等内容，而且还能方便社会各界快捷地进行投诉举报。

此外，要加强和改进对企业的舆论监督，一旦出现企业员工涉腐的舆情，企业不能只顾捂着塞着甚或包庇有关腐败行为。事实上，近年来很多企业员工的贪腐行为，最早都是通过新闻媒体的披露报道和网络舆论的监督，才被有关部门绳之以法的。因此加强舆论对企业的监督，对于充分发挥社会监督的积极作用，弥补企业内部专门监督的不足，具有非常重要的意义。

除此之外，打造公正、透明的阳光职场，建设健康公正的职业发展环境，培育积极向上的企业文化和价值观，推进企业内部反腐的公开化、透明化，对于预防企业内部腐败现象，规避企业面临的法律风险，也是至关重要的。

# 农村拆迁征地领域腐败案件的特点、成因与对策<sup>*</sup>

近年来，随着各地大力推进新型城镇化建设、统筹城乡一体化发展，涉农村的拆迁征地项目不断增加，一些地方农村拆迁征地腐败案件时有发生，社会反响强烈。从有关纪检监察机关办理案件情况看，农村拆迁征地领域腐败问题十分突出。例如，2018 年至 2020 年，北京市某区纪委监委共立案查处农村拆迁征地领域腐败案件 6 件 20 人，其中涉嫌腐败犯罪并移送司法机关 12 人，超过该委三年来办理腐败犯罪案件总数的 10%。农村拆迁征地领域腐败案件高发多发，应引起关注。

---

* 原载《人民法院报》2021 年 8 月 12 日第 6 版。

## 一、农村拆迁征地领域腐败案件的发案特点

（一）腐败群体化现象凸显，窝案、串案居多。因农村拆迁征地涉及被拆迁村庄村委会、被拆迁户、拆迁公司、评估公司、审计公司等多方参与，实践中往往是查处一人、带出一片，不少涉案人员上下勾结、内外联合、互相串通，共同侵吞或者骗取补偿款。如北京市海淀区四季青镇某村刘某等人贪污案，被拆迁村庄村委会主要负责人、拆迁确权组成员、拆迁公司等共计有九人涉案，因相互勾结虚构腾退补偿资格、侵吞补偿款而被查处。腐败群体化现象在一定程度上反映出当前农村拆迁征地领域腐败现象的发展趋势和严重化趋向。

（二）腐败行为方式多样化，隐蔽性强。农村拆迁征地领域腐败案件具有行为方式多样化、隐蔽性强的特点。实践中常见的腐败行为方式，主要包括：一是拆迁征地人员与被拆迁人相互勾结，虚增被拆迁人的宅基地、地面附着物的数量或面积，抱团瓜分补偿款；二是拆迁征地人员自己虚构拆迁腾退资格，骗取补偿款；三是拆迁征地人员对不属拆迁征地范围或按规定不能补偿的项目进行补偿，如将违法建筑确认为合法建筑并列入补偿范围等，收取相关人员贿赂；四是拆迁征地人员采取虚列支出、伪造报账单据、重复报账等手段，直接侵吞补偿款。由于拆迁征地人员在政策界限、权属认定、

补偿标准把握上有一定弹性，加之有的地方拆迁补偿工作流程不甚透明，特别是被征房屋拆迁后土地很快平整进入施工阶段，很多涉嫌腐败的物证随之消失，这使得农村拆迁征地领域的腐败行为具有相当的隐蔽性。

（三）涉案罪名相对集中，农村"一把手"涉案现象突出。实践中，农村拆迁征地领域腐败案件，当事人涉案的罪名高度集中，主要表现为贪污罪，只有极少数涉案人员涉嫌职务侵占罪、受贿罪或者滥用职权罪。可以说，拆迁征地人员利用职务便利自己或者与被拆迁人、拆迁公司等相互勾结贪污补偿款的行为，日益成为查办和预防农村拆迁征地领域腐败案件的重点。此外，在农村拆迁征地领域腐败案件中，被拆迁村庄"一把手"涉案现象突出。如北京市某核心区晚近四年立案查处的六件拆迁征地领域腐败案件，都有基层组织"一把手"涉案。这与农村"一把手"在协助基层政府从事拆迁确权等工作中有较大职务便利密切相关。

（四）涉案金额巨大，危害后果严重。划入拆迁征地范围的村庄特别是超大城市核心城区的村庄，涉及城乡统筹和城镇发展，地价相对较高，拆迁征地涉及资金量巨大，补偿过程又缺乏足够透明度，使得此领域腐败案件普遍涉案金额巨大，动辄上百万元，令人触目惊心。如在北京市朝阳区金盏乡某村王某等人腐败案中，王某利用职务便利为其近亲属违规出具宅基地确认单，骗取拆迁腾退补偿款高达 210 余万元。

农村拆迁征地领域腐败现象的高发多发，不仅会给国家和集体造成重大经济损失，而且直接侵害农民的利益，容易激化干群矛盾，损害政府公信力，具有严重的社会危害性。

## 二、农村拆迁征地领域腐败案件高发原因

农村拆迁征地领域腐败现象的发生，既有腐败行为人自身法纪意识淡薄、私欲膨胀等主观原因，也有制度不健全、监督机制不完善、拆迁征地程序不透明等客观原因。

（一）部分拆迁工作人员法纪观念淡薄，私欲膨胀。实践中参与农村拆迁征地工作的部分人员特别是少数村庄主要负责人法纪观念淡薄、私欲膨胀，有的贪婪虚荣、"见钱眼开"，有的心存侥幸、意图浑水摸鱼，有的心理失衡、想趁机"捞一把"，从而置党纪国法于不顾，恣意妄为。

（二）农村拆迁征地领域相关制度不健全、存在漏洞。农村拆迁征地领域腐败问题的发生，与相关制度原则性强、制度存在漏洞有直接关系。目前我国相应的拆迁征地立法还不完备，相关政策比较宏观，涉及对拆迁补偿金的发放标准、程序等规定可操作性不强，而实践中农村拆迁征地又大都采取村基层组织主导的"腾退"模式。至于如何腾退并做好补偿安置等，主要是由村基层组织制定方案，每个村的安置补偿情况不尽一致，"一事一议""一村一策"情况相当普遍，

这就给腐败行为人钻制度漏洞和政策空子留下了空间。还有的村财务制度不健全，财务管理混乱，对拆迁专项资金采取规避集体领导决策的手段操控。这些无疑为拆迁征地人员实施腐败行为提供了便利。

（三）监督制约机制不完善，监督难以及时到位。村基层组织主体责任和监督责任落实不到位，部分村委会干部之间好人主义风气盛行，在协助基层政府从事拆迁确权等工作中不担当、不作为、不负责，如有的村确权组成员明知相关证明材料可能虚假，但只要看到有村主任签名，就不再审查便草率签字认可，难言有监督。基层政府设立的拆迁指挥部具有"临时机构、临时人员、临时监管"的特点，对拆迁工作人员的日常监管也是"鞭长莫及"，监督检查浮于表面，发现问题不够精准及时。农村拆迁征地工作的外部监督存在一定滞后性，对于拆迁征地政策规定执行、青苗清点、房屋土地设施丈量、补偿资金审核发放等情况，不少地方的纪检监察机关还未能进行有效监督。

（四）拆迁征地补偿程序不透明给暗箱操作留下了空间。农村拆迁征地工作大多是村基层组织主导，相关拆迁腾退补偿安置程序不规范，信息公开范围有限，被拆迁人员大多是村民，也不能很好地了解拆迁补偿的相关政策和标准，知情权、参与权、表达权、监督权保障落实不到位，造成信息不对称，给腐败行为人暗箱操作以可乘之机。

## 三、农村拆迁征地领域腐败行为的防治对策

农村拆迁征地领域腐败的治理，需要多管齐下、综合施策，应从教育预防、制度完善、监督制约、程序透明等方面，凝聚起科学有效治理该领域腐败现象的合力。

（一）坚持预防在先，积极开展纪法宣传教育。要认真做好拆迁征地领域腐败预防工作，注重防患未然，重视以案说法，结合典型案例开展具有针对性的警示教育，推进以案促改、以案促建、以案促治。通过签订廉洁履职承诺书、举办专场法治讲座、发送廉政短信、组织旁听庭审、参观监狱、收看警示教育专题片等有效形式，增强镇村干部纪律规矩和履职尽职意识，使他们警钟长鸣、自省自律。

（二）完善农村拆迁征地管理制度体系，堵塞制度漏洞。要通过加强制度建设为农村拆迁征地工作筑牢"防腐墙"。完善农村拆迁征地补偿管理制度，细化补偿标准、补偿程序、违法建筑处置、拆迁安置等办法，增强其可操作性。健全征拆征地公开制度，对征拆对象、拆迁重要事项进行事前公示，防止"打擦边球""钻空子"等现象的发生。严格落实征拆专项资金管理制度，有效监督财务收支，坚决杜绝收入不报账、"白条"等违反财务纪律的行为。

（三）强化监督检查，为拆迁征地人员吹响"监督哨"。创

新监督方式，属地乡镇纪检监察机构可探索设立专门监督组对农村拆迁征地工作开展同步监督，并由县区纪委监委班子成员和相应纪检监察室加强联系指导，强化监督的权威性和有效性。定期开展专项监督，随机选择已经完成拆迁征地任务的村列入专项监督台账，加强对被征用土地补偿安置费分配和使用情况的监督检查，确保监到关键处、督到点子上。充分发挥巡察利剑作用，将乡镇农村拆迁征地工作纳入巡察重点工作，用机动巡察提升巡察监督实效，持续释放巡察震慑效应。

（四）推动农村拆迁征地工作在阳光下运行。阳光是最好的防腐剂。在农村拆迁征地各环节，应按照公开透明的原则，推动农村基层组织进一步扩大信息公开范围，对拆迁征地项目概况、腾退依据、补偿方案、符合腾退资格的村民信息、确权信息、签约情况等相关事项均应公开、留痕，做到不藏着掖着，接受社会监督，同时公布纪检监察机关举报电话等信息，这样拆迁征地工作才有公信力，村民心中才能无疙瘩、无疑惑、无怨气。

书 里 书 外

# 不断拓展刑法各论研究的新境域

## ——《刑法各论前沿问题探索》序言<sup>*</sup>

刑法各论研究的是各种具体犯罪及其刑事责任，刑法学关于犯罪、刑事责任和刑罚的一般理论、原则等，都需要通过刑法各论对各种具体罪刑的阐述，才能得到实际的贯彻和体现，从而为司法适用提供理论引导。正是在这种意义上，深入研究刑法各论十分重要和必要。

笔者曾在检察、纪检机关从事实务工作，参与过有关职务犯罪、违纪案件的研讨和办理，也多次参加相关典型疑难刑事案件的专家咨询论证活动。在研讨、办理有关案件的过程中，深感当前刑法各论的理论研究尚不能有效满足司法实践的需求，刑法学理论与司法实务的良性互动还远未形成。

---

　＊　原载彭新林著：《刑法各论前沿问题探索》，南开大学出版社 2016年版。

其中重要的原因就是现行刑法各论的理论研究尤其是刑法学教材对具体犯罪及其刑事责任的阐述，既不连"天线"，缺乏必要的理论品格和深度，人云亦云者众多，无益于刑法知识的增长，又不接"地气"，缺少典型案例的支撑和解析，理论与实践出现"两张皮"的现象，难以为司法适用提供有力的法理指导和学理支撑。比如，近年来，抢夺被公安交通管理部门依法行政扣押的本人车辆案件时有发生，对于这类常见多发的案件，该如何定性，在刑法上应该作何种评价？目前司法实践中分歧很大，有的主张定抢夺罪，有的主张定抢劫罪，有的主张定非法处置扣押的财产罪，有的主张定妨害公务罪，还有的认为是数罪应当并罚等等。由于此类案件情况较为复杂，涉及对刑法中公共财产内涵的理解、对物权性质的判定和行政执法权的保护等问题，因而处理起来比较棘手，似乎难以从现行的刑法各论教材、著述中找到答案。正因为如此，刑法各论理论研究的深化和发展，需要面向刑事司法实践，应当聚焦司法实务中的重点、热点、难点和新问题，高度重视典型案例的法理研究，找准理论与实践的契合点。只有这样，才能既有助于发现司法实践对刑法各论理论的新要求，激发刑法各论理论创新，进而检验、丰富和发展刑法各论理论，同时也裨益于司法适用经验和规律的总结，从而更好地为刑事立法和刑事司法服务。

　　本书坚持以问题为导向，以科学理论为指导，从理论和实践的结合上对刑法各论领域的热点、难点、争议等前沿问题进行专题研究，在论述具体内容时注意反映和运用理论界的最新研究成果，或解说法律要点，或阐明法理依据，或探讨法理问题，或剖析典型案例，力求反映刑法分则相关重点罪名和条文的适用情况。应当说，本书不是系统完整的刑法各论著作，而是专题研究刑法各论若干前沿理论和法律实践问题的论著，主要是以笔者在检察、纪检机关工作时撰写的部分实务研究成果为基础，并纳入了这些年来笔者参与疑难刑事案件咨询论证、给刑法专业研究生讲授刑法各论课程时撰写的若干专题论文。虽然研究的内容基本涵括了刑法分则各章，但在全书的整体设计上，主要考虑了主题的集中性，注意突出重点，不搞面面俱到、大而全式的综合研究，而是有选择、有针对性地集中探讨刑法各论领域若干重要理论和实际问题，冀盼在研讨的领域有所深入、有所进展，对繁荣发展刑法各论的理论研究和服务司法实践有所贡献。

本书也是这些年来笔者在刑法各论领域学术研究轨迹的呈现，大体上反映了笔者对刑法各论领域诸多问题的思考和见解。当然，由于刑法各论理论内容丰富，司法实践纷繁复杂，且刑法规定的罪名众多，新情况新问题层出不穷，虽然笔者在撰著过程中一直抱持力争言之有理、持之有据的谨慎心理，突出学术性、新颖性和可读性的有机结合，并注意运用生动真实的典型案例，力图寻求解决相关刑事司法疑难问题的合理方案，但仍然难免会存在一些疏漏和不足。比如，还有一些疑难、热点、争议等刑法各论前沿问题未纳入本书进行研究，书中某些观点有待加强论证，对某些问题的分析还不够深入细致等，因此诚望得到方家和广大读者的批评指正。好在司法实践之树常青，刑法各论的理论发展和对刑法适用的解释是永无止境的，我们不应拘泥于某些具体的结论，而要勇于观察和琢磨丰富生动的司法实践，注意从司法实践中汲取理论滋养，丰富刑法各论理论的内容，赋予刑法各论理论更多的实践特质，从而推动刑法各论理论研究的深化发展。

感谢责任编辑为本书出版所付出的辛勤劳动，正是他们的支持和帮助保证了本书的及时出版。

乙未年四月谨识于北京紫竹院·澄碧山房

# 深刻认识我国反腐败新常态

## ——《贪污贿赂的罪与罚》代序 *

　　党的十八大以来，新一届中央领导集体以猛药去疴、重典治乱的决心，以刮骨疗毒、壮士断腕的勇气，坚决把党风廉政建设和反腐败斗争进行到底，坚持有腐必反、有贪必肃，更加科学有效地防治腐败，取得了有目共睹的显著成效，党风政风明显好转，党心民心为之一振，我国反腐新常态逐渐显现。这种反腐新常态，既体现了中央坚定反腐败的信心和决心，也凸显出当前我国反腐败的新思路和新格局。

一

　　以法治思维和法治方式反腐败。十八大以来，我们坚持

　　* 原载彭新林著：《贪污贿赂的罪与罚》，北京大学出版社 2015 年版。

运用法治思维和法治方式反腐败，在反腐败斗争中注意贯彻现代法治理念，凡腐必反，除恶务尽，不搞选择性反腐，不搞以人划线，不搞特赦变通，切实做到事实清楚、证据确凿、定性准确、处理恰当、程序合法、手续完备，严格依纪依法查办腐败案件，让案件经得起法律和历史的检验。无论是对薄熙来案件的公开审判，还是对周永康案件的处理，都始终贯彻了法治反腐的理念，从一开始就是沿着法治轨道逐步推进，将他们的法律问题与道德问题分开、违纪问题与犯罪问题分开，法治精神得到充分贯彻，受到广大干部群众的拥护支持。

以"零容忍"态度惩治腐败。腐败是影响经济社会健康发展、国家长治久安的致命风险。如果不对腐败零容忍，任凭腐败现象滋生蔓延，最终必然亡党亡国。十八大以来，我们持续保持反腐败的高压态势，坚持惩治这一手不放松，反腐败不留死角，没有"禁区"，发现一起查处一起，发现多少查处多少，不定指标、上不封顶，凡腐必反，除恶务尽；锲而不舍地纠正"四风"顽疾，越往后执纪越严，把违反中央八项规定精神问题列入纪律审查重点，对腐败现象坚持露头就打、打早打小，防微杜渐。这充分表明了中央以零容忍态度惩治腐败的决心。

坚持"老虎""苍蝇"一起打。腐败分子无论是位高权重的"老虎"还是名不见经传的"苍蝇"，都是党和国家的蛀虫，都有损党和国家的肌体健康。因此在反腐问题上，无论大贪大腐还是小贪小腐，都应依法严厉惩治。十八大以来，我们坚持"老虎""苍蝇"一起打，既坚决查处领导干部违纪违法案件，包括依法查处了周永康、徐才厚、令计划、郭伯雄、苏荣等副国级以上"老虎"案件，对这些有来头、有背景、有能量的大"老虎"，敢于一打到底，向世人证明了我们党敢于直面问题、善于自我净化和严厉惩治腐败的决心和态度。另一方面，也采取有效措施，着力解决发生在群众身边的腐败问题和不正之风，彻底破除"苍蝇"的侥幸心理，坚决拍掉这些损害群众切身利益的"苍蝇"，切实维护群众合法权益。

把权力关进制度的笼子里。腐败的实质是权力滥用，反腐的核心在于制约和监督权力。而制度问题带有根本性、全局性、稳定性和长期性，因而没有健全的制度，未把权力关进制度的笼子里，腐败现象就很难遏制得住。十八大以来，中央深化腐败问题多发领域和关键环节的改革，健全权力运行制约和监督体系，加快推进反腐败国家立法，加强反腐倡廉党内法规制度建设，先后出台了八项规定、《党政机关厉行节约反对浪费条例》等一系列制度、条例和改革措施，规制权力之笼越来越紧；而且坚决维护制度的严肃性和权威性，狠抓制度执行，坚决纠正有令不行、有禁不止的行为，确保制度务实、管用，使制度成为硬约束而不是"橡皮筋"，真正做到制度面前人人平等、制度约束没有例外。

反腐败在"常""长"二字上下功夫。反腐败是一项长期、艰巨、复杂的任务。当前我国反腐败斗争形势依然严峻复杂，有些滋生腐败的体制弊端、机制障碍和制度漏洞尚未有效消除，一些深层次问题还没有从根本上破解等。这些现象和问题的存在，从根本上决定了要解决好腐败问题，必须持之以恒、常抓不懈。十八大以来，中央以锲而不舍、驰而不息的决心和毅力，把反腐倡廉建设不断引向深入，在"常""长"二字上下功夫，除了下大气力拔"烂树"、治"病树"、正"歪树"，还坚决清除滋生腐败的土壤和条件。这些都表明党对反腐败斗争的复杂性和艰巨性有着清醒的认识，也宣示了中央将反腐败斗争进行到底的信心和决心。可以说，我国常态反腐的战略是坚定不移的，反腐败没有完成时，只有进行时，永远在路上。

## 二

我国反腐进入新常态，是以习近平同志为核心的党中央在深入总结我国反腐败斗争的基本经验，科学分析反腐败斗争形势、准确把握基本国情的基础上，对当前反腐败阶段性特征所作的重要战略判断。其集中反映了新一届中央领导集体的反腐理念、工作思路和意志信念，标志着我们党对反腐倡廉建设规律的认识达到了一个新高度。积极适应反腐新常态，对于充分认识反腐败的长期性和复杂性，深刻理解反腐败的重要性和紧迫性，系统把握反腐败的总体思路和重要任务，具有重大而深远的意义。

积极适应反腐新常态，要纠正错误的反腐思想观念，凝聚反腐共识。纠正错误的反腐思想观念才能明辨是非、树立正确理念，凝聚反腐共识才能为反腐败斗争汇聚强大正能量。十八大以来，随着反腐败斗争的深入推进，社会上出现了一些似是而非的反腐思想观念，如"反腐影响经济发展""反腐过头了""反腐一阵风"等错误论调。这些错误的反腐论调蛊惑人心、危害极大，不仅动摇反腐军心，削弱反腐斗志，影响人民群众对反腐败斗争的信心，而且干扰反腐败斗争的大方向，是反腐败斗争中的不和谐杂音。之所以产生这些错误的反腐思想观念，主要是有些人对当前反腐败形势和中央的反腐败政策认识不清、把握不准，还有的是自身不干净，担心"拔出萝卜带出泥"，开始害怕了，幻想通过把水搅浑而蒙混过关。鉴此，我们一定要保持政治定力，不为反腐杂音所扰，不为反腐谣言所惑，坚持把思想认识统一到中央对反腐败形势的判断和决策部署上，把智慧力量凝聚到浩浩荡荡的反腐洪流中去，扎扎实实地推进反腐败各项工作。

积极适应反腐新常态，要准确研判反腐败形势，制定科学有效的防治腐败策略。准确研判形势，是作出正确决策的前提和决策实施的基础。我国腐败现象多发，滋生腐败的土壤存在，反腐败形势依然严峻复杂。这是对当前我国反腐败斗争形势的基本判断。只有在正确把握这一反腐败斗争形势的基础上，认真总结和研究腐败现象发生的原因、特点和规律，才能确立科学有效的防治腐败策略。科学有效防治腐败，首先要坚持惩治这一手不放松，持续保持惩治腐败的高压态势，坚决查处腐败案件，形成反腐败的强大震慑，切实维护党纪国法的严肃性。此外，要更加重视对腐败的预防，着力在制度健全、权力制约、监督管理等方面下功夫，完善防控廉政风险、防止利益冲突和利益输送、领导干部报告个人有关事项等预防腐败制度，积极健全惩治和预防腐败体系，不断铲除滋生腐败现象的土壤。

积极适应反腐新常态，要集聚合力打好反腐"组合拳"。反腐败任务艰巨繁重，反腐败斗争形势严峻复杂，使得依靠单一、独立的某项反腐举措或者依靠专门机关反腐败，往往难以取得理想的反腐效果。因而需要通过综合施策、多措并举的方式，打出反腐"组合拳"，才能更好地实现对腐败的科学有效治理。当前在严肃查处腐败案件、突出以治标为主、为治本赢得时间的同时，也要更加重视治本、重视预防，加强反腐倡廉宣传教育，筑牢拒腐防变的思想道德防线，注重从源头上防治腐败。在集中力量、抓牢主业，坚决遏制腐败蔓延势头的同时，也要加强专门机关自身建设，努力提升反腐效能，切实解决"灯下黑"的问题。在国内"打虎""拍蝇"的同时，也要重视海外"猎狐"，加强境外追逃追赃工作，实现境内境外"两个战场"同时发力、协同配合。

当前我国反腐败斗争已进入深水区和攻坚期，腐败与反腐败呈胶着状态，要深刻认识并积极适应我国反腐新常态，进一步增强战胜腐败的信心和决心，以踏石留印、抓铁有痕的劲头把反腐败斗争进行到底，为建设廉洁中国、法治中国贡献力量！

乙未年十一月谨识于俄罗斯圣彼得堡

# 新时期我国反腐倡廉建设的发展历程

## ——《反腐败新视界》前言[*]

    反腐败是关系党和国家前途命运的大事,也是人民群众十分关注的重大问题。当前,我国反腐败和廉政建设已经取得明显成效,呈现出系统治理、整体推进的良好态势,反腐败斗争压倒性态势已经形成并巩固发展,有效涤荡了社会上的歪风邪气,净化和改善了政治生态,重塑了党的形象和威信,党心民心得到极大提振,反腐败斗争带来的正能量正源源不断释放。回顾党的十八大以来我国波澜壮阔的反腐败征程,吮吸着几千年来中华民族源远流长的廉政文化的养分,拥有十四亿中国人民聚合的推进反腐败斗争的磅礴之力,实现夺取反腐败斗争压倒性胜利的战略目标,我们应有足够的道路自信、理论自信、制度自信、文化自信。当然,我们的

---

    * 原载彭新林著:《反腐败新视界》,北京大学出版社 2019 年版。

自信也是建立在对腐败问题的正视和解决上,当前反腐败斗争形势依然严峻复杂,反腐败斗争总体上的压倒性态势也不能忽视、回避局部形势的严峻复杂,全面从严治党和反腐败斗争决不能半途而废,必须以永远在路上的韧劲和执着,坚定不移把反腐败斗争进行到底。立足于中国特色社会主义进入新时代这一新的时代坐标和历史方位,要打赢反腐败斗争这场正义之战、夺取反腐败斗争的压倒性胜利,换来海晏河清、朗朗乾坤的良好政治生态,实现干部清正、政府清廉、政治清明,需要我们付出长期坚持不懈的努力,需要我们准确把握时代发展的大势和新时代反腐倡廉建设规律,加强对中国特色反腐倡廉道路的理论思考和实践探索,大力推进反腐倡廉建设理论、实践和制度创新。本书就是对此作出的努力,希冀能为我国反腐倡廉建设事业贡献一份绵薄之力。

本书紧紧围绕新时代"为什么要反腐败、谁来领导反腐败、依靠谁来反腐败、怎样推进反腐败斗争"这个重大时代课题,紧密结合党的十八大以来我国反腐败斗争实践以及反腐败的新思路新举措新要求,以深入浅出的笔触,多视角梳理了我国的反腐之道与倡廉之措,对反腐败领域的相关热点、前沿、现实问题进行了多维度的分析和思考,问题导向突出,内容贴近现实,观点新颖犀利,语言生动丰富,文风朴实清新,具有较强的思想性、时代性、实务性和可读性。可以说,本书既是反腐问题思考的结晶,也是对反腐现实关照的成果,其对于深刻理解新时代反腐倡廉建设的重要性和紧迫性，充分认识反腐败斗争的长期性、艰巨性和复杂性，宏观把握我国反腐倡廉建设的总体思路和主要任务，促进对腐败的科学有效治理，具有一定的理论价值和实践意义。当前腐败呈现哪些新情况新趋势？腐败治理有何历史经验及启示？域外国家腐败治理是否风景那边独好？如何准确把握反腐败形势？法治反腐的理念和思路是什么？从哪些方面加强反腐败国家立法？司法反腐的诉讼程序怎样完善？新时代国家监察体制改革如何深化发展？反腐败国际追逃追赃的成效和难点何在？诸如此类问题都是本书所重点关注和聚焦的内容。

本书主要内容，摘选自 2013 年 11 月至 2018 年 10 月期间笔者关于反腐败话题的 100 余篇媒体采访、新闻报道和时评文章，并经系统整理、修改和编辑后独立成书。其中部分内容是第一次公开发表。严格来说，本书并不是一部纯粹、严肃意义上的学术专著，未刻意追求完整的逻辑结构和论述体系，更像是一个反腐思想、学术观点的"大杂烩"，大体反映了党的十八大以来笔者对中国反腐败道路、理念、制度、实践以及法治反腐、域外反腐诸多问题的思考和见解，也从一个侧面见证了新时期我国反腐倡廉建设的发展历程。

本书分为七章，每章聚焦反腐败的一个重要主题。

第一章，主要研讨中国特色反腐倡廉道路。道路问题是关系反腐倡廉事业兴衰成败的首要问题。中国特色反腐倡廉道路是我国反腐倡廉建设成就和经验的集中体现，是建设廉洁中国、廉洁政治的唯一正确道路。本章主要从习近平反腐倡廉法治理论、反腐败的历史与现实、反腐败新常态、腐败犯罪的治理策略、权力监督、反腐倡廉制度建设等角度，分析了中国特色反腐倡廉道路的思想基础，考察了中国特色反腐倡廉道路的基本内涵、实践探索、成功经验等内容，从而更加深刻认识到坚定走中国特色反腐倡廉道路的历史必然性和科学真理性。

第二章，主要研讨法治反腐。法治反腐是时代的选择、历史的必然，体现了我们对反腐倡廉建设规律认识的不断深化，也是建设社会主义法治国家的题中应有之义。要确保反腐败斗争行稳致远、卓有成效，巩固发展当前反腐败斗争压倒性态势直至夺取反腐败斗争压倒性胜利，就必须把腐败的治理纳入法治的框架，坚持以法治思维和法治方式反腐败。本章主要从法治反腐理念贯彻、法治反腐底线坚守、反腐败国家立法推进、反腐败刑事法网严密、反腐败立法特别措施出台、腐败案件刑罚适用、法治反腐影视剧观察等角度，总结了法治反腐取得的部分成就，重申了坚持法治反腐的必要性和重要性，分析了法治反腐相关的若干重要理论和实践问题，期盼法治反腐的理念制度早日转化为生动实践。

第三章，主要研讨腐败惩治。当前反腐败斗争形势依然严峻复杂，惩治这一手决不能放松。惩治腐败是有效治理腐败的基础，要坚持"老虎""苍蝇"一起打，坚持反腐无禁区、全覆盖、零容忍，坚持重遏制、强高压、长震慑，持续保持反腐败的高压态势。本章主要从民生、高校、教育、互联网等重要领域反腐败脉动及相关措施、坚持受贿行贿一起打的反腐策略、严查职务犯罪"以权赎身"现象等角度，强调把严厉惩治腐败摆在更加突出位置，要以猛药去疴、重典治乱的决心，以刮骨疗毒、壮士断腕的勇气，坚决把党风廉政建设和反腐败斗争进行到底，向世人证明我们党和国家敢于直面问题、善于自我净化和严厉惩治腐败的坚定态度。

第四章，主要研讨腐败预防。腐败预防是治理腐败的重要方面，也出生产力。在严肃惩治腐败的同时，只有注意总结分析腐败的特点和规律，更加注重从源头上预防腐败，有针对性地开展预防腐败工作，才能更好地巩固反腐败成果，推进腐败的标本兼治，从根本上铲除腐败现象滋生蔓延的土壤。本章从纪律建设、作风建设、反对特权思想、治理"裸官"、抓好企业党建、反贿赂管理体系示范标准等角度，分析了腐败预防的重要意义，"点赞"了预防腐败制度建设和创新实践中的亮点、闪光点，并就如何更好地健全完善惩治和预防腐败体系、营造风清气正的良好政治生态提出了对策建言。

第五章，主要研讨反腐败体制机制改革。长期以来，我国践行的是"九龙治水"式的碎片化反腐败体系。这一反腐败体制机制，已经越来越难以适应反腐实践的发展和反腐败斗争的实际需要。因而顺应腐败现象以及反腐败斗争出现的新情况、新变化，以改革创新的思路提升治理腐败的能力和水平、加强反腐败体制机制创新和制度保障就成为必要。本章主要从纪检体制改革、领导干部干预司法设置制度"红线"、腐败犯罪案件诉讼程序改革、深化国家监察体制改革等角度，对加强反腐败体制机制创新和制度保障若干重大理论和实际问题进行了研讨，尤其是对国家监察体制改革的历史借鉴、法治要义和方法策略等基础性问题进行了认真思考和分析，希冀能为新时代国家监察体制改革的深化发展提供理论支撑和智力支持。

第六章，主要研讨反腐败国际追逃追赃。反腐败国际追逃追赃是我国反腐败工作的重要组成部分，也是反腐败斗争必须抓好的重大任务，其关系到国家形象和人民利益，关系到法治尊严和反腐败成效。本章注重务虚与务实相结合、理论与实践相结合，主要从反腐败国际追逃追赃的难点及对策、反腐败国际追逃追赃专项行动、红色通缉令追逃、反腐败国际追逃追赃重点个案、G20 框架下的反腐败追逃追赃合作、构建追逃追赃为基础的反腐败国际合作新秩序等角度，对反腐败国际追逃追赃领域的若干重大现实问题进行了研讨，研究视域涉及秩序、制度、措施、个案等不同层次，力求为构建反腐败国际追逃追赃长效机制、推动形成以追逃追赃为基础的反腐败国际合作新格局服务。

第七章，主要研讨域外反腐败新动向。在当今全球化时代，腐败已成为困扰各国经济社会发展的世界性难题，且越来越呈现出跨国（境）发展趋势，无论是发达国家还是发展中国家，都面临着腐败的威胁，任何一国都无法置身事外。域外国家腐败情况是否风景那边独好？采取了哪些反腐败抗制措施？对于这些问题，本章从宏观上对近年来全球范围内的反腐败法治动态进行了提纲挈领的梳理，并选取了美国、非洲等代表性国家和地区作为观察样本，以期从一个侧面透视域外国家反腐败的情况和新动向。当然，需要注意的是，我们学习借鉴域外国家优秀的反腐倡廉文明成果，要以我为主、为我所用，认真鉴别、合理吸收其中有益的成分，但决不能离开中国实际盲目照搬照套。

　　作品一经出版，就有了它相对独立的生命。能在汗牛充栋、洋洋大观的书籍之林中脱颖而出，成为铮铮作响的"舍利子"者，毕竟是少数，本书的内容、观点和风格能否经得起"雨打风吹"，还有待时间的检验和读者的评判。文章千古事，得失寸心知。虽然我在撰著本书的过程中一直本着学习、研究、探索的谨慎心理，力求全书观点正确、表达规范、通俗易懂、文风朴实，突出时代性、新颖性、知识性和可读性的有机结合，并注意运用生动真实的典型案例或事例进行分析，力图对中国反腐败的镜像作一宏观的探索性考察，但由于反腐败话题的重要性和复杂性，加之受时间和个人学识所限，书中难免存在疏漏，与最初的美好设想也有一定差距，敬请读者谅解并予以指教。正是如此，本书对反腐败话题的研讨、评述，权作引玉之砖，希冀唤起更多理论界和实务界的有识之士关注、关心、支持和投身我国反腐倡廉建设的伟大事业，为有效治理腐败、建设廉洁中国贡献一份力量。

最后，我要对联袂推荐本书的四位德高望重、享有盛誉的前辈——高铭暄教授、陈光中教授、亨利教授、布鲁诺专员表示由衷的敬意和衷心的感谢。高铭暄教授、陈光中教授是我国法学界一代宗师，亨利教授是当今美国白领犯罪研究的旗帜性人物，布鲁诺专员在法国监察实务领域颇负盛名。其中，陈光中教授、亨利教授还是我在中国政法大学博士后工作期间的合作导师和美国访学导师，他们对我的厚爱和提携，常让我有如沐春风之感。"云山苍苍，江水泱泱；先生之风，山高水长！"从四位先生身上我真真切切感受到了大师的风范和人格魅力。我的朋友，北京师范大学经济与工商管理学院徐慧副教授，精通法语、英语等多门外语，友情充当我与布鲁诺专员之间的沟通桥梁，在此谨致谢忱！北京大学出版社副总编辑蒋浩老师以及责任编辑陈康老师，他们认真负责的工作态度和高质量的编辑水平，保证了本书的及时问世，一并表示感谢。

**戊戌年冬谨识于北京师范大学刑事法律科学研究院**

# 全方位推进社会转型期腐败犯罪的法律治理

## ——《腐败犯罪法律治理对策研究》前言<sup>*</sup>

现代意义上的治理，"一般是指政府组织和（或）民间组织在一个既定范围内运用公共权威管理社会政治事务，维护社会公共秩序，满足公众需要"。国内学者对治理的讨论主要聚焦于国家或政府这一行为主体的积极作用，也即国家治理。推进国家治理的现代化，核心要义是实行法律治理。在传统社会向现代社会的转变过程中，国家的治理取向以法律治理为主流。推进社会政治事务的法律治理不仅是党和国家的重任，也是全国人民特别是法学家、法律人的一种责任。可以说，从法律治理的角度观察包括腐败犯罪现象在内的社会问题的解决以及社会秩序的变迁，将注意力集中在法律治理的

---

　* 原载彭新林著：《腐败犯罪法律治理对策研究》，中国法制出版社 2021 年版。

社会功能和实际效果方面，是一项有意义的理论尝试。

腐败犯罪治理属于社会政治事务范畴，显而易见是国家治理的重要方面。有效治理腐败犯罪，尽管离不开综合运用多种治理策略和手段，但是法律治理是最基本的治理方略。法治因其承载的独特精神内涵、蕴含的强大治理功能和具备权威性、规范性、严密性、稳定性、可预测性等特征，能为腐败犯罪治理提供系统、稳定的制度支持和妥当、合理的治理手段，应成为腐败犯罪有效治理的"定海神针"。实践也证明，离开法律治理来解决腐败问题的方略是难以为继的，也必然是疲软的。此外，腐败犯罪属于具有严重社会危害性、依法应追究刑事责任的犯罪类型，而非一般性的腐败行为，故对于腐败犯罪的治理，也应聚焦到法律治理尤其是刑事治理的框架之内，并着力从刑事治理和善治的角度提出一整套政策性建议，这才符合腐败犯罪治理的实际情况，也才是切实可行的解决方案。

当前，我国社会处在整体转型时期，以法治推进腐败犯罪治理的重要意义更加凸显出来。因为社会转型是我国走向法治化的深沉推动力量，没有社会转型的时代背景和社会条件所提供的空间和动力，难以想象腐败犯罪的治理会以现在的面貌呈现在世人面前。因此对腐败犯罪法律治理的观照和考察，应将其置于中国社会转型时期的特定时空结构和政治场域之中，要充分考虑到社会转型期腐败犯罪法律治理的复杂性和特殊性，认真考量社会变革对于腐败犯罪法律治理机制改革的要求和期待。这对于深刻理解当下腐败犯罪法律治理的必然性和重要性，准确把握腐败犯罪法律治理的社会基础和发展方向，探寻出适合中国国情的腐败犯罪法律治理道路等，具有重大意义。事实上，我国腐败犯罪法律治理的内在规律和逻辑进路，也只有在整体社会转型的大背景中才能精准洞察。

腐败犯罪法律治理是构建人类命运共同体的重要内容，直接关系到党和国家的前途命运。虽然当前我国反腐败斗争取得了压倒性胜利，但从压倒性胜利发展到全局性的最后胜利还有较长一段路要走，而且总体上的压倒性胜利也不能忽视、回避局部形势的严峻复杂，腐败犯罪法律治理任务依然艰巨繁重。在全面依法治国成为"四个全面"战略布局之一、十九届四中全会把反腐败制度建设摆在更加重要位置的新形势下，腐败犯罪法律治理问题无疑是值得关注、探索的重大现实法治课题，加强对腐败犯罪法律治理对策问题的研究，具有重要的理论价值和现实意义。然而，从文献梳理的情况看，尽管学界对涉及腐败犯罪法律治理的相关具体问题有较多关注，但较少对腐败犯罪法律治理这一命题进行整体性的深度思考，理论界缺乏足够的重视和必要的回应，这是令人遗憾的。特别是深入系统研讨腐败犯罪法律治理对策的成果，当前更是凤毛麟角。为此，本书以腐败犯罪法律治理对策为题专门进行研究，拟在立足我国国情和腐败犯罪治理实践的基础上，力求廓清我国腐败犯罪法律治理的科学内涵、基本思路和路径选择，进而深入研讨新时期我国腐败犯罪法律治理的重要对策，希冀助力于构建一体推进不敢腐、不能腐、不想腐的体制机制，裨益于我国腐败犯罪法律治理实践。

本书尝试立足动态治理的视域对腐败犯罪法律治理对策问题作一系统探讨，在对腐败犯罪及其法律治理的基础性、关键性问题进行研讨的基础上，分别从刑事立法完善、监察体制改革、司法反腐改进、国际追逃追赃等四个维次，对新时期我国腐败犯罪法律治理的改革完善及现代化进路提出了对策建言。诸如如何准确把握腐败犯罪的本质特征？当前腐败犯罪呈现哪些变化发展趋势？腐败犯罪法律治理的理论内涵如何把握？腐败犯罪法律治理应遵循哪些策略思路？腐败犯罪法律治理的具体路径如何选择？腐败犯罪的刑事法网是否严密？司法反腐的诉讼程序如何改革？监察体制改革如何深化发展？如何构建反腐败国际追逃追赃长效机制？如何推动腐败犯罪法律治理高质量发展？等等。这些问题都是本书所重点关注和研究的内容。

本书坚持问题导向、突出重点，紧密结合党的十八大以来我国反腐败斗争实践、形势发展以及党中央关于反腐败的新判断、新思路、新举措、新要求，着力对腐败犯罪法律治理的重要对策展开探索，不求面面俱到，但求务实管用，力争论述体系宏观与微观、务虚与务实有机融合。可以说，本书既是对腐败犯罪法律治理及其对策问题进行理论思考的结晶，也是对法治反腐现实观照的成果，期盼能为提升我国腐败犯罪法律治理的效能、促进对腐败犯罪的科学有效治理提供有力的法理支撑和学理支持。

本书是笔者主持的国家社科基金项目《腐败犯罪法律治理对策研究》的重要成果。全书在核心学术命题的提炼、腐败犯罪法律治理对策的梳理等方面有一定特色和创新性，对于促进我国腐败犯罪法律治理体系效用的发挥、推动我国腐败犯罪法律治理的高质量发展，相信会有一定参考价值。比如，相比于以往众多研究成果停留在对腐败犯罪惩治或者预防以及腐败犯罪法律治理具体问题的探讨层面，本书综合运用法学、政治学的研究方法，遵循从经验到理论、从具体到抽象的逻辑路径，较系统地提炼出了"腐败犯罪法律治理"这一容量丰富、价值颇高且富有理论张力和学术解释力的核心命题，并对腐败犯罪法律治理的内涵、思路、路径等基础性问题进行了理论探索。又如，本书对监察体制改革这一腐败犯罪法律治理的重要对策进行了较为系统的研究，分别从历史借鉴、现实动因、核心要义、推进方略四个方面展开理论分析，较早在学界将监察体制改革的核心要义归纳为四个"牢牢把握"、将监察体制改革的推进方略概括为五个"有机统一"，这对于深刻理解国家监察体制改革的重要性和必要性，准确把握国家监察体制改革的规律特点和重点任务，具有理论价值和实践意义。再如，在认真分析我国反腐败国际追逃追赃面临的新机遇和难题挑战的基础上，本书提出了构建反腐败国际追逃追赃长效机制才是推动我国反腐败国际追逃追赃工作高质量发展的根本途径的主张，并从理念建设、制度建设、能力建设、队伍建设等四个维次，对我国反腐败国际追逃追赃长效机制的体系化构建进行了深度思考，书中所提的相关对策建言富有一定的创新性和务实性。

本书也是我第二站博士后即中共中央编译局政治学博士后期间研究工作的成果，博士后出站报告大体构成了本书内容的雏形。著名政治学家、北京大学中国政治学研究中心学术委员会主任何增科教授提出了诸多建设性建议，为本书增色不少。还记得当年在中共中央编译局四楼会议室进行博士后出站答辩时，中共中央编译局当代马克思主义研究部主任陈家刚教授、中央文献翻译部主任杨雪冬教授、当代马克思主义研究部副主任徐向梅教授和中国政法大学政治与公共管理学院党委书记李程伟教授、中共中央党校政法部政治学教研室主任肖立辉教授组成的答辩委员会，在审阅研究工作报告和答辩的过程中，提出了"法律治理与道德治理的契合""腐败犯罪法律治理发挥作用的机制""党法关系的衔接与协调"等诸多值得深入思考的问题，给了我很多启发。在此，一并对上述各位教授表示衷心感谢。五位答辩委员一致通过了我的博士后研究工作报告，并给予较高评价，至今让我汗颜！

　　文章千古事，得失寸心知。由于腐败犯罪法律治理对策主题的复杂性和实践性，加之笔者治学功力不逮、成书仓促，虽然在撰著过程中尽力注意突出重点问题、凸显问题导向，并力求在腐败犯罪法律治理及其对策相关重要问题的研讨上有所深入、有所发展，但总体上本书还只能说是探索性的、思路性的腐败犯罪法律治理对策问题要论，特别是在腐败犯罪法律治理对策实证研究方面有所不足，有些观点的论证还有待加强，有些资料梳理尚不够细致，疏漏之处在所难免。正是如此，本书对腐败犯罪法律治理对策问题的研究，权作引玉之砖，冀盼唤起法学、法律界更多的专家学者关注、重视腐败犯罪的法律治理，从而为我国腐败犯罪的科学有效治理积极贡献智慧和力量！如果本书所作的理论跋涉，能为我国法治反腐事业尽一点绵薄之力的话，则于愿足矣！

　　　　　　　　　庚子年冬谨识于北京恒大城寓所

# 三十而立　次第花开

## ——《腐败犯罪案件程序问题要论》后记<sup>*</sup>

古人云："三十而立"，也就是说，人到了三十岁的时候，应该能依靠自己的本领独立承担应承受的责任，并已经确定自己的人生目标和发展方向。三十是人生的一个重要节点，我今年正好三十，处在这个承前启后的重要节点，总想说点什么，以致曾经逝去的青春。时逢我的博士后研究工作报告即将付梓，饶有兴致爰缀数语，写些感想，权作后记罢。

人生难得有三个三十，我这三十年，没有少年得志的人生精彩，也没有一鸣惊人的出彩业绩，但自感一路走来，总的还算顺利和平坦，生活充满阳光、多姿多彩。我们这一代人，是沐浴着改革开放的春风成长起来的，既没有经历战火

---

　　* 原载彭新林著：《腐败犯罪案件程序问题要论》，中国政法大学出版社2013年版。

纷飞的动乱岁月，也没有遭受"文化大革命"的社会阵痛，是在甜水里长大的一代，应当说是非常幸运的。

我这三十年光阴主要是在校园度过的，既有孩提时代的童真，也有中学阶段的懵懂；既有大学时代的青涩，也有研究生阶段的求索，现在回想起来，真是丰富而多彩、美好而难忘。除此之外，博士毕业后我还有三年的机关生涯，这三年是我从象牙塔踏入社会参加工作的三年，三年间我对中国社会的了解以及对人情世故的体悟，是以往任何一个阶段无法比拟的，我观察了三年，学习了三年，等待了三年，也成长了三年，这三年的历练对我今后的人生事业发展必将产生重要影响。

流年似水，韶华易逝，这些年来的风风雨雨，足以把我身上的理想主义色彩褪去，生活毕竟是现实主义的，人不可能在现实主义的生活中做一个理想主义者。现实没有诗意的空间，只有真实到残忍的存在。陈子昂"念天地之悠悠，独怆然而涕下"的感叹、李白"大道如青天，我独不得出"的苦闷，其中的辛酸和泪水，如果不到他们生命的褶皱中去探幽访微，是很难感受到的。人在社会生活中特别是在官场，无法抗拒大势，也拗不过时代，除了顺势而为别无他法。活在当下才是全部的真实！在一个阶层固化趋势加剧、纵向流动通道日渐狭窄的社会，布衣庶子要想有大出息，必须付出超乎常人数倍的心血，实现不对称发展，有时甚至需要"曲线救国"、迂回前进。人生出彩不易，梦想成真更难，所谓的大出息，仅靠一代人的努力也许是不够的，得通过两代甚至好几代人的努力才能实现。我们这一代人走完的只是从乡下人变为城里人甚或京城人这一步，只能尽力为下一代的成长和发展创造更好的条件，为他们实现自己的梦想铺路搭桥。这是一个时代的苦闷！

俗话说：花无百日红，人无一世兴；三穷三富才到老，三落三起才得了。对此，我深以为然。没有一代人的青春是容易的，每一个人都有一本难念的经。古今中外的历史事实表明：任何一个有大成就的人，其成长历程大多不是一帆风顺的，不经历风雨怎会见彩虹！每当看到身边有些年轻人动辄牢骚满腹，有的甚至愤世嫉俗，自谑为"屌丝"或者"愤青"，我内心其实是很同情他们的，他们的困惑和迷茫浓缩了这个时代的印记。当然，作为年轻人，如果整日怨天尤人，而不会反求诸己，不去努力改变，这样是于事无补的。"牢骚太盛防肠断，风物长宜放眼量"，如果什么也改变不了，又何必去抱怨？那还不如改变一下自己，调整好自己的心态，把挫折当作磨炼意志和人生成长的必经过程。只有跨越挫折，方能成就人生。从来没有环境主动适应人，只有人主动适应环境。"临渊羡鱼，不如退而结网"讲的就是这个道理。我很庆幸，这些年特别是参加机关工作的这三年来，尽管工作和生活的压力不小，也时常感到立德、立功、立言的艰难，人生道路亦多次面临重要抉择，但基本上还能保持一颗平常心，较为淡定地看待生活中的人和事，我相信人生因磨炼而成熟，因奋斗而精彩。能如此，除了自身的不懈修炼外，我想首先应当归功于一直关心和爱护我的诸多师长，在我人生和学术成长的关键阶段，他们给了我正确引导、悉心教诲和无私帮助。正是因为有他们的托举，我才有机会更好地实现我的梦想。师恩似海，玉成于我；先生之风，山高水长！

文化名人、国学大师梁漱溟先生曾坦言其"始终不是学问中人，也不是事功中人，而是问题中人"。梁先生终其一生，都在不断思索、追求人生问题和中国问题，他把自己定位于问题中人，自有其道理。就我而言，谈不上是事功中人，毕竟现在是"三十功名尘与土"；也不好说是学问中人，毕竟一度混迹于机关，学术上无大的建树；我实际上也是问题中人，只是我思考和求解更多的不是人生问题和中国问题这样的宏大叙事，而是个人的发展和人生价值的实现问题。不过，仅成为"问题中人"，是很难实现"立德、立功、立言"的人生理想的。《左传·襄公二十四年》中写道："太上有立德，其次有立功，其次有立言；虽久不废，此之谓不朽。""立德"主要是指做人，需要修身克己、世事洞明；"立功"主要是指做事，需要积极进取、建功立业；"立言"主要是指做学问，需要著书立说、理足可传。这"三不朽"是儒家最高的人生理想，在今天并不过时。作为知识分子，我们当然应终身致力于立德、立功、立言，既是问题中人，更是事功中人和学问中人。对于人生来说，立德是基础，需要终身坚持，而立功、立言受很多内外因素的制约，往往是有限的、阶段性的，毕竟人的事业生命和学术生命比自然生命更为短暂。博士后出站时，我毅然选择学术之路，无非就是冀盼自己能利用好人生中的黄金三十年，更好地实现"立德、立功、立言"这三不朽。

学术之路和官场之路有时并非泾渭分明，近些年来有不少学者从政，走上了官场之路；也时常听到有一定级别的官员辞官从教，走上了学术之路。诚然，学术之路刚开始时也许相对要清苦一些、寂寞一些，而官场之路，当走上领导岗位之后，那里会有鲜花，有掌声，有虚拟的尊严，有真实的利益。参加机关工作的这三年，我本也有好几次机会可去湖北襄阳、广东梅州等地任职副检察长、政府副秘书长等县处级领导职务，不过最后都因各种原因放弃了。我的心中也曾有过隐痛，一种心灵纠结的隐痛，一种心有余而力不足的隐痛，一种无法言说的隐痛，好在惯看秋月春风后，现在已有了一份"曾经沧海难为水"的淡然！芸芸众生，能看透人生的人不多，看淡人生的人就更少。其实，看透，才能洞若观火；看淡，才能超然物外。事来心始现，事去心随空，一蓑烟雨任平生！学术之路虽是清苦寂寞，但人生贵在有追求，我愿意用青春赌明天，无怨无悔地选择这条路，哪怕是野火焚烧，哪怕是冰雪覆盖，依然是志向不改，依然是信念不衰！

漫漫人生路，上下求索，谁又敢说自己的人生是无悔的呢？人生的舞台，开幕总有谢幕时。也许是冥冥之中自有定数，也许是我难以割舍的"学缘"呼唤，2013年6月底的一天早晨，天高云淡，风清气爽，我有幸到中南海内短暂访问，红墙苑内风景秀美宜人，朴素典雅的院楼错落有致，英姿飒爽的卫兵庄重敬礼，这是我第一次如此之近地感知这神秘而又庄严的地方。我怀着复杂的心情看了看，不禁陷入了深深的沉思。这不也是对我过去三年机关生涯的一个特别谢幕么！果不其然，是年7月份博士后出站时，我就从机关调回了学校，走上了学术之路。

很久以来，"久旱逢甘雨，他乡遇故知，洞房花烛夜，金榜题名时"就被称之为人生的四大喜事。其实，每个人的心灵深处都有自己感触最深的喜事。于我而言，思想的翱翔、心灵的自由、愿景的实现等，都可以说是人生的喜事。而新生命的诞生，对我则有着特别的意义，初为人父的喜悦是无法用言语来形容的。这几年来，让我感触最深，也最为值得欢欣的一件喜事，那就是幼子韬任的诞生。韬任于2012年夏秋之季出生在我的桑梓地——湖南湘乡，当时我正在北京全力以赴撰写博士后研究工作报告，未能守候和陪伴着他的降生。孩子出生至今，基本上是他的祖父母帮着抚养和照管，我也只是在过节和休假回家乡时才能陪伴和看望他。为人父者，未能为他创造良好的成长环境，给他应有的父爱，亏欠他实在太多。我也许是一个合格的博士后，却不是一个合格的父亲，这是我心中的愧疚，只能在他以后的成长阶段，给予他更多的爱。好在孩子乖巧可爱，与祖父母朝夕相处，生活得很愉快，这无疑得益于我父母的辛勤付出。父母为我的成长几乎付出了全部的心血，临近花甲之年，还要帮我抚养孩子、日夜操劳，真是可怜天下父母心！父母的恩情，无以为报，唯有不懈努力奋斗，实现人生价值，不辜负他们的期望，我的愧疚感才能稍稍减轻！

有一副流传甚广的旧时戏院楹联，叫做："凡事莫当前，看戏何如听戏好；为人须顾后，上台终有下台时。"这一楹联用看戏与听戏、唱戏与做人之间的关系，阐明了深刻的人生哲理，规劝人们要好好做人做事。做人如此，做事做学问亦如此，凡事未必要处处争先，得意淡然，失意坦然，注意保持清醒的头脑。诸葛"一生唯谨慎"，吕端"大事不糊涂"，方能成就一代名相。我祈祷我以后的人生之路走稳、走好！

癸巳年八月谨识于北京紫竹院问月楼

# 前科消灭研究的心路历程

## ——《中国特色前科消灭制度构建研究》后记*

　　前科消灭是近年来我一直关注和追踪的重大现实刑事法治问题。这不仅仅是因为前科消灭事关前科人员回归社会、减少重新犯罪、维护公共安全和促进社会公平正义等重要价值和利益，更是因为关注和研究前科消灭这一重大现实刑事法治问题，乃是刑法学人应有的学术良知和责任担当。前科消灭体现了恢复性司法理念和法律的人文关怀精神，是推进国家治理体系和治理能力现代化的必然要求，也是对重新犯罪治理实践智慧和法治文明发展进程的科学把握。前科消灭作为当今法治发达国家普遍确认的刑事制度，正日益焕发出蓬勃的生命力，在排除前科人员更生障碍、减少重新犯罪、

---

　　* 原载彭新林著：《中国特色前科消灭制度构建研究》，人民法院出版社2019年版。

缓和社会矛盾等方面，发挥了重要作用。而回视国内，直至 2012年《刑事诉讼法》修订时才增加规定了未成年人轻罪犯罪记录封存制度，但该制度主要是"有限地封存"未成年人轻罪犯罪记录，不仅适用范围和现实价值有限，而且也非完整意义上的前科消灭制度。在当前我国大力推进国家治理现代化、全面依法治国的新形势下，构建中国特色前科消灭制度，必将有力地促进我国刑事法治建设、提升刑事领域的人权保障水平和助力于平安中国建设。在这样的背景下，对中国特色前科消灭制度构建问题进行深入、系统的研究，其理论价值和实践意义毋庸多言。

本书的研究，肇始于我攻读法学硕士学位阶段。我的硕士学位论文就是以《前科消灭论》为题，当时之所以选择前科消灭这样一个颇具挑战性的刑法学边缘问题作为研究选题，主要是考虑到我国刑法学研究总体上十分繁荣，研究成果林林总总、蔚为大观，基本上覆盖了刑法学相关领域，作为一个硕士生要想取得理论上的建树十分不易，因而若想在繁荣发展的刑法学领域一睹胜景、不拾人牙慧，就需另辟蹊径、勇于创新，而从关注、研究不够但又具有重要理论价值和现实意义的刑法学边缘问题入手，就成为了寻找学术创新切入点和突破口的最佳路径。我的选题考虑及思路构想也得到了导师的充分肯定和热情鼓励。约在2006年暑假期间，经过两个多月的伏案写作，我一气呵成，写出了一篇近8万字的硕士学位论文，后该文也被评为学校优秀学位论文。2007 年上半年，在我硕士毕业前夕，该文的精华部分 2 万余字，以《关于我国刑事政策改革的一点构想——论社会主义法制理念下的前科消灭制度》为题，以我和导师的名义，在《法学》2007 年第 2 期发表。论文发表之后，令我始料未及的是，该文竟在学术界和实务界产生了较大影响，也给导师和我带来了一些荣誉。比如，中国法学会《法学文摘》2007 年第 26 期专期摘编了该文（约 4000 字），报送时任中央政法委员会书记、副书记、秘书长、委员和最高人民法院、最高人民检察院等中央政法机关，并下发至全国各地方法学会，对有关地方开展未成年人前科消灭试点工作起了积极的推动作用。2008 年 12 月，经湖南省法学会推荐，该文又被评选荣获首届"中国法学优秀成果奖"（论文类）。须知，首届"中国法学优秀成果奖"共 40 项（其中著作类 23 项，论文类 17 项），系由中国法学会组织评选，评选范围为 1978 年至 2007 年 30 年间在国内外公开出版、发表的具有原创意义或学术前沿水平的优秀法学研究成果，入选十分不易。此次获奖的论文，也是湖南省唯一入选该奖项的成果。顺理成章，该文 2008 年 12 月也被收入了中国刑法学研究会组织编辑并由中国法制出版社出版的《改革开放 30 年刑法学研究精品集锦》。

在 2007 年 9 月我考入北京师范大学刑事法律科学研究院攻读博士学位后，又先后在《刑法评论》《北方法学》《法制日报》《检察日报》等刊物上发表了多篇前科消灭系列文章，并在"未成年人权益保护"专题研讨会、"第四届中国法学博士后论坛"等学术会议上，多次作前科消灭相关主题的主旨发言，在学术界产生了较好影响，中国知网上收录的我的硕士学位论文以及相关主题的学术论文引用率也相对较高。"人过留名，雁过留声"，看到自己的研究成果得到学界同仁的认可，我心里感到丝丝欣慰。之后，我又持续关注前科消灭的立法、理论和实践动态，并做了一定的拓展性思考和研究，并萌生了将硕士学位论文修改、扩充形成一部专著的想法。在 2013 年我申报的《中国特色前科消灭制度构建研究》被批准立项为 2013 年度国家法治与法学理论研究部级科研项目之后，将以往前科消灭制度的研究成果进行系统整理、充实、完善并形成专著出版的想法愈加强烈。只是 2013 年调入北京师范大学工作之后，我个人忙于生计发展、学院杂务缠身，加之自己惰性使然，一直未能抽出时间静下心来进行整理，致使修订、出版事宜一再耽搁，心里不免有些惶惶然。

也许生活中真的要在某个时候逼自己一把，因为不逼就不能深刻审视自己，不逼就不能发现自己的能力边界，不逼就不能逃离舒适区，今年适逢我主持的司法部课题最后结题之日临近，而恰好今年伊始个人时间相对充裕，故得以抽出专门时间对前科消灭问题进行认真思考和系统整理。这次整理和修订，考虑到我硕士毕业 10 余年来我国前科消灭相关立法、理论和司法实践有了较大的发展变化，特别是 2012 年《刑事诉讼法》修订时增加了未成年人轻罪犯罪记录封存制度，对硕士学位论文局部的小修小补或者简单补充显然已不合时宜，本着对读者负责的精神和希望借此机会为构建中国特色前科消灭制度贡献一份力量的初衷，历经 3 个多月，我对硕士学位论文《前科消灭论》进行了较为全面系统的修正增删，删掉了过时或者稚嫩的内容 3 万余字，硕士学位论文保留 4 万余字，在此基础上增加、扩充了约 16 万字，目前全书篇幅约为 20 万字。概括来说，此次整理、修订主要涉及调整结构、扩充内容、修正观点、加强分析、增补资料、改进规范等多个方面，并且还在正文后面增加了一个附录，主要对外国立法例中关于前科消灭的规定进行梳理辑录，以为后来者研究前科消灭问题提供便利。总之，希冀本书的出版在丰富我国前科消灭理论研究和促进相关法治实践方面有所贡献。

抚今追昔，感慨万千。从 2006 年动笔至今，整理、撰写本书内容断断续续历时 12 年，付出了我不少心力。本书的出版，也算是实现了我多年以来的一个夙愿，我的博士学位论文、博士后研究工作报告均已出版，唯独硕士学位论文没有形成专著问世，实属个人治学中的一大憾事。文章千古事，得失寸心知，学问无穷，治学不易，加之出版时间紧迫，我深知本书定存在不少瑕疵，诸如实证分析有所欠缺，有些内容有待充实，有些观点还不够尖锐，有些论证尚需加强，只能留待再版时做进一步的研究、完善，故衷心祈望学界同仁批评指正。

最后，我要对人民法院出版社及本书责任编辑张奎老师表示感谢，正是他们的鼎力支持，才保证了本书的及时问世。北京师范大学刑事法律科学研究院博士后研究人员孙倩，作为我主持的司法部项目课题组成员之一，协助我翻译了部分美国学者发表的英文文献，为本书考察美国前科消灭的立法及实践情况等提供了重要参考资料，在此一并表示感谢。

戊戌年冬谨识于北京恒大城寓所

# 美国刑事司法正义的多维面向

## ——从亚伦·德肖维茨著《合理的怀疑》一书说开去[*]

### 一

"辛普森案"是 20 世纪 90 年代美国最具轰动性的大案，它牵涉那个年代最具争议、最为敏感的法律和社会话题，诸如种族政治、权利平等、明星虐妻、媒体审判、金钱正义、律师角色等等。除了案件本身，当时的美国社会几乎也卷入了这场"世纪大审判"。当辛普森案判决宣布的那一刻，"整个世界似乎静止不动了"，史上从未有过这般万众瞩目、让整个国家陷入愤怒或者欢呼的景象。在此之前，也只有肯尼迪

---

[*] 原载《知与行》2016 年第 8 期。

总统被暗杀的新闻事件，才能如此引人瞩目。据美国媒体报道，全球有超过一亿的观众停止手边的工作，观看或者聆听由九位黑人、两位白人、一位拉丁美洲裔人所组成的陪审团对辛普森案的判决。美国电视对辛普森案审理进行了现场直播，在检方证据"铁证如山"的情况下，陪审团却在短短四小时内作出了无罪判决，辛普森得以在杀害前妻及其男友两项一级谋杀罪的指控中无罪获释。

　　宣判结果使得许多人对于刑事司法制度没有彰显正义而大表不满，因为他们深信橄榄球明星辛普森杀害了妻子布朗及其男友高曼。如著名专栏作家乔治·威尔的评论就具有代表性，大体道出了许多美国人关于此案的心声："人生有许多千钧一发、死里逃生的事，但辛普森的有罪或无罪并非如此，辛普森轻轻松松地躲掉了谋杀罪的指控。"《华盛顿邮报》在辛普森案判决后所作的一项民意调查显示，有 70％的人认为辛普森有罪，63％的人认为陪审团的裁决是出于偏见、有失公允。那为什么刑事司法制度（审判）会得出与普通大众所相信事实大不相同的结论呢？美国哈佛大学教授、同时也是杰出的人权律师亚伦·德肖维茨所著的《合理的怀疑》（法律出版社 2010 年版）一书很好地回答了上述问题，该书也正是为这些慎思的观察者们（不同意辛普森案判决的人）所写。在书中，作者以"局外人"与"局内人"（作者同时也是辛普森案中辩方的上诉律师）的双重角色来观察此案，深刻分析了为什么美国的刑事司法制度会得出与普通大众所相信的事实（真相）迥异的结论，理性研讨了包括种族、金钱、媒体、律师等在内的影响和制约美国刑事司法体系运作的重要力量，进而勾勒出一幅世纪之交的美国刑事司法制度及其运行的清晰图景。

作者撰著此书的目的，并不是要刻意改变慎思的观察者们的想法，而是要帮助他们更好地了解美国刑事司法制度所坚守和追求的价值——正义不只是结果本身，它是一个过程。一个不公正的结果，未必将造成一个不公正的制度。尤为值得称道的是，对于美国刑事司法制度所追求的正义以及不同价值冲突时如何衡平，本书也提出了独到而深刻的见解。例如，在很多时候，某些与终极真相并无实质性关系的重要价值和权利（如隐私权），一种免于遭受当局不当侵犯的自由并保持身心的完整性，比真相本身可能更重要。这一观点就是发人深省的，亦是贯穿全书的一根红线。在本书的尾声部分，作者更是深切呼吁不要因为单一的"大案子"造成如此强烈的情绪反应，以致损及这套制度多年来保持平衡的判断力；即使是一些坚信辛普森杀害了布朗及高曼的人也能够认为，将犯下严重罪行的辛普森开释的陪审团，的确做了正确而妥当的判决。读罢此书，不难得出结论，作者确实达到了他的目的。

当然，对辛普森案的裁判及其引发的社会各界旷日持久的关注和争论，其法治意义早已溢出了案件本身，甚至在一定意义上型塑了美国刑事司法正义的价值和理念。更进一步说，只有程序正义的价值和理念得以确立，才有可能从根本上珍视人性、保障人权和信仰法治，从而妥当而公正地确定一个公民的罪责与刑责。本书借由辛普森案切入，对该案所反映和折射出的一些重要的法律和社会议题的充满智慧的精彩分析，让我们能够大致管窥到美国刑事司法体系运作的真相及其刑事审判制度的优点与缺憾。

## 二

控辩审三方是刑事审判中的"领衔主演"，三方的角力及职责履行推动着整个刑事诉讼程序的进行。在辛普森案中，因为各方的利益背景、价值取向以及在刑事诉讼中担负的特定角色（经验主体）因素的介入，控辩审三方在标榜"力求追寻事实真相"的背后，其实各自早已利益胶着，三方在辛普森案中的判断和行动难免或多或少地偏离实体正义的轨道，这时就需要通过维护程序正义的价值来保障实体正义的实现。

### （一）检方的指控

站在检方的立场，由于先前经验和思维惯性的作用，在被告是否有罪的问题上，检察官通常会作出不利于被告的推测和判断。事实上，在绝大多数的刑事案件中，大部分被告都是有罪的，因此终极真相常站在检方一边。案件发生后，对于刑事诉讼程序的推进，打头阵的是警方对犯罪现场的侦查取证，因而警方的素质在这一整串刑事制度中是非常关键的。然而在辛普森案中，我们看到侦查人员——刑警范耐特不仅种族歧视偏见严重，而且还未经许可、未带执法证件便闯入辛普森家中实施非法取证。刑警范耐特非法取证行为的背后，折射的正是美国检控方指控刑事犯罪特殊的司法背景。

首先，警方为了便捷侦查程序等原因，作伪证之风盛行。在某些辖区，警方作伪证现象可以说是相当稀松平常的事，甚至出现了行话"谎证"（testilying），以此达到他们认为的"正当"执法目的。本书就以讽刺的笔触引述了一个事例，即对于那些携带毒品的人进行非法搜查，为了正当化警方的搜查手段，警察在对被告做讯问笔录时，通常表述为"毒品不小心掉了出来"，以此为警方进行的非法搜查取证开脱。这个"掉"字一度频繁出现在持有类（毒品）犯罪的案件笔录中。法治理念需要包括侦查人员在内的司法主体秉公执法、彰显正义，但是在面对刑事案件中的犯罪嫌疑人时，法律究竟应否赋予侦查人员在看到存在犯罪的可能性便立马行使搜查的权力，而这一权力的非法行使往往又会侵犯个人隐私、人身安全等宪法确定的公民基本权利？所谓的终极真相是否真的重要到可以所向披靡跨越法治社会本该维护的公民基本权利的界限？对此，本书给出了明确的否定回答，即"真相的发现是刑事审判的一个重要目的，但绝非唯一目的"，"我们的司法体系反映出，在不一致的目标之间寻求平衡，这些目标包括真相、隐私、公正、确定性与平等"。

其次，检方在了解警方作伪证以后，仍然为了他们口中的终极真相，而试图将警方作伪证的事实打马虎眼。况且，那些说谎的警察和纵容警察说谎的检察官也很少会受到惩罚。这亦是警察作伪证之风滋生蔓延的重要原因。在辛普森案件中，承办本案的洛杉矶地检署检察官克拉克冒险决定让另一名关键证人富尔曼（也是刑警）出庭作证（富尔曼在法庭上没有如实陈述）的心理动机就在于此。尽管有证据表明克拉克在传唤富尔曼出庭作证之前，就已经相当清楚有关富尔曼的每一件事（包括富尔曼有种族歧视主义心态、故意撒谎以及许多对于他伪造证据的指控，而这些事最后以录音带的方式呈现在世人面前），但还是传唤富尔曼出庭作证，因为克拉克以为陪审团不会相信那些无私心的证人所说的，而这些证人的证词最后也由法官裁定不让陪审团看的文件所证实。正是在这一问题上，作者认为，检方所传唤的两个重要证人——刑警范耐特和刑警富尔曼——可能已经使得他们丧失了所有打赢官司的机会，甚至让陪审团无法做成决定都不可能。事实上，洛杉矶地检署特别调查小组的高层组员所作的内部备忘录也显示，洛杉矶地检署已达成共识，认定"富尔曼的行为……是输掉这个案件的主要原因"。

### （二）辩方的辩护

在当事人主义的刑事诉讼模式中，辩方的作用是相当重要的。在辛普森案中，辛普森是否是通过用大手笔的金钱请来了一支强有力的辩护团队买来了无罪开释的结果？这是值得思考的问题。作者虽然有为自身辩白的动机（因为作者同时兼任辩方的上诉律师），因而书中相关论述不排除有其主观辩解的成分，但总的来说，行文讲述是合情合理的，并不失客观性。

首先，辩方的主要职责就是为被告辩护，维护其合法权益。对于辛普森从两项一级谋杀罪指控中无罪获释，辩方确实居功至伟。在该案审判中，辩方几乎没有同意检方指控辛普森涉嫌谋杀的所有关键事实，而是独自进行调查，重新调查每一项检方证人的结论以及详细核实物证等客观证据。作者在书中叙述道："在案子将近结束的时候，我们对洛杉矶警局鉴识组的了解比他们的主管还深。在进行这项反复的调查时，我们做了检方通常会做、而辩方很少做的事情：我们翻遍了每一颗石头。""我的职责是积极地以各种规则来进行辩护。这是我在辛普森案中所做的。"实事求是地说，整体检视辛普森案的整个审判，无论是法律伦理、专业素养还是公正、有效的辩论，检方都比辩方要稍逊一筹，尤其是检方在专业、技术等方面的失误（如传唤可能说谎的证人），更是造成指控失败的重要因素。当然，也不乏批评辩方的声音，如认为辩方"扭曲了事实","用卑劣的技巧让有罪的当事人脱罪"等等。

其次,辛普森案判决后,针对该案判决比较尖锐的一种声音,就是认为金钱决定了判决结果,体现的是金钱正义。确实,辛普森在该案中所花的费用是一般被告的好几倍,也是极少数能够站在稍微对等的地位上挑战检方指控的犯罪事实的被告。但是,应当注意的是,由于检方掌握的官方资源以及在侦查获得证据资料上的优势,如若被告没能有金钱优势,反而会在占有证据资料上不能与控方达到实质上的平等对抗。退一步说,如果辛普森不是一个富有的被告,欠缺所需要的资源来挑战检方的各项刑事鉴识证据,那很可能就不是无罪开释的结果了。即使该案的另一位检察官连达登也承认,他之所以愿意办理辛普森案,其中有个原因就是,该案是辩方有适当资源能够与他站在相当地位上抗衡的少数案件之一。事实上,即使是作为富有的被告,检方掌握的资源仍比辩方多,检方在辛普森案中所投入的资源和花费并不比辩方少。洛杉矶地检署有位检察官写的内部备忘录就提到,洛杉矶地检署有史以来没有哪件案子像辛普森案一样投入、消耗了这么多人力。因此在作者看来,民众不应该对有钱的被告及其辩护律师进行批判,而应呼吁国家和政府给予贫穷被告更多的法律救济和协助。正如得州老律师办公室门板上写的一条标语所言:"合理的怀疑需要不合理的价钱。"虽然有点夸张，但也无不是美国刑事司法现实的写照。

**（三）陪审团的裁判**

陪审团是由从当地的成年公民中选择的六位或者十二位陪审员组成。在刑事案件审理中，由陪审员组成的陪审团在认定犯罪等事项上具有重要地位和作用，甚至实质性决定着案件的走向。虽然陪审团对辛普森案的判决已经完成，但历史的判决仍将继续。

首先，在美国刑事审判中，陪审团拥有终局意义上的废弃权。如果陪审团裁定检方指控的犯罪不能成立而宣告被告无罪，那么其无罪裁定就会对法官形成直接的制约作用，法官必须按照陪审团的裁定释放被告。而且美国宪法以及刑事司法中确立的"禁止双重危险原则"也不允许就同一指控（罪行）再次将被告置于同一法律危险之中。这赋予了陪审团在刑事审判中实质性的裁判权力。在辛普森案中，陪审团行使废弃权的方式，就是拒绝判决一个被认为有罪的被告应有的刑责，因为他受到警方的构陷。这种个案废弃权的行使，与"良心受到震撼"的检验标准以及"政府的严重不法行为"之辩护有关。之所以赋予陪审团废弃权，就是为了限制公权力的滥用，体现了司法民主化理念以及帮助废除恶法。但作为陪审团主体的陪审员，其推测和判断不可能完全脱离其先前经验的影响，要做到完全出乎"公心"，也是强人所难。

其次，控辩双方都非常关注陪审员的组成。不同背景的陪审员组成的陪审团对案件的裁决结果可能迥异。如在审判开始后，检方行使排除权，成功地排除掉几个他们认为可能同情辛普森的黑人陪审员；辩方也试着以对他们有利的方向来促成陪审团的组成。应当说，辛普森案的陪审团中有九个黑人成员，这种种族组成比例并不完全是意外。地方检察官卡西迪本可以选择在洛杉矶市中心以外的圣塔莫尼卡进行辛普森案的审判，但他却选择了洛杉矶市中心，因为这边的陪审员资料库大部分是黑人。虽然卡西迪坚称将审判移往市中心进行与陪审团的种族因素并无关联，但正如知名记者威廉·洛克曼一针见血指出的："政治上，卡西迪以为有罪判决对他来说有如探囊取物，他比较希望由黑人主导的陪审团来作成这个有罪判决，而且他知道完全由黑人组成的或者以黑人为主而成的洛杉矶陪审团，经常判黑人被告有罪甚至送他们进毒气室……打一开始，种族就扮演了关键的角色，因为许多人故意打这个算盘。"除此之外，卡西迪选择在洛杉矶市中心审理辛普森案，应该还有另一层面的原因，那就是要由大陪审团来决定是否起诉，而非采取法官预审听证的方式来进行。因为依循大陪审团的程序进行，对检方是十分有利的。美国大陪审团的审理程序是秘密进行的，且辩方不能参加。但出乎意料的是，因顾虑大陪审团受到舆论误导、形成预断，辩方律师团成功地使大陪审团解散。总之，尽管陪审团的组成对案件的定性会产生影响，但如果陪审团对辛普森案的判决，无论公正或者不公正，要是使民众对这一历史悠久也最重要的机制——陪审团审判——感到质疑和愤怒的话，那将是美国刑事司法制度的莫大悲剧！

再次，种族歧视比性别歧视对陪审员所作裁决的影响更大。在辛普森案中，检方先前期待陪审团中的黑人女性陪审员会对被害人受到家暴而产生同情心，进而倾向于对被告作出有罪判决，却恰恰忽视了种族经验比性别歧视的经验对黑人女性的影响更大、更能引起共鸣这个事实。实际上，种族歧视的现象给女性黑人带来的影响远比性别歧视对其的影响要深刻。由此亦可窥见陪审员的先前经验包括对种族、性别歧视的感知和判断也会影响整个案件的走势。事实上，另外两个白人陪审员也选择对辛普森作出无罪判决，书中亦强调了这一点，借此论证其结果的合理性。毕竟陪审团的判决并不是少数服从多数投票通过，而是要一致通过才有效。同样，也正是因为陪审团成员经验背景构成的多样性，才让陪审团制度符合实践理性的要求。

## 三

对于普通民众而言，关注更多的可能是辛普森案件本身，或者说辛普森个人的命运；而对于刑事司法和法律、法学工作者来说，则应关注辛普森为何被无罪释放及其背后所折射出的美国刑事司法制度运作的真实情况和所坚守的正义理念。

## （一）排除合理怀疑

刑事审判中控辩双方平等对抗、充分表达的实现，有赖于科学的程序设计。其中，规定由控方承担刑事证明责任是世界各国刑事司法制度普遍采取的程序设计模式。其中，刑事证明责任的核心是证明标准，相关犯罪指控是否达到了证明标准也是控方指控成败的关键。在美国漫长的司法改革过程中，考虑到为了保护一些比真相更重要的价值，比如宪法中确定的个人隐私、人身安全等公民基本权利，以及基于对一些不同价值之间的平衡，美国最终确立了独具特色的刑事证明标准——"排除合理怀疑"。在确信被告有罪之前，陪审团应当确信他或者她的罪嫌足以排除任何合理的怀疑。

什么怀疑才是"合理"的怀疑呢？美国最高法院采取了暧昧的态度，宣称本质上无法做出进一步的明确定义，试图解释"合理的怀疑"此一词语，反而无法让陪审团明白其意涵何在。但应当指出的是，合理的怀疑并非任何可能的怀疑或者不确定的怀疑，至少要让陪审员发自内心地感到疑惑，比那种揣测或者想象性的怀疑感受更加确定、清晰、强烈。诚如辛普森案的承办法官伊藤所指出："合理的怀疑是指整个论控，在经过对所有证据全盘的比较与考量之后，陪审团心里仍然觉得没办法一直全然确认检方所论控的结论。"

那么，接下来的问题是，辛普森案中陪审团的怀疑是否为"合理的怀疑"呢？本书精辟地分析道："虽然他们相信被告有罪，但是他们拒绝加以定罪，因为根据警方刻意伪造的证据而定被告的罪，那是绝对错误的。"正如参与陪审团的一位黑人陪审员所说："虽然他相信辛普森可能有罪，但他就是不能相信收集证据的警方。"可见，陪审团对本案中警方的一些违法取证行为产生了质疑，不仅陪审团相信刑警范耐特欺骗他们，也深信警方要隐瞒某些事实（如对搜查和扣押的事实），进而更加怀疑一连串有关血渍、袜子以及后门上血渍的"巧合"。也就是说，即使一切的线索或者事实并不能证明被告辛普森不是谋杀案的凶手，但怀疑警方有可能试图构陷一个有罪的被告，因而陪审团根据其所持的正义观作出了废弃裁定，而这正体现了程序正义的理念。

### （二）非法证据排除

从刑事诉讼的"两造"来看，一方是以国家强制力为后盾并掌握各种侦查取证手段的检控机关，另一方则是受到犯罪指控甚至身陷囹圄的被告，双方的力量大小显然不可同日而语。排除刑事诉讼程序中的非法证据，不将其作为定案的根据，这也是让陪审团确信被告有罪、符合刑事证明标准的前提和基础。只有确立非法证据排除规则，坚决排除非任意性的自白以及"毒树之果"等证据，才能确保证据的合法性，形成环环相扣、严密扎实的证据链条，从而实现成功指控犯罪的目的。确立非法证据排除规则，其目的不只是发现真相，更主要的是基于对一些重要价值（人权保障）的考量，一种免于遭受政府不当侵犯的自由，并保持身心的完整性。严格执行非法证据排除规则，可能会使得特定案件中因检方证据不充分而让有罪的被告获释，但这是刑事司法制度必要的代价，如此才能让检控方更加明白寻求事实真相这一高贵的目的，并不能成为正当化不合法的搜索或者强迫自白等取证手段的"挡箭牌"。非法证据排除规则及其运作，其实对检控方侦查取证、指控犯罪的能力、水平以及专业素养，提出了更高的要求；如不遵守该规则，检控方辛苦搜集的证据可能到头来只能是"搬起石头砸自己的脚"。

在辛普森案中，如对于关键证人刑警富尔曼的证言，有证人指证（录音带）富尔曼的种族主义背景，这就使得富尔曼证言的真实性大打折扣；另外，警方基于非法搜查辛普森住宅等取证手段找到的证据（如在住宅后方查获的血迹手套、在房间内找到的袜子等），也完全可能基于非法证据排除规则而不被采用。正是因为警方搜查辛普森住宅是违宪的行为（非法搜查取证），所以搜索获得的证物就不应作为证据使用，这就使得检方所掌握的对辛普森不利的证据大幅减少了。其中，彰显的同样是程序正义的价值。

### （三）媒体报道对司法公正的影响

新闻传媒对案件的报道本应该是一种不加分析和解释的具体事实报道，而不能歪曲事实或者进行明显系选择性、倾向性的报道。然而，事实上，美国的很多新闻媒体，为博取收视率或者基于自身的价值取向等，往往重视新闻报道的猎奇性和刺激性。如美国新闻媒体对"罗德尼·金案"的有关报道，就开了极不好的先例。在辛普森案中，检控方对该案案情的倾向性介绍以及相关媒体的渲染报道，使得辛普森案被害方的声音比以往任何一个案件都要大声、清楚而频繁地在媒体上呈现，这容易使社会大众产生同情被害人并认为辛普森实施了杀人行为的先入为主的心理。辛普森案的被害人家属虽然不能在法庭内扮演正式的法律角色，但是他们却突显在法庭之外。作为对此的辩方策略，作者也在书中向我们展示了辩方智慧的决断：辩方首先申请解散了之前的陪审团，接着选择让这场刑事审判公开接受媒体报道（虽然将刑事审判向媒体公开在很多情况下不见得是好事）。在本案已经受到媒体舆论严重不利于被告导向作用影响的情况下，应当说，辩方做出这样的决断，加之在后来检控方一系列不专业的表现以及作伪证的事实同样通过媒体曝光后，显然很巧妙地达到了辩方的目的。由此我们也可以窥见美国新闻媒体对于司法活动的干扰以及对案件导向有着很大的影响。

## 四

事过境迁，辛普森案虽然早已尘埃落定，但其留下了许多值得笔者深思和回味的地方。在刑事审判中，事实真相确实要比案件表象复杂得多，司法人员通常需要在情况还不明朗的时候做出判断。控辩双方在掌握资源、辩论技能以及独特团队风格的实力对抗中，履行各自的职责。所有在心中做出判断的人包括当时的陪审团，他们大部分是在为所听到的做出信与不信的判断。（当然，美国法律要求陪审团必须是依据检方提出的证据是否排除了所有合理怀疑去判断被告是否犯罪。）控辩审三方都在试图接近事实真相，但事实真相往往在案件的别处，常让人感到扑朔迷离。刑罚的目的除了惩罚犯罪以外还有保障人权的一面，惩罚犯罪其实也是保障人权的途径，最终还是要落脚到保障人权上来。这就要求有相应的、科学合理的真实观。

在寻求事实真相时，终极真相固然重要（达到了实体正义的目的），但无法容忍那些不顾一切地追求事实真相（忽视程序正义，合法化不正当侦查取证手段）的做法，这也是美国宪法所不能容许的。对于刑事犯罪的追诉而言，以（程序法所允许的方式）体现程序正义的方式发现真实，这也是消极真实主义的要求和内涵。总之，"法律制度不只是依结果的正确性来判断，更强调程序的公正性。"试想"如果我们真能容忍一些无辜的人被不尽如人意的司法制度所处死，那我们更应该偶尔放过那些人人都认为有罪的被告"，这也是美国刑事司法制度的重要基础。宁可错放一些有罪的被告，也要保全那些与终极真相无关的重要价值。可见，程序正义是需要认真对待的，更是优先于实体正义的。

美国著名法哲学家博登海默曾深刻指出："正义有着一张普洛透斯似的脸，变幻无常，随时可呈不同形状并具有极不相同的面貌。"在辛普森案中，我们看到，美国刑事司法正义的面貌越来越清晰——正义不只是结果，更是一个过程（程序正义）。美国法院对辛普森案的判决也是完全符合其法治要求和正义理念的。正是在类似这样的典型案件中，美国的程序正义理念才得以不断地充实和张扬，进而在更深远意义上推动美国刑事司法的发展和完善。

# 伴随理性 走进"洞穴"

## ——读彼得·萨伯著《洞穴奇案》的启示<sup>*</sup>

美国著名法学家彼得·萨伯所著《洞穴奇案》<sup>①</sup> 一书,既是法哲学领域经久不衰的经典名作,又是高校跨学科通识教育的高阶读本。作为一本影响深远的法哲学作品,作者通过数位虚拟"法官"之口详细阐述了法哲学的不同学说流派和晚近五十年来法哲学思潮的发展,从中不但能看到不同法哲学学说是怎样生动而激烈地进行对话,而且还能看到其是如何影响法官对法律与事实的解读的。有学者称该书是"任何对法学研究有兴趣的人士一生必读的著作",确实所言非虚。

　＊　原载《知与行》2017 年第 8 期。
　①　陈福勇、张世泰译,生活·读书·新知三联书店 2010 年版。

## 一、"洞穴奇案"及其时代隐喻

"洞穴奇案"是著名法哲学大师富勒在 1949 年《哈佛大学法律评论》上发表的假想公案，被认为是有史以来最伟大的法律虚构案例，也是西方法学院学生必读的文本。通过"洞穴奇案"，中国的司法者、法科学生乃至普遍的社会公众都能增添对司法哲学的深度理解，在生命价值的中国语境中找到属于自己的那份反思和判断。"洞穴奇案"的价值和意义，早已跃出了经典虚构公案的功能局限，引发了人们对法律与道德、人情、民意、公共政策之间相互冲突情况下法官应当如何抉择的思考，同时也具有反思司法、展示法律思想多元性的法哲学价值。

"洞穴奇案"的基本案情是：纪元 4299 年 5 月，纽卡斯国的五名洞穴探险协会成员进入一个位于联邦中央高原的石灰岩洞后发生山崩困于山洞，无法在短期内获救，通过无线电设备与营救人员联系后得知他们很可能在被成功营救前饿死。为了维持生存以待救援，五人约定以掷骰子的方式选出一名牺牲者，让另外四人吃掉其血肉。成员之一的威特莫尔是最早提出此建议的人，但在掷骰子之前其撤回了同意。不过其他四人仍执意掷骰子，并且恰好选中威特莫尔作了牺牲者。四人杀死威特莫尔食其血肉获救后，均被以谋杀罪起诉并被初审法院判处绞刑。四人不服判决上诉至纽卡斯国最高法院。纽卡斯国最高法院五位大法官面对同样的案情，适用相同的法律，得出了不同的判决意见，其中两票主张有罪，两票主张无罪，一人退出裁判，结论是维持初审法院原判。

随着社会情境的变迁，在富勒发表"洞穴奇案"近40年之后的1988年，美国著名法学家萨伯又续写了"洞穴奇案"的九个判决意见，即假定若干年后"洞穴奇案"获得了翻案的机会，九位大法官参加了案件的审理并对此发表了判决意见，四票赞同有罪，四票赞同无罪，一人退出裁判，有罪与无罪意见相当，判决结论戏剧性地与40年前的判决结论一样，仍然是维持原判。

毫无疑问，"洞穴奇案"是以真实案例为基础的。其中，最重要的两个案例是1842年美国诉霍尔姆斯案和1884年女王诉杜德利与斯蒂芬案。这两个案例均与救生艇有关，都是在海难之后发生了杀人和追诉。在美国诉霍尔姆斯案中，杀人是为了让严重超载的救生艇减轻负荷；在女王诉杜德利与斯蒂芬案中，杀人是为了给行将饿死的幸存者果腹。"洞穴奇案"虽然是以上述真实案例为基础虚构的公案，但其增添了更多影响诸位法官决断的因素，比如将事故由大海转移到纽卡斯国的山洞中，增加了无线电通信使探险者确切了解到在成功获救以前将会饿死，以及威特莫尔意见的复杂反复等。这些因素的添加成功影响了大法官们的判断，从而引发广泛的讨论和争议。当然，在法律深度、思辨灵敏度方面，其他真实案例与"洞穴奇案"是无法比拟的。

人性的纠结和生命的价值与"洞穴奇案"虐心的复杂案情交织在一起，在众位大法官面前呈现出一张普洛透斯似的脸，其使得"无论是有罪判决或是无罪判决甚至是拒绝裁判皆有值得诟病之处，以至于望案兴叹"。围绕"洞穴奇案"，十四位大法官各自发表了言之成理的不同判决意见，亮出了自己独特的思维方法，十四份判决意见基本上反映了 20 世纪主要的法哲学思潮，犹如一桌法哲学盛宴，让人盘桓于古今的法哲学难题——法律究竟是什么。"洞穴奇案"的有趣之处，也正是通过运用一桩虚构的公案，展现了这些法哲学思潮之间的交锋对话，让人深刻感受到，司法适用并非是简单的是非判断，更重要的是思辨的哲学。十四份判决意见，各自代表了法哲学中的一个主导方向，也显示了法哲学思想、学说、观点之间的相互影响和主题的各种变化。可见，这十四份判决意见所代表的法哲学思潮的一种主导方向，在一致性和可行性允许的情况下，其实也是融合和吸纳了各种分支观点，不能作茧自缚单纯地理解为仅指一种法律思想，而且任何一个流派的思想立场未必就是不可动摇的，其核心观点也未必就是缜密论证而不可置疑的。与其说我们是不假思索地从"洞穴奇案"的判决意见中得到什么，毋宁说是应该通过这个经典虚构案例思考法律究竟是什么，法哲学思潮的多元性及其对司法适用的影响更值得关注，而这正是"洞穴奇案"令人回味无穷的地方。

"洞穴奇案"反映出了不同的法哲学思潮在法官裁决中的重要影响。"洞穴奇案"中最终主张有罪和主张无罪意见的票数相同，这主要是由于大法官的法哲学思想平衡而不是事实平衡所致。优秀的法官具有不同的法哲学思想。面对这样的疑难案件，法官都力图使判决结果符合正义理念。只有体现正义理念的司法判决，才是经得起事实和历史检验的判决，而这显然要求法官具备娴熟的司法技艺。当然，如果司法技艺的运用使得裁决结论充满不确定性的话，或者司法判决仅仅是法官意识形态、兴趣、政见和个性的事后合理化的话，那法律秩序的安定性何在？如果得到正确适用的法律确实能约束法官，那为什么在通情达理的法官之间会有如此之深的分歧？无论是在富勒时代、萨伯时代还是在当下，这都是一个重要的问题。如果有什么不同的话，那就是这个问题今天变得更加重要了。这实际上是告诫法官必须弃绝那种认为每一次裁决皆"正义"及问题已妥善解决的盲目自信，而应始终抱持慎始敬终、谨小慎微的态度，努力在裁决中去无限接近实质正义的价值理念，让裁决的公正性、合法性经得起事实和历史的检验。

## 二、道德与法律的两难

"洞穴奇案"的不同判决意见，也集中显现了道德与法律的两难。认真细究"洞穴奇案"的人，势必会深切地体会到自己在遭遇严酷的法律思想的拷问和道德情感的历险。在"洞穴奇案"中，尽管少数法官认为道德与法律并无冲突，但多数法官认为案件的处理使得道德与法律的冲突陷入旋涡，即虽然四名被告的行为不符合实定法的规定，但在道德上却具有可悯恕性，包括大多数法官在内的公众都对被告抱持同情心理，主张对被告予以宽恕。如福斯特法官就认为，一个案件也许可以从道德上脱离法律秩序的约束，如同从地理管辖上脱离法律秩序的约束。被告在做出他们性命攸关的决定时，是远离我们的法律秩序的，就像他们远离我们的领土上千英里之外一样。根据福斯特法官这一立场，不难得出：在四名被告杀害威特莫尔的行为当时，他们不在法律秩序的约束之下，故纽卡斯国有关谋杀罪处以绞刑的法律规定不能适用于他们，对被告只应按照自然法的原则进行处理。

立足道德的角度，为自保而杀人、食人的行为难以容忍，很难有道义上的正当性。就像身体的饥饿并不能当然地成为抢夺或者盗窃他人食物的借口一样，饥饿难忍也不能成为四人杀死威特莫尔并食其血肉的正当性根据。即使认为被告的行为是紧急避险，紧急避险也不足以成为杀人的正当理由。道德讲求真、善、美，是社会得以和谐发展的基本保障。或许一个稍有品德的人应该听取威特莫尔的意见再等几天，而不是在感知自己有生命危险的时候就暴露出人性的丑恶而实施杀人行为。站在威特莫尔的角度，如果被杀并且被吃掉的人是自己，那主张无罪观点的法官还会有这种淡然的心理吗？一个品德高尚的人在得知这种情况时，应会主动选择牺牲自己以保全他人，这与本案中四名被告的选择形成鲜明对比。当然，或许正是由于威特莫尔以及其他四名被告都是明知剥夺他人生命以果腹的行为是违反道德的，因此才有威特莫尔提出继而其他人选择了抽签这种在形式上公平的手段来实现杀人、食人自保的目的。

从法律的角度分析，生命是神圣不可侵犯的，是人之所以为人而存在的基础。在一国法律管辖范围内，法律保护每个人的生命权不受非法侵犯。纽卡斯国关于谋杀罪的法律规定为："任何人故意剥夺他人的生命都必须被判处死刑。"这里不妨按照通行的犯罪构成要件"三阶层"（构成要件该当性、违法性、有责性）理论来分析被告行为的性质。

从构成要件该当性的角度看，四名被告杀人、食人的行为无疑属于故意非法剥夺他人生命的实行行为，具备构成要件的该当性。至于有法官以四人没有所谓邪恶的意图来排除他们的犯罪故意，进而排除其构成要件该当性是不妥当的。

四人从抽签开始，就明知无论结果如何，都会造成一人的生命被剥夺的后果，同时为了保命而希望或放任一人死亡这种结果的发生。四名被告在精神和智力状况上完全正常，具有辨认和控制自己行为的能力，即具有完全刑事责任能力，应对自己的行为承担责任。

从违法性角度思考，被告也不能因紧急避险事由而排除杀人行为的犯罪性（违法性）。关于"洞穴奇案"，部分大法官认为其首要问题就是紧急避险抗辩。紧急避险是重要的排除违法性事由，如成立紧急避险，则被告的行为不构成谋杀罪。如斯普林汉姆法官认为，将探险四人的行为确立为紧急避险合情合理，不应当进行非难谴责。塔利法官、纳姆法官则认为，紧急避险可以作为排除违法性事由，但不是免责事由。何为紧急避险？紧急避险，也称紧急避难，是指为了国家、公共利益、本人或者他人的人身、财产和其他权利免受正发生的危险，不得已而采取的损害另一较小合法权益的行为。具体到本案，结合紧急避险成立要件分析，可以得出以下几点结论性认识：其一，当时几人被困山洞中，符合危险正在发生的条件。其二，被告四人当时是为挽救自己的生命，符合正当避险意图。其三，探险五人仅是得知十日内不能获救并且没有食物的情况下可能会死亡，在几日之内是没有生命危险的，因此几人虽面临危险但是不能算作是紧迫，所做行为不属于是在迫不得已的情况下做出的。其四，紧急避险要求不能超过必要限度造成不应有的损害，但是人的生命是平等的，每个人的生命权都不允许被非法侵犯，并且他们五人都渴望在这次灾难中活下去，拥有同样的生存权利。所以在限度条件方面，四人的行为明显也不符合要求。

从有责性角度分析，在当时的行为环境和条件下，被告是否存在不实施此行为的期待可能性呢？当探险者明知每个人都不可能坚持到救援到来时刻，除非进食，这种情况下，如果设身处地来思考，对探险者们来说最要紧的任务就是寻找食物，而在这样一个洞穴中，可以食用的只有人的身体，别无他物，那么吃掉自己的肢体是否就是正确而享有处分权利的呢？若那样做，便是为了坚持到救援到来，而在现时医疗条件下，显然食用自己的肢体会使自己的身体状况更不利于生存，这岂非适得其反？况且我们怎么能苛求人们做出这样不符合理性的决定呢？因此，无论威特莫尔同意与否，牺牲一个人的生命以保全其他人，无论是怎样的选择方式，这种方式是否公平、科学、符合道德，这些应当存疑的环节都毫不影响最终的结果，那就是只能吃掉一个人，抑或是大家都死掉，那样显然就没有这个案件了。因此，从期待可能性上讲，四名被告不实施杀人行为的期待可能性较小，能否在有责性条件上排除犯罪的成立，这一点是值得思考的。

综上所述，四名被告的行为严重违反人类的基本伦常与道德，在道德上应当给予负面的评价，毕竟道德还是赞扬牺性精神和奉献精神的。而在法律层面，四人的行为具有明确的刑事违法性，且有杀人的犯罪故意，只是犯罪动机可悯。当然，由于在当时的情况下他们没有其他更好的处理方式，以致每一个理性的人身处其中都无法做出更好的选择，在这样的认识水平下，可能会从有责性上排除其犯罪的成立。

## 三、生命价值的衡量

"洞穴奇案"的裁决还涉及生命价值的衡量问题。如塔利法官就陈词："我们如此珍视生命，以至于我们总倾向于更多的人而不是更少的人在悲剧性事故中存活下来，为了挽救四个人杀一个人是一项划算的交易。"与之针锋相对，特朗派特法官则指出："每个生命都是极其崇高和无限珍贵的，任何牺牲都必须是自愿的，否则就是侵犯了法律所确认的生命平等和神圣尊严。"上述两种观点反映出对生命价值衡量的不同立场。笔者原则上赞同后者的观点，主要理由在于：

第一，生命本就是不可量化比较的存在。一个人的生命是否应该存续不应该如此草率地被他人决定和执行，关于一个人的生命与四个人的生命价值之比较，我们不能仅凭数量多少而认定四个人的生命价值比较大，更不能因为威特莫尔的探险协会会员身份而认定他的生命理应为大家牺牲，他并不负有应当献身的义务。在法律意义上，每个人都是自由平等存在的主体。生命都是无价的，根本无法因生命数量的不同而确定其生命价值的差异。事实上，杀人也永远不是划算的交易，若为了保全四个人的生命而牺牲威特莫尔一人的生命具有正当性的话，那是不是为了保全四个人的生命杀掉三个人也是正当的呢？能够为了保全一百人的生命而杀掉九十九人吗？根据塔利法官的观点，这确实是划算的交易，但显然是荒唐的。

第二，所谓的"一命换多命"是划算的交易的观点实际上是把人作为工具和手段。人应该作为一种目的而存在，对人的尊重是社会文明进步的一种体现，现在世界上绝大多数国家已经废止死刑，即使是万恶不赦的罪犯的生命权都应受到尊重，那么又怎么能随意地剥夺像威特莫尔这样与其他四人同样渴望存活下去的人的生命呢？生命神圣原则首先是一个道德原则，其次才是一个法律原则，生命权的绝对性不容否认，一个人的生命与多个人的生命都是一样珍贵。

第三，为保全自身生命而弱肉强食以他人为食，这是文明社会不能容许的野蛮行径。即使自己饥饿难忍有生命危险，也不能选择以同伴相残、食人果腹的方式来延续生命。否则，文明社会共同体生活的价值和正义理念都将崩塌，这也是最基础的法律和道德义务。与其说正义支持探险者们杀人的决定，还不如说正义已被四名被告抛诸脑后。至于有法官认为"品德良好者"也不可能不进食，即通过剥夺一个人的生命并食其血肉来果腹是事出有因、情有可原的，但这是一种极端自私的利己主义的态度，直接削弱和破坏文明社会维系生存、发展的道德基石。一个品德良好的人不会选择杀人果腹而会共同面对死亡。诚然，饥饿难耐直到死亡不是那么容易做到的甚至是十分痛苦的，但是难道它的道德必要性还不够明显吗？以自己的生命为代价克制不去杀人，这种修养正是人类优良道德品质的一部分。

## 四、受害人的同意问题

在"洞穴奇案"中，威特莫尔最先提议掷骰子后又撤回了同意，在其他四人仍执意掷骰子时选择保持沉默，以致最后恰好选中他做了牺牲者，导致身杀被食。从法理的角度观察，实际上还涉及受害人的同意及其撤回对被告刑事责任的影响问题。

威特莫尔虽然默认了其他四人掷骰子的行为，但这只是默认了掷骰子的公正性，而不是默认选择杀掉自己的公正性，受害人的同意不能成为谋杀罪的抗辩理由，生命不能出让和转移，以生命权为标的的契约是不应被承认的。具体来说，可从以下两个角度展开分析：

一是撤回行为无效，沉默代表同意。假设威特莫尔的撤回行为无效，在另外四人坚持掷骰子时的沉默表示对该行为的默认，那么威特莫尔再次加入这次共谋杀人行为中，并且依旧是该共同犯罪行为的提议者，虽然有犹豫撤回行为，但是在犯罪真正实施时却没有反对行为，放任该犯罪行为的进行。尽管威特莫尔最后成为被杀的受害人，仍然不能否定他为此次共同犯罪的主犯，威特莫尔提出此条建议并且提供犯罪所用骰子的最初目的，不是想牺牲自己以挽救其他人的生命，而是希望通过掷骰子的方法选出其他人，以增大自己的存活概率。然而不幸的是，他自己被选中成为牺牲者，被其他人剥夺生命。如果当时威特莫尔对其他四人的杀人行为表示赞同，并且主张杀掉自己，也不能就此否认其他四人杀人行为的犯罪性，因为自此提议的提出，几人参与讨论并坚持掷骰子到杀害吃掉威特莫尔，其均是全程参与和实施，是本案的主犯。

二是撤回行为有效，沉默代表反对。假设威特莫尔的撤回行为有效，那么威特莫尔是否属于犯罪中止的情形呢？犯罪中止要求自动放弃犯罪并且有效制止犯罪行为的发生。具体到"洞穴奇案"，威特莫尔的撤回行为缺乏有效性，即未能积极有效阻止其他共同犯罪人继续实施犯罪，故不成立犯罪中止。易言之，威特莫尔与其他四人的行为一样，均构成谋杀罪。当然，由于威特莫尔本人被害，故法律责任主体消失，不存在承担刑事责任的问题。

立足法律层面，在当时的纽卡斯国，即使存在受害人同意，同样也是不能阻却被告刑事责任承担的。因为被告的主观心态才是决定谋杀罪犯罪故意是否具备的决定性因素，受害人的心理状态相对无足轻重。因此，即使所有成员都同意且该同意坚持到最后，这一"合意"也绝不能使得谋杀行为成为正当行为，撤回同意与最初的同意一样都是无关宏旨的。被告是否出于非法剥夺他人生命的意图而实施杀人行为，以及他在特定情境中的确信是否合理，才是真正的问题。显而易见，探险者们就杀人行为进行了计划，包括计划采取投掷骰子的方法来选择谁被杀，而且确实也有意图地杀害而不是意外地杀害了选出来的这个人。可以说，杀人行为是先前的一项预谋的结果，而不是因为盲目的冲动而发生的，尽管出于自保的动机可悯，但其预防性杀人行为在法律意义上仍是故意的杀人行为，应受到国家的非难谴责。

## 五、法官的自由裁量权

在"洞穴奇案"中，法官们的自由裁量权值得玩味。有法官认为，守护法律是法官的职责，法官不能凭常人之心履行职责；也有法官表示，需要通过运用自由裁量权来合理平衡本案的罪与罚。

法律不是僵死的教条，法官通过自由裁量权来救济个别正义是必要且合理的，尤其是对于疑难案件的司法适用，法官的自由裁量尤为重要。当然法官自由裁量权的行使不是随心所欲的，不能违背法律的目的和原则。易言之，法官自由裁量权的行使应当审慎，要在法律框架之下行使。众所周知，社会是不断发展变化的，法律规定也需要与时俱进才能适应社会的发展。相比之下，法律规范总会有一定的滞后性，这就需要通过法官的自由裁量权予以纠偏和平衡，以此弥补法律的漏洞和不足。

大法官们关于"洞穴奇案"的不同判决意见，让人深刻感到：法官出于微小的同情抑或强烈的愤怒，都会对案件的裁判产生重要影响，进而作出完全不同的判决结果。就"洞穴奇案"的定罪来说，依照当时纽卡斯国的法律作出有罪判决或许是适当的，因为这最忠实于法条。但考虑到此类案件中的极端情况，在定罪确定后，在量刑方面法官仍可以充分运用自由裁量权，以此救济个别正义。因为在当时的情况下，山洞中食物匮乏、营救行动受到阻碍、医疗人员明确说明在没有食物的情况下难以支撑到成功被救援，作为一个局外人都难以想到更好的方法拯救自己和别人，更何况被困山洞中的当事人？威特莫尔提出此条意见后，大家一开始都不愿意这样做，但是听到医疗人员告知没有食物生存下去的可能性微乎其微，而在场的法官、政府人员、牧师或者神父都不愿意就此提议发表意见，几人才同意此提议，在选择牺牲者的做法上，几人也并没有盲目决断，也没有串通杀人行为，而是采取了相对公平的掷骰子。如果为了避免法官对法条的任意解释而选择作出有罪判决，那么在量刑方面，法官又怎会不以此来酌情自由裁量呢?! 因此，对于"洞穴奇案"被告的量刑，法官可充分行使自由裁量权，在法律范围内予以大幅度减轻或者免除处罚。

# 京 华 检 影

# 奋发有为，争做优秀的青年检察干警<sup>*</sup>

作为北京检察系统的一名新兵，我参加了本单位精心组织的新进检察干警岗前集中培训。虽然这次岗前培训的时间不是很长，但培训的内容较为丰富，覆盖了检察机关概况、检察书记员实务、保密教育、信息撰写、检察纪律和职业道德等有关检察工作方方面面的内容。通过这次紧张而又充实的培训学习，我对检察机关和检察工作有了新的认识，增强了信念，开阔了视野，增长了知识，对于我尽快适应环境、实现角色转换、正确履行岗位职责和做好检察工作，有很大的帮助，进一步坚定了做一名优秀检察干部的信心和决心。首先感谢组织上的周密规划和精心安排，为新入职检察干警提供了这样一次难得的学习充电机会。资深检察官同事们真

* 在 2010 年 8 月北京市人民检察院第一分院召开的"2010 年新入职干警岗前培训总结会"上的汇报发言，收入本书时略有删节。

诚的工作经验分享、温暖的微笑、细心的叮咛，既让我真切地感受到了他们成长的心路历程，也为我更好更快融入检察机关提供了重要帮助。

总的来说，通过这次培训学习，个人感觉收获颇丰、受益匪浅。对于如何尽快转变角色、争取成为一名优秀的检察干部，我汇报以下几点学习体会，也与大家交流。

第一，要塑造阳光心态。俗话说："心态决定命运，心态决定成败。"心态非常重要，直接影响个人身心健康，甚至影响家庭和睦、单位工作氛围。有的同事刚来检察机关工作，了解到工作内容、加班节奏、纪律要求、收入待遇等相关情况后，可能会与预期的情况存在差距甚至有不少的心理落差，情绪上出现波动，心理上有些迷茫，其实这是正常现象，也充分说明了尽快调整心态、转变角色的重要性。我们来检察机关工作，不是为了当官发财，而是出于对检察事业的热爱，渴望惩恶扬善、守护社会公平正义，更需要的是情怀和担当，更需要有执着信念和奉献精神，因此塑造阳光心态不仅必要而且重要。所谓阳光心态，就是知足、感恩、达观这样一种心理状态，它能让人心境良好，人际关系和谐，深刻而不浮躁，谦和而不张扬，自信而不傲娇，更好地适应工作环境。我们讲和谐，不仅要力求人与人之间的和谐、人与自然之间的和谐，还要注重人的内心和谐，人的内心和谐也是和谐社会的题中应有之义。入职后，我会尽快调整好自己的状态，塑造积极向上的阳光心态，勤勉履职、真诚奉献，满腔热情投入到检察工作之中，在检察调研和办案一线书写检察担当，做检察事业的积极践行者。

第二，要自觉加强学习。我们要努力成为一名合格的检察人员，实现自己的人生价值，就必须重学习、求上进，保持学生时代的求知欲，活到老、学到老，向书本学、向司法实践学、向先进典型学、向同事们学，坚持知行合一，尽快让自己熟悉检察工作，在竞争的时代大潮中尽快成长成才、脱颖而出。坚持学习，就必须充分利用好闲暇时间。历来成大事业的人，几乎没有一个不是善用他的闲暇时间的。正如大学问家胡适先生所言："一个人的前程往往全靠他怎样用他的闲暇时间。"如果用你的闲暇去打麻将，也许你会成为赌徒；用你的闲暇来做社会服务，也许你会成为社会改革者；用你的闲暇来研究学问，日积月累，也许你会成为一位著名学者。斯言诚哉！入职后，我会努力保持旺盛的学习热情，做到脚踏实地、勤于学习、善于思考，有计划地多读一些书、多研究一些问题、多参与一些检察办案工作，竭力补齐短板、增长才干，不断提高检察履职能力。

第三，要扎实做好工作。古人云："业精于勤荒于嬉，行成于思毁于随。"这说明无论是学业还是工作，都是因勤奋而精进、因嬉戏而荒废；为人做事要多思考，只有深思反省才能日渐有成、收获成功。对于检察官这一光荣的职业而言，更是如此，需时刻保持司法为民初心，恪尽职守，脚踏实地，把本职工作做好，对得起检察官的良心和职业担当，对得起这身神圣的检察蓝。作为新时代的青年检察人，我从参加检察工作第一天开始，就坚定了职业理想和信念，始终保持对检察事业的热忱，甘心做检察队伍中一颗小小的螺丝钉。今后，也会将理想信念内化为自觉的意志和成长的动力，将个人的发展与党的事业、检察工作紧密结合起来，努力在实践中磨砺和锻炼自己，坚持少说多做，坚持从点滴工作干起，坚持把每一件小事做好，从检察书记员实务到检察官助理、检察调研等业务，都要尽快熟悉，潜心钻研业务，扎根办案和调研一线，尽职尽责完成领导交办的各项工作任务，用实干诠释检察干警的使命和担当。

第四，要恪守检察官职业道德。检察官职业道德是检察人员在检察职业活动、履行法律监督职责中必须遵守的道德规范和行为准则，是检察人员的立身之本、工作之基，其基本要求是忠诚、公正、清廉、文明。可以说，"忠诚、公正、清廉、文明"的要求，承载着党和群众对检察官的期许，是检察官正确履行职责的八字箴言，也是我们每一个青年检察干警应当养成的基本道德素养。参加检察工作后，我将秉持"立检为公、执法为民"的初心，永葆忠于党、忠于国家、忠于人民、忠于宪法和法律的政治本色，认真恪守检察官职业道德，把检察官职业道德作为自己的自觉行动，做检察官职业道德的忠实践行者，始终保持对法纪的敬畏心、律己心，树立正确的权力观、地位观、利益观，以高标准、严作风要求自己，守住"底线"、远离"红线"，坚决杜绝各种违法乱纪行为的发生，以自身言行树立检察干警"一身正气，两袖清风"的良好形象。

第五，要堂堂正正做人。常言道："做事先做人，做官先做人。"在某种意义上，如何做人比如何做事对于一个人的成长成才更加重要。我与其他新入职的同事一样，都是从学校毕业直接参加工作的"三门"干部，即从家门到校门再进机关大门。大家的优势是都受过完整系统的学历教育，思想比较活跃，接受新鲜事物容易，头脑里没有太多条条框框的限制；不足之处是社会经验较为欠缺，对社会的复杂性、多元性和人情世故还缺乏深刻的认知。但是，不管是什么年龄段的人，不管从事什么工作，学做人恐怕都是第一位的，做人做事都要把人品放在第一位，人品才是我们最硬的底牌和最强的底气。进入检察机关工作，我想我们都应该保持戒骄戒躁、谦虚谨慎的作风，坚持堂堂正正做人，实事求是、不卑不亢，至少要做到不肆意妄为、媚上欺下，甘当"小学生"，多向机关处室的领导、同事学习，学习他们的优点和长处，以不断充实、完善和提高自己。与此同时，我们还要多尊重和理解他人，学会和光同尘，与同事们打成一片，强化团队合作意识。检察工作当然离不开个人努力，但更应注意与人合作共事，坚持走团结奋进之路。如果青年检察干警只习惯于单打独斗、一展所长，不善于团队合作、共赢多赢，不仅个人的聪明才智很难发挥，而且会在工作中丧失进步的机会。这一点可能需要我们自己在以后的工作中慢慢琢磨体会，时刻提醒自己，正所谓"世事洞明皆学问，人情练达即文章"。

# 奉献无悔青春，为检察事业砥砺奋斗 *

过去一年，围绕"强化法律监督，维护公平正义"的检察工作主题，我以饱满的工作热情和良好的精神面貌扎实做好本职工作，坚持把个人理想追求融入到首都检察事业之中，争当优秀检察干部，争创优异业绩，全面提升了综合文字能力、组织协调能力和群众工作能力等检察履职能力，增强了做好检察工作的本领，在履职尽责、服务大局、促进发展中实现个人成长进步。概而言之，主要有以下几点收获：

一是锤炼了意志品质。刚参加工作的青年检察干警，大家大都处在结婚成家、租房居住阶段，物质条件相对有限，特别是在北京这样的大城市居住工作，如果原生家庭不能提供有力经济支持的话，那么面临的生活压力会比较大，这是

---

　　* 在 2011 年 7 月北京市人民检察院第一分院干部处召开的"2010 年新进检察干警转正定级会议"上的汇报发言，收入本书时略有删节。

我们不得不面对的现实困难。当然，现实困难特别是焦灼的生活压力，其实也是锤炼一个人意志品质的重要养料。我一向认为，遇到困难并不可怕，关键看一个人从困难中汲取什么、感悟什么，对待困难的态度怎么样，是怨天尤人、消极沉沦还是逆流而上、踔厉奋发，结局可能是不一样的。古今中外的历史事实表明：任何一个有大成就的人，其成长历程大多不是一帆风顺的，无不经历困难挫折和艰苦环境的考验。坚定的意志、拼搏的精神、乐观的心态，都需在社会大熔炉中反复摔打才能养成。作为青年检察干警，参加工作的第一年属于公务员试用期，尚未转正定级，月均工资收入才2000余元，还要高成本租房居住，承受的生活压力可想而知。但是，我想这些困难都是暂时的，因为办法总比困难多，没有一个冬天不可逾越，没有一个春天不会来临。就我而言，从不畏惧困难，一直把困难当作是对个人意志力的重要考验，始终相信只要思维不受束缚，开动脑筋想办法，困难总有解决的时候，正所谓"死鱼随波逐流，活鱼逆流而上"。

二是坚定了法治信仰。法治是我国治国理政的基本方略，也是民主政治发展的必然要求。只有建立在法治基础上的社会，才可能是长治久安、长盛不衰的社会。不管是检察官、法官、警察还是律师，只要是法律职业共同体的一员，都理应把坚定法治信仰、守护公平正义作为事业的追求。我们作为检察干部，虽然大家分配的岗位不尽一样，但是所追求的法治信仰应是共同的。比如，对于办案一线岗位，如果我们不心怀法治信仰，未牢固树立证据意识、程序意识和规范意识，案子就办不好，甚至可能导致冤假错案的发生。又如，就调研岗位而言，如果我们没有真正参与到检察改革和办案实践中去，没有一定的法治实践雄心，而搞成一种纯粹的智慧演练，将难以获得检察调研应有的价值。通过过去一年我自己直接从事或者间接参与的检察调研、检察办案等工作，深感检察干警在检察工作中只有坚定法治信仰、秉持客观公正立场，才能真正守护公平正义，才能做到"立检为公、司法为民"；只有多学多思多实践，坚持走精兵路、办精品案，才能筑牢法治信仰基石，成为检察业务的行家里手。

三是提高了履职能力。这一年，大到法律政策和法律适用方法把握，小到检察环节刑事案件办理细节，我是不懂就学、不会就问，坚持边学边干、边干边学，在检察实践中苦练本领、增长才干，把实践能力提升作为检察履职的基础和关键，确实收获颇大。尤为值得一提的是，以下几方面的履职能力有较大提升：其一，综合文字能力。日常工作中通过业务培训、范文模仿、技能比武等方式，我较快熟悉了检察调研和综合文字工作，掌握了机关公文体例和文风，大体能够做到上手很快、举一反三、驾轻就熟。其二，组织协调能力。检察干警每年要参加的各类政治学习、主题教育实践活动、会议活动等较为频繁，并且时常组织相关业务会议等，有的是本部门牵头办的，有的是其他部门牵头办的，有的是本机关与外单位合办的，特别是有较高级别领导参加的相关活动，各项工作要求很细，这就离不开缜密思考、周全安排和狠抓落实。通过参与办理"刑事二审论坛"和相关业务研讨等活动，个人组织协调能力得到了锻炼，各项活动井然有序推进，圆满完成了领导交办的工作任务。其三，群众工作能力。群众工作能力具体表现为掌握群众心理、使用群众语言、疏导群众情绪、处理群众诉求的能力。落实"立检为公、司法为民"的价值理念，一个重要的要求就是必须在检察工作中走群众路线，熟悉新形势下检察机关群众工作的规律和特点，提高自身群众工作能力。这一年，通过参加"听呼声、走百家、送服务"、"三进两促"等为民实践活动，特别是经常与群众直接接触，自感有较强的为民服务意识，能自觉摆正检察人员与群众的关系，掌握了一定的群众工作方法，但由于参与疏导群众情绪、处置突发性事件和涉检信访化解的机会较少，在了解群众需求、掌握群众心理、使用群众语言、娴熟沟通技巧等方面还有很大提升空间，以后在此方面，需要继续加强学习和实践，不断提升群众工作能力。

当然，我也存在一些缺点和不足，这里择要提两点：一是性情稍显急躁，做事操之过急、急于求成，往往因对事情的复杂性估计不够或者考虑欠周全，工作中反倒容易出现纰漏，有一定的事倍功半、费力不讨好现象；二是践行司法工匠精神还不够。其实，检察工作是一项极为精细的"瓷器活"，工作中百分之一的失误，对当事人可能就是百分之百的伤害。比如，就检察办案来说，必须务实求精、下足功夫，注重办案质效，要有"刀尖上跳舞"的精准拿捏，讲求案件处理法律效果、社会效果与政治效果的有机统一，努力在天理、国法、人情中寻求最大公约数。在这个方面，很多时候是口头上说得多，行动上落实少，认为不违法、过得去就可以了，还缺乏司法工匠那样的专心、专注、专业。

今后，我将继续认清自身肩负的责任，以强烈的责任心干事创业，更好地履职尽责担当，善始善终、善作善成，优质高效完成各项工作任务。一是真抓实干、有所作为。工作中坚决不搞形式主义，不做表面文章，以满腔的热情和实干精神，凝心聚力做好所承担的每一项任务；直面困难挑战，善于从纷繁复杂的工作中抓住重点、分清主次，创造性地开展工作，力争成为政治过硬、理论扎实、业务精通、勇于创新的复合型人才，争取在人才荟萃的北京检察系统脱颖而出。二是谦虚谨慎、刻苦奋斗。毛泽东主席在新中国成立前夕召开的党的七届二中全会上提出了"两个务必"，即"务必使同志们继续地保持谦虚、谨慎、不骄、不躁的作风，务必使同志们继续地保持艰苦奋斗的作风"。"两个务必"饱含着毛泽东主席对我国历代政权盛衰兴亡规律的深刻思考，在今天依然振聋发聩，有着非常重要的现实意义。作为检察干部，我将牢记"两个务必",站稳人民立场,时刻保持"赶考"的清醒,满怀豪情奋力走好新时期的赶考之路。三是廉洁自律、树立形象。在今后的检察工作中,我将保持清醒头脑,加强自我修炼,知敬畏、存戒惧、守底线,讲原则、讲规矩、讲正气,不断增强辨别是非和抗拒诱惑的能力,以对检察事业高度负责的精神,认真履行好职责,为检察事业奉献自己的青春和才智,努力成为一名无愧时代、不负韶华的检察官。

# 珍惜机会，在挂职锻炼中成长[*]

　　根据组织安排，这次我有幸被选到北京市纪委挂职锻炼担任研究室主任助理，深感荣幸、备受鼓舞，这是组织对我的信任和厚爱，衷心感谢市委组织部、市纪委给我提供了这样一个难得的学习锻炼的机会。我将把这次挂职锻炼当作砥砺品质、增长才干的重要机遇，以新的起点、新的姿态、新的角色，尽快熟悉挂职工作情况。入职以后，我将着力从以下几个方面努力。

　　一是端正态度、加强学习。挂职锻炼不是镀金，不是享受，不是做客，而是学习，更是锻炼。我将珍惜机遇，珍惜这次难得的挂职锻炼经历，认清自身肩负的使命和责任，杜绝"做客"心理和"镀金"思想，尽快适应新的工作岗位和

---

　　[*] 在 2011 年 7 月北京市纪委干部室召开的"挂职锻炼干部欢迎会"上的表态发言，收入本书时略有删节。

环境，勤思考、多参与，尽职不越位、帮忙不添乱，给室主任当好参谋、出好主意，争取在有限的时间里做出一定的成绩。这次来北京市纪委挂职锻炼，对我来说是一项全新的工作，许多方面需要尽快了解和熟悉，不仅要学习党和国家关于纪律检查工作方面的政策、规范性文件、决策部署等，而且要尽快熟悉北京市纪委的工作内容和程序。我将虚心向市纪委领导、老同志和同事们学习，向实践学习，把学习的过程贯穿于工作始终，坚持在边学边干、学干结合过程中不断提升思想境界，提高解决实际问题的能力，更好地融入到所挂职锻炼的岗位之中。

二是勤勉尽责、担当干事。挂职锻炼意味着从今天开始我就是北京市纪委机关干部的一员，我将在其位、谋其职，人到心到、心到力到，身心合一、知行合一，充分发挥自身处在刑事法学学术前沿和专业知识较为丰富的优势，坚持理论与实践相结合，运用所学的知识去分析、思考和解决实际问题，积极践行求真务实、真抓实干的工作作风，多出实招、办实事、求实效，创造性地开展纪检监察相关工作。对于领导交办的各项工作任务，我将认真抓好贯彻落实，注重工作质量和效果，做到主动奉献、主动作为、主动担当、主动落实，积极为北京市纪检监察事业的科学发展服务。

三是以诚相待、团结协作。来北京市纪委挂职锻炼之后，我将尽快融入委机关工作节奏和环境，全力协助室领导处理本部门日常事务，在工作中不断强化"一盘棋"思想，牢固树立团结协作意识，真诚对待领导和同事，平时多交流，遇事多协商，多干实事、少提要求，加强与委部门、同事间的日常沟通，在工作上同心同德、互帮互助，形成强大合力，增强工作的主动性、预见性和精准性。

四是严格自律、慎始慎终。我将树牢大局意识、责任意识和宗旨意识，自觉以纪检监察干部的身份严格要求自己，认真遵守党风廉政建设的各项规定和北京市纪委的各项工作纪律，时刻保持清醒头脑，时刻注意自己的言行，做到慎独自律、洁身自好，自重、自省、自警、自励，将廉洁意识内化于心、外践于行，自觉做党章党规党纪的坚定执行者和忠实捍卫者，杜绝违纪违法问题发生，以对组织负责、对群众负责的精神全身心投入到挂职锻炼工作中，努力挂出实效，做出自己应有的贡献，不辜负组织和领导的厚望！

总而言之，请组织放心，在挂职锻炼期间，我将以高昂的斗志、饱满的热情、务实的作风全身心投入工作，不畏艰难、敢于碰硬、脚踏实地、真抓实干，挂职挂心、挂职挂事、挂职挂责，尽快转变角色、扛起责任，结合挂职锻炼岗位的实际和特点，协助室主任做好各项工作，恳请委室领导和同志们给予支持和帮助，也诚恳接受大家对我的监督。

# 感谢、感激、感恩

## ——难忘的挂职岁月 *

时间过得真快，在北京市纪委的半年挂职锻炼生涯就要落下帷幕。首先，感谢组织给我机会来市纪委研究室挂职锻炼担任室主任助理，感谢市纪委研究室段梓斌主任、毛百战主任和同志们给予我的关心、帮助、支持和包容。半年的挂职锻炼工作，让我认识了这么多优秀的纪检监察机关领导干部和同事，也让我自身综合能力特别是调研、参谋能力得到了很大的提高和升华，何其有幸！每每想起与市纪委研究室的同事们朝夕相处、一起工作的点点滴滴，想起和同事们无数次齐心协力、挥汗如雨的场景，总感觉到温馨而亲切、美好而难忘。

---

* 在 2012 年 1 月北京市纪委研究室召开的"欢送彭新林同志座谈会"上的发言，收入本书时略有删节。

美好的经历总是短暂的，半年的挂职锻炼时光如白驹过隙、一晃而过。通过这次短暂而难忘的挂职锻炼，我切身感受到：这次来市纪委研究室挂职锻炼是不虚此行、受益匪浅，是一次难得的实践锻炼、提高素质的机会，是学习业务、开阔视野的课堂，更是弥补不足、锤炼自我的舞台。纪检监察的大量工作，本质上就是调查研究。做好新时期的纪检监察工作，必须更加重视并进一步加强调查研究，做到在调查研究中深化学习、破解难题和创新工作，从而整体提升纪检监察机关决策、执行、监督水平。挂职锻炼期间，我深刻感受到了市纪委研究室朝气蓬勃的青春气息和紧张忙碌的工作氛围，也真正体会到了做好全市纪检监察调研工作的辛劳和不易，当然也时刻感受到了本领恐慌的压力和挑战，发现需要学习、提高的地方有很多。

　　回顾这半年来的挂职锻炼工作，在室主任的正确引导和热心帮助下，在研究室其他同志的支持和配合下，我积极思考、主动参与、边学边干、学干结合，很快熟悉了市纪委研究室的工作环境和岗位职责，顺利进入了工作角色，是真正意义上的扑下身子、沉到一线，获取第一手资料，熟悉了解真实情况，参与了多项纪检监察业务工作，包括参与起草北京市纪委全会工作报告、协助北京市监察局主要负责人主持年度重点课题、认真把关全市纪检监察调研工作文集、赴相关市辖区纪委进行工作调研、为即将实施的有关党内法规

（征求意见稿）和规范性文件提出修改完善建议等，较好地完成了挂职锻炼工作任务。这段挂职锻炼经历，不仅让我熟悉了相关纪检监察工作，对党和国家反腐倡廉的形势、任务和要求有了更深一步的认识和了解，而且让我拓宽了视野、提升了站位、磨练了意志、锤炼了作风、增长了才干，提高了驾驭复杂工作局面和分析、解决实际问题的能力，还收获了深厚的友谊。当然，也看到了自身在思想、理念、能力方面还存在的诸多不足，更加明确了以后努力的方向。

毋庸置疑，在市纪委挂职锻炼的经历将是我终身受益的宝贵财富。挂职锻炼结束之后，我将进行认真总结，把从市纪委学到的好方法、好经验、好作风带回到今后的检察工作中去，不断提高自身的综合素质和工作能力！

最后，新春将至，祝大家龙年吉祥、阖家幸福、万事如意！

# 梅州的明天更加美好<sup>*</sup>

书记、市长，各位市领导：

上午好！

我是中国政法大学法学博士后，也是北京市的检察官彭新林，这次作为北京地区博士后来梅调研考察团的牵头负责人，组织我们一行八人来到山清水秀、人杰地灵的梅州，与梅州市党政主要领导同志进行面对面的座谈交流，感到非常荣幸。

刚才我们观看了《世界客都、绿色崛起》宣传片，又听

---

\* 在 2012 年 9 月 2 日广东省梅州市市委、市政府召开的"北京地区博士后来梅调研考察座谈会"上的发言。北京地区博士后赴梅调研考察团成员，包括：中国政法大学法学博士后彭新林、北京大学政治学博士后尹保红、清华大学生态学博士后靖德兵、中共中央党校政治学博士后于博、北京师范大学政治学博士后康海军、中国人民大学经济学博士后郎韬、中国社会科学院经济学博士后王步芳、中国石油大学地质资源与地质工程博士后牟善波。

了书记、市长所作的梅州经济社会发展情况介绍，印象很深刻，对梅州近年来经济社会发展取得的突出成绩表示由衷的钦佩。

我们知道，梅州是叶剑英元帅的故乡，系中国历史文化名城，也是人才辈出的世界客都，海内外华人华侨众多，国内外关注度高。近年来，梅州深入贯彻落实科学发展观，解放思想、与时俱进、开拓创新，积极抢抓广东实施区域协调发展战略等决策部署带来的重大机遇，大力实施"一园两特带动一精"产业发展战略，经济社会发展取得了巨大成就，城市经济实力明显增强，城乡面貌日新月异，人民生活质量不断提高，社会各项事业发展加快，正朝着建设富庶美丽幸福新梅州的目标迈进。今日之梅州，充满着无限的发展潜力，迎来了发展的重要战略机遇期，在改革、创新实践中完全可以实现弯道超车、赶超发展。

我们注意到：今年上半年，为实施人才强市战略，改善干部队伍结构，进一步激发创新活力，梅州颇具战略眼光地推出了引进高素质人才的"千人计划"，不失为打造梅州人才高地、推动梅州经济社会科学发展的大手笔，社会反响强烈，得到了各界的高度评价。这充分表明了梅州有容乃大的胸怀和对高端人才的求贤若渴。对于博士后等高层次人才来说，大家在自己的专业领域中耕耘多年，处在科研和学术研究的前沿，既有扎实的理论功底，也有较为丰富的实际工作经验，对于如何有效地实现理论与实践相结合，将科研成果转化为现实生产力，有着最直接的认识和体验，已成为当前推动我国经济社会发展的一支重要生力军。未来之梅州是一片充满希望的创业热土，在这里博士后等高层次人才完全可以尽情地施展才华、成就事业，也能够带来新理念、新思想、新资源，助力梅州经济社会更好更快发展。这次，梅州市委、市政府对北京地区博士后来梅调研考察团成员抛出橄榄枝，无论是直接任职还是挂任县处级领导职务，都高度尊重大家的意见，希望调研考察团成员能够加盟到梅州经济社会建设的人才队伍中来，为梅州经济社会发展贡献力量。这充分反映了梅州市委、市政府对人才工作的高度重视，也体现出梅州尊才、重才、敬才、爱才的大胸怀和大雅量。我相信，各位博士后一定会认真考虑、积极回应，任职也好挂职也罢，都会充分利用观念新、人脉广、层次高、资源多的优势，在理念创新、科技创新、制度创新、文化创新上发挥引领和示范作用，为梅州经济社会发展贡献力量。

"潮平两岸阔，风正一帆悬。"当前，梅州正处在加速经济战略转型、深化城乡统筹发展、全面建成小康社会的关键时期，通过参观考察客家博物馆、东山教育基地、客天下旅游产业园、叶帅纪念园、雁南飞旅游度假村、侨溪古韵等地，我们深刻感受到，在梅州市委、市政府的坚强领导下，全市广大党员干部干事创业风正劲足、心齐气顺，坚持以经济建设为中心，以科学发展为主题，以转变发展方式为主线，坚持包容开放、勇于改革创新，千方百计甩掉穷帽子，努力让红色土地实现绿色崛起，正在大步迈上建设富庶美丽幸福新梅州的新征程上，新时期梅州改革发展的壮美画卷也正在绘就，我们对此充满期待，并衷心祝福。

祝愿梅州的明天更美好！

# 未成年人刑事案件中合适成年人
# 在场问题省思<sup>*</sup>

2012 年新修订的《刑事诉讼法》第 270 条第 1 款规定："对于未成年人刑事案件，在讯问和审判的时候，应当通知未成年犯罪嫌疑人、被告人的法定代理人到场。无法通知、法定代理人不能到场或者法定代理人是共犯的，也可以通知未成年犯罪嫌疑人、被告人的其他成年亲属，所在学校、单位、居住地基层组织或者未成年人保护组织的代表到场，并将有关情况记录在案。"上述规定确立了中国特色的未成年人刑事案件"合适成年人在场制度"。应当说，这一制度的确立对于防止司法机关权力滥用，保障刑事诉讼顺利进行，更好地保

　　* 此文系向中央综治办、共青团中央、中国法学会 2013 年举办的"未成年人健康成长法治保障"主题征文活动提交的文章，后获一等奖，收入本书时略有删节。作者时任北京市人民检察院第一分院检察官。

护未成年人合法权益，具有重要的现实意义，也是这次《刑事诉讼法》再修改的亮点之一。但是上述立法规定还比较笼统和原则，我国的"合适成年人在场制度"仍不完善，难以完全适应实践的需要，有必要进一步加以审视和完善，以便在司法实践中充分发挥这一制度的功效，从而最大限度地保护未成年人的合法权益。

## 一、合适成年人在场制度在实践中面临的困境

当前，合适成年人在场制度的运行，在实践中面临着一定困境，如有的地方的合适成年人在场形式化、走过场现象明显；有的地方到场的合适成年人未能发挥应有的作用，反而异化为办案机关的帮手；还有的地方在法定代理人不能到场的情况下，未通知其他合适成年人到场等。概而言之，这些困境主要包括以下几个方面：

### （一）法定代理人以外的其他合适成年人的在场权如何有效保障？

2012 年新修订的《刑事诉讼法》第 270 条第 1 款规定："对于未成年人刑事案件，在讯问和审判的时候，应当通知未成年犯罪嫌疑人、被告人的法定代理人到场。无法通知、法定代理人不能到场或者法定代理人是共犯的，也可以通知未成年犯罪嫌疑人、被告人的其他成年亲属，所在学校、单位、

居住地基层组织或者未成年人保护组织的代表到场，并将有关情况记录在案。到场的法定代理人可以代为行使未成年犯罪嫌疑人、被告人的诉讼权利。"从上述规定可看出，在未成年人刑事诉讼中，通知法定代理人到场是"应当"而非"可以"通知，可见通知是一种法定要求；但在无法通知、法定代理人不能到场或者法定代理人是共犯的情况下，对于其他合适成年人则是"可以"通知。也就是说，通知法定代理人以外的合适成年人不是法定要求，而是酌定要求，即"可以"通知，而非"应当"通知。须知，"可以"是授权性规定，办案机关对此拥有自由裁量权。在实践中，"可以"通知往往演化为办案机关方便通知或者想通知时才通知其他合适成年人到场，有的甚至从来都不通知其他合适成年人到场。实践中的这些做法，无疑不利于未成年人合法权益的保护。

### （二）合适成年人在场是否需要征得未成年人的同意？

合适成年人在场权既然是未成年人的一项权利，那么谁才是"合适"的成年人呢？一般认为未成年人的父母等法定代理人是天然的合适成年人，但是这种天然的合适性并非对任何未成年人都适用。例如，未成年人的父亲脾气暴躁，对其经常打骂，父子关系僵持，这时其父亲的到场很可能让讯问气氛更加紧张，可能导致未成年人因紧张过度而无法正常接受讯问，不仅不能起到积极地缓和气氛、促进沟通的作用，反而加大了未成年人的心理负担。那么，在这种未成年人不愿意让自己的父母等法定代理人到场的情况下，该怎么办？此外，未成年人是否有权选择特定成年人作为参与其诉讼的合适成年人？如果参与诉讼的合适成年人未能履行好相关义务，该未成年人是否有权将其辞退？等等。这些问题都涉及合适成年人在场是否需要征得未成年人的同意问题。从理论上讲，合适成年人在场权是未成年人的权利，可是实践中，有的办案人员往往将合适成年人到场视为对未成年人的一种特殊照顾，很少征求未成年人的意见，没有从未成年人的角度出发考虑谁到场才合适的问题。笔者认为，未成年人享有合适成年人在场的权利，理当对谁作为合适成年人参加诉讼有一定的选择权；即便是未成年人的父母要参加诉讼过程，如果未成年人明确拒绝，并且理由充分，那么就要尊重其选择。毕竟，在征得未成年人同意情况下在场的合适成年人才是"最合适的"，因而建议在立法中明确规定："未成年犯罪嫌疑人、被告人明确拒绝合适成年人参与刑事诉讼的，办案人员应当向其作必要的解释，但其仍然拒绝的，可以准许，并记录在案。涉罪未成年人提出更换合适成年人的，应予准许，但更换次数以两次为限。"

### （三）律师能否担任未成年人的合适成年人？

合适成年人的范围主要解决什么人可以成为合适成年人的问题。一般认为合适成年人可以包括未成年人所在学校的老师、法定代理人以外的成年亲属、未成年人保护组织代表和专业的社会工作者，而对于律师（常见的是法律援助律师）是否能够担任合适成年人则存有一定的争议。在英国，适格的合适成年人必须具备四个条件，分别是：与案件无关、保持中立、不提供专业建议和具备履职能力。而在我国的司法实践中，很多地方由于没有建立稳定的合适成年人队伍，法律援助律师就承担了这一角色，在法定代理人无法到场时，办案机关就通知法律援助中心指派一名律师作为合适成年人到场。但是，对律师在同一案件中是否可以既担任合适成年人又担任辩护人，则存在分歧。

律师能否担任合适成年人的问题，不能违反法律的规定。从新修订的《刑事诉讼法》第270条的规定看，法定代理人之外的"其他合适成年人"，仅限于"未成年犯罪嫌疑人、被告人的其他成年亲属，所在学校、单位、居住地基层组织或者未成年人保护组织的代表"，如果律师属于上述人员，当然可作为未成年人的合适成年人；反之，则不行，不能违反相关法律规定。另外，作为合适成年人的律师，不能再同时担任同一案件中未成年人的辩护人。毕竟，合适成年人与辩护律师的职责和功能是不同的，两种角色不能混同，而且律师的专业思维和职业习惯容易使其偏离合适成年人的职能定位，势必会影响合适成年人的中立地位，不利于保护未成年人权益。

**（四）一人能否同时担任同案多名未成年人的合适成年人？**

当一个刑事案件是未成年人共同犯罪时，如果这些未成年人的法定代理人都无法到场，需要合适成年人到场时，一人能否同时担任这些涉罪未成年人的合适成年人呢？这个问题在实践中经常出现，各地做法也有所不同。如上海市《关于合适成年人参与刑事诉讼的规定》第 11 条第 3 款规定："两名以上的未成年人共同犯罪的，不得由同一名合适成年人参与刑事诉讼。"这一规定明确否定了一人兼同案数名未成年人的合适成年人。这一规定可能主要是为了防止合适成年人帮助同案犯罪嫌疑人、被告人串供。但是值得注意的是，合适成年人不得参与案件的实质内容，不得就案件情况引导、暗示或者以其他方式妨碍未成年人独立回答问题，这是对合适成年人的禁止性规定，一旦其违反这一义务，办案人员有权立即将其带离讯问场所，并停止其合适成年人资格。实际上，我国合适成年人与未成年人交流沟通时，办案人员也在场，因此合适成年人帮助串供的可能性极小，即使其帮助串供，也会被办案人员立即制止。所以，我们认为，一人可以同时担任多名同案未成年人的合适成年人。

**（五）如何防止合适成年人的在场形式化？**

合适成年人在场制度的落实不仅需要法律明确规定，建立相关制度，而且要求合适成年人切实发挥作用，履行好安抚、沟通和监督等职责，从而对未成年人的权益维护发挥实质性的作用。而目前实践中的情况并非完全如此，有些地方合适成年人到场的主要作用就是敷衍履行程序，阅读笔录并签字确认，基本上没有安抚未成年人，也很少与未成年人进行交流，合适成年人缺乏实质性参与。以检察院审查起诉阶段为例，承办人收案后通知未成年人的法定代理人到场参加讯问，如果无法通知或者法定代理人无法及时到场的，就需要法律援助中心指派一名律师作为合适成年人参加讯问，约好时间一起前往未成年人监管场所进行讯问。在讯问过程中，检察工作人员会向未成年人介绍合适成年人，合适成年人自己也向未成年人表明身份，简要说明职责，并了解未成年人在监管场所的生活情况。在讯问过程中，合适成年人在一边旁听，并记录检察人员的讯问过程，最后阅读讯问笔录并签字说明讯问的有关情况。从实践的情况来看，合适成年人都是检察人员主动要求法律援助中心指派的，因此法律援助律师作为合适成年人参加讯问时，往往都以教育未成年人配合讯问工作、如实供述罪行为主要内容。很多合适成年人还对未成年人说："希望你好好说，坦白对你自己有好处。"可见，合适成年人实质上成了办案机关的帮手，并没以中立的身份参与到刑事诉讼过程中，这就在一定程度上导致了合适成年人在场形式化，缺乏实质意义。

## 二、完善合适成年人在场制度的建言

未成年人刑事案件中合适成年人在场制度存在的上述困境，亟待破解。当前，应着力从以下三个方面对其加以完善。

**（一）进一步完善合适成年人在场的相关立法**

1. 应明确规定办案机关的权利告知义务

笔者建议，对新修订的《刑事诉讼法》第 270 条作进一步的修改完善，增补规定有关办案机关应履行权利告知义务的内容。详言之，在收案后，办案机关应及时向未成年犯罪嫌疑人、被告人送达权利告知书，明确告知他们可以要求其法定代理人到场，并询问其愿意哪一个法定代理人到场；如果无法通知、法定代理人不能到场或者法定代理人是共犯时，应询问其是否同意其他合适成年人到场，并询问其希望谁作为合适成年人到场。也就是说，除了目前新刑诉法第 270 条规定的应当通知法定代理人到场以外，办案机关还应履行告知义务，及时告知未成年犯罪嫌疑人、被告人享有这一权利。

2. 应明确规定办案机关未履行告知义务的法律后果

没有责任的义务难以成为义务，只有规定了违反义务的责任，才能确保义务得到履行。因此，规定办案机关未履行告知义务的责任很有必要。需要说明的是，法定代理人在场既是未成年人的权利，也是法定代理人的权利，因此办案机关要履行两个告知义务；如果办案机关未向未成年犯罪嫌疑人、被告人告知这一权利，但是向法定代理人告知了这一权利，而且最后法定代理人也到场参加了讯问，这时虽然办案机关未向未成年犯罪嫌疑人、被告人履行告知义务，但是并没有影响未成年人的权利保护，不影响所取得相应证据的合法性证明。如果办案机关未向未成年犯罪嫌疑人、被告人告知这一权利，且法定代理人或者其他合适成年人也未到场，那么办案机关就要承担相应的法律后果，不能把相应的讯问笔录作为指控未成年犯罪嫌疑人、被告人的依据。

**（二）合理构建合适成年人的权利和义务体系**

合适成年人的权利和义务直接影响其参与未成年人刑事诉讼的效果，故而应予合理构建。总的原则是，应在吸收目前实践中所取得的有益经验的基础上，围绕合适成年人在场制度的价值目标和主要功能展开，具体构想如下。

1. 合适成年人应享有的权利

一是携带相关手续，在办案人员的带领下，进入未成年人监管场所的权利。这是合适成年人被告知后享有的最基本权利，如果制度上对此没有保障，那么合适成年人也就无法在场，无法履行职责。

二是了解涉罪未成年人的基本情况及涉嫌罪名情况的权利。合适成年人虽然不是辩护人，但是其要实现实质性的参与，就需要对未成年人的基本信息有所了解，例如年龄、受教育情况等。同时，了解未成年人涉嫌的罪名，有助于其在后续过程中与未成年人进行沟通。

三是阅读其在场时未成年人签字确认的有关笔录，对相关程序是否合法、记录内容是否与未成年人陈述一致等情况进行说明的权利。需要说明的是，合适成年人不对记录所呈现的内容的真实性负责，而仅对记录做出的程序是否合法、是否与未成年人做出的意思表示一致等情况进行说明。换言之，办案机关不能用合适成年人签字确认来证明笔录内容的真实性，而仅能用合适成年人签字确认来证明笔录取得的合法性。

四是监督办案人员的行为是否合法的权利。合适成年人认为办案人员的行为涉嫌违法时，有权立即指出；如果办案人员坚持其做法，有权建议未成年人不予回答，并将有关情况记录，向办案人员所在机关反映。

2. 合适成年人应履行的义务

一是接到到场通知后及时到场的义务。刑事诉讼过程尤其是侦查过程中，在未成年人被刑事拘留后，直接涉及其人身自由，办案机关要在办案期限内尽快结案，将对未成年人的负面影响降到最低。因此，在公安机关讯问未成年人时（尤其是首次讯问），需要合适成年人及时到场，否则就不利于保护未成年人的合法权益，也影响了办案工作的效率。在检察机关审查逮捕阶段，办案机关只有七天的办案时间，办案人员往往都要在收案后及时讯问未成年人，如果合适成年人无法及时到场，同样也既不利于保护未成年人又影响办案效率。因此，及时到场是合适成年人需要遵守的基本义务。

二是安抚未成年人，稳定其紧张情绪，帮助消除对抗心理和抵触情绪的义务。安抚是合适成年人在场的基本功能，合适成年人到场后向未成年人表明自己的身份与职责，对未成年人进行一定的安慰，询问一些生活情况，有助于缓解其紧张情绪，促进沟通交流。

三是帮助未成年人理解办案人员问话的义务。当未成年人对办案人员的问话无法理解或者理解不准确时，合适成年人有义务向未成年人就相应问题进行解释，以便其准确理解问话的内容。

四是不得以引导、暗示或其他方式妨碍办案工作的顺利进行。合适成年人在场只能对程序是否合法进行监督，而不得以任何方式干扰未成年人独立作答，更不能以任何方式干扰办案工作的顺利进行。

五是保守秘密的义务。合适成年人通过在场旁听，必然知晓未成年人的个人信息及部分案情，对于这些内容，要严格保密。如果故意泄露案情或者未成年人的个人信息，需要依法承担责任，并停止其合适成年人资格。

**（三）探索建立合适成年人的选拔、培训和考核机制**

合适成年人在场制度要发挥应有的功效，离不开一支相对稳定的、具有一定专业能力的合适成年人队伍。合适成年人队伍的建设是保障合适成年人在场制度落实的根本途径。建立合适成年人队伍是国家的责任，具体来说应当由政府的司法行政部门负责落实，探索建立一套合适成年人选拔、培训和考核的机制。

1. 合适成年人的选拔

合适成年人的选拔对象应当以专业社会工作者、心理咨询师、有法律知识背景的成年人为主，以此形成合适成年人名册，以保证合适成年人及时到场。选拔合适成年人时，应重点考察是否热爱未成年人保护事业，是否具有一定的法律知识，是否善于同未成年人交流、沟通等等。

2. 合适成年人的培训

司法行政部门应负责组织对合适成年人进行初任培训、定期培训和专项培训，以提高其履职能力。初任培训主要为了让合适成年人明确自己的职责定位，了解自己的权利义务，掌握刑事诉讼的相关法律常识，明确履职时可能遇到的情况及相应的处置措施。定期培训主要为了结合实践中遇到的新问题进行相关培训。专项培训是就新修订的法律、法规及司法解释向合适成年人进行专门性讲解，及时更新其法律知识及观念，提高履职能力。

3. 合适成年人的考核

司法行政部门负责合适成年人队伍建设和管理，通过培训提高履职能力，通过考核监督其依法行使权利并履行相关义务。此外要建立合适成年人的正常进出机制，通过考核机制的设置，将不合格的合适成年人清理出队伍，及时招入新的合适成年人，以保持合适成年人队伍的相对稳定性。

# 未成年人前科消灭面临的挑战与对策<sup>*</sup>

很高兴参加北京市大兴区人民检察院主办的"未成年人权益保护"专题研讨会。做好未成年人权益保护工作，全力保障未成年人合法权益，关系到未成年人的健康成长和千家万户的幸福安宁，这是一件功在当代、利在长远的大事。所以，今天召开"未成年人权益保护"专题研讨会，非常有意义，体现了大兴区人民检察院保护未成年人健康成长的责任感使命感和检察担当精神。我今天发言的主题是"我国确立未成年人前科消灭制度面临的挑战与对策"。

近年来，理论界与实务界提出我国应尽快确立未成年人前科消灭制度的主张。我也认为，在大力推动社会主义和谐

* 在 2010 年 10 月 20 日北京市大兴区人民检察院主办的"未成年人权益保护"专题研讨会上的发言。作者时任北京市人民检察院第一分院检察干部。

社会构建的今天，确立未成年人前科消灭制度，具有相当的必要性和迫切性。这不仅是我国刑事立法顺应国际潮流的需要，也是国家刑事法治进步和人权事业发展的客观要求。特别是随着我国依法治国进程的加快和贯彻宽严相济刑事政策的形势下，对未成年人前科消灭的社会内在需求日益凸显，我国确立未成年人前科消灭制度势在必行。但毋庸讳言，未成年人前科消灭制度在我国的确立涉及理论、立法、司法、观念与社会环境等诸多方面的因素，从其设立到发挥效力，必须有特定的环境和条件以及配套的制度保障，这就决定了在我国确立这一制度也势必会遇到各种各样的难题。

## 一、我国确立未成年人前科消灭制度面临的难点

### （一）未成年人前科消灭与我国相关法律的规定存在冲突

首先，确立未成年人前科消灭制度会与我国刑法典的相关规定冲突和抵触。其一，会与刑法典第 100 条规定的前科报告制度形成直接的冲突。如何对两者进行协调，在消灭未成年犯前科后还要不要如实报告曾受过刑事处罚等，均不无疑问。其二，会与刑法典第 66 条和第 356 条关于特别累犯和特殊再犯的规定相抵触。刑法典中特别累犯和特殊再犯的规定，实际上是令犯有特定罪质的犯罪人之前科在刑法意义上的从重处罚效应终身不能消灭；而确立未成年人犯罪前科消

灭制度，则反其道而行之，为已改过迁善的未成年犯提供救济途径，消灭其前科。因而难免会与上述特别累犯与特殊再犯的规定抵触。

其次，确立这一制度也会与我国民事、行政法律法规中对前科人员之资格与权利的限制或剥夺的有关规定冲突和抵触。如教师法、公司法、律师法等均不同程度地规定受过刑事处罚的人没有从事本行业的资格，那么消灭前科的未成年人是否还可以从事相关的职业？如果可以的话，则有违上述法律的明文规定；如果不能，消灭未成年犯的前科又有何意义？总之，如果这些法律冲突问题得不到解决，未成年人前科消灭制度就很难顺利实行。

### （二）未成年人前科消灭面临着民众观念的阻力

在报应观念的视界下，未成年犯承受前科带来的各种规范内与规范外的不利后遗影响，饱受心灵上的煎熬，似乎是"罪有应得""咎由自取""应有下场"！既然如此，消灭未成年人的前科岂非多此一举?！这也是现代社会比较文明的隐形标签——前科，至今还能够"深入人心"、堂而皇之存在的深层文化心理根源。而要改变人们长期以来形成的这种报应文化观念，实非易事，需要我们做出相当大的努力。

### （三）未成年人前科消灭缺乏完善的配合制度

要确立未成年人前科消灭制度并使其能够在我国司法实践中发挥现实的功效，必定离不开相关的制度配合。而在此方面，我国有很长的一段路要走。概言之，主要有两方面的制度配合问题需要慎重考虑：一是如何实现与未成年犯社区矫正和社会帮教制度的有效对接。只有把这项衔接工作做好、做扎实，才能使得未成年犯的社区矫正、社会帮教和前科消灭制度三者相得益彰，发挥整体联动的合力，从而有效地预防未成年人犯罪。二是如何与我国的户籍制度和人事档案制度有机协调。在我国，每个人的出生、上学、结婚、就业和迁移等无不受到户籍和人事档案制度的制约。居民户口簿和人事档案通常还会对一个人从何地转来、是否受过刑事处罚等内容有详细记录。而要确立未成年人前科消灭制度，势必会冲击我国传统的户籍和人事档案制度。上述两个主要方面的制度配合问题确是当前我国确立这一制度所必然会遇到的难点问题。

## 二、关于确立未成年人前科消灭制度的对策建言

我国确立未成年人前科消灭制度所面临的上述诸多难点问题，亟待破解。从以人为本的精神出发，对上述难点问题提出有效的应对之策，才能使得未成年人前科消灭制度早日在我国生根发芽并获致成长，从而将我国刑事法治的水平推向一个新的高度。

### （一）调适刑法规范，使之有效衔接

首先，应对《刑法》第 100 条规定的前科报告制度进行

267

修改完善，使之能够与未成年人前科消灭制度有机配套、衔接协调。在未消灭前科时，未成年犯应当按规定如实向有关单位报告犯罪记录。而前科一旦消灭，则自应免除其报告义务。这样既可克服《刑法》第100条规定的诸多缺陷，又可以充分发挥其积极作用。同时基于对未成年人的教育、感化、挽救政策以及未成年人自身的可塑性强等特点，也应对《刑法》有关特别累犯与特殊再犯的规定进行相应修改，使他们犯这些罪的前科在刑法上的从重量刑效应可以消灭。其次，应对我国民事、行政法律法规中设置的前科效应加以清理和整合，使之形成结构协调、逻辑严密的前科效应体系，并剔除立法中终身剥夺未成年人某些资格或权利的绝对规定，使未成年犯看到新生的希望。

**（二）淡化报应观念，培育人道和宽容的文化理念**

报应观念虽是一种客观的存在，但却并非人类理性的产物，而是社会精神文明程度低下的一种反映。如果我们不从整个人类进步以及人类理性觉醒的角度来思考，而只是从个人的感觉和义愤情绪出发来表态，是不会有多少人赞成未成年人前科消灭的。因而我国应当淡化社会的报应观念。与此同时，要在我国确立折射着人性光辉的未成年人前科消灭制度，必定离不开对人道和宽容文化理念的培育。

**（三）寻求制度配合，发挥整体联动的合力**

首先，在司法实践中应当积极探索未成年人前科消灭制度与社区矫正和社会帮教制度的有效对接机制。可在积累了一定经验并且未成年人社区矫正和社会帮教工作做得相对扎实和取得良好效果的部分地区，先行尝试未成年人前科消灭的制度实践，尽力将三者纳入预防未成年人犯罪的统一体系，使三者配合互动、运转协调，发挥最大的制度合力。如今年年初四川省彭州市人民法院启动的"少年犯前科消灭试行方案"，努力做到践行未成年人前科消灭与社会帮教、出狱人社会保护等工作的衔接，就取得了较好的社会效果，并引起了高层的重视。

其次，应对户籍制度之前科记载的附加功能进行剥离，因为户口其实就是本地区居民的一种身份和户籍证明，人口登记不应涵括过多的计划管理职能。人为地在户籍制度上增加太多的"附加值"，只会使户籍本身的功能（户口的记载）弱化，而可能异化为制造各种歧视和不平等的"罪魁祸首"，成为未成年前科人员新生的制度障碍。当然，对人事档案制度也需进行相应的改革。未成年犯之前科消灭后，相关受过刑事处罚的材料可由档案管理部门采取适当的处置措施。这些未成年人以后可以填写自己没有前科，其复学、升学、就业等不应受到歧视。

最后，对于他人恶意宣扬、散布已消灭前科的未成年人以前犯罪记录破坏其名誉的，以及在就学、就业等方面歧视或变相歧视这些未成年人的，应允许他们提起名誉权和平等权侵权之诉，法院也应当受理。反歧视之诉可以说是确保未成年人前科消灭制度运转顺畅并发挥现实功效的最有力保障。

# 关于刑事证人保护的几个问题

## ——对话《新世纪检察》[*]

《新世纪检察》：彭检察官，您好！2012 年 3 月 14 日第十一届全国人民代表大会第五次会议通过的《关于修改〈中华人民共和国刑事诉讼法〉的决定》对我国刑事证人保护制度作了重要修改，丰富了刑事诉讼中证人保护的内容。据悉，您在刑事证人保护方面有长期关注，可否谈谈刑事证人保护问题？

彭新林：好的，刑事证人保护确是我关注的重要问题之一。众所周知，在我国，知道案件情况的人作证是一项法律义务。然而，在司法实践中，证人拒不作证特别是拒绝出庭

　　* 原载《新世纪检察》2012 年第 5 期，又载郭书原主编：《刑事诉讼法修改的深度访谈》，中国检察出版社 2012 年版。作者时任北京市人民检察院第一分院检察官。

作证的现象却相当普遍。据了解，刑事案件中证人出庭作证的比例在 5％左右，而且出庭作证的证人大部分是控方证人，其他的证人到庭的很少，即使是其证言非常重要的情况下也是如此。应当说，证人不出庭作证，既不利于案件事实的查明，也影响被告人质证权的行使，对刑事诉讼的有效运行以及实体公正和程序公正的实现都不利。

**《新世纪检察》**：刑事证人不出庭作证的原因是什么？

**彭新林**：证人不出庭作证的原因有很多，但是缺乏有效的刑事证人保护制度无疑是其中重要原因之一。虽然目前刑事诉讼法、刑法等法律中也规定有证人保护的内容，但总的来说刑事证人保护制度还不够完善。而能否对刑事证人进行有效保护，不但关系到刑事诉讼的顺利进行，更关乎刑事诉讼职能和目的的实现。

**《新世纪检察》**：如此说来，要提高刑事证人出庭率，更好地实现刑事诉讼的目的，很有必要加强对刑事证人的保护。那么，加强对刑事证人的保护，其价值在哪？

**彭新林**：加强对刑事证人的保护，有多重法治意义。一是消除证人作证顾虑、救济其合法权利的现实需要。在司法实践中，存在证人或其近亲属的人身财产安全遭受威胁甚至遭到打击报复的现象，特别是在黑社会性质组织犯罪、恐怖活动犯罪、腐败犯罪司法实践中，这一现象比较突出。二是保障被告人质证权、彰显刑事诉讼正当程序的必然要求。充分保障被告人的质证权，让控辩双方在审判程序中平等对抗，是刑事诉讼正当程序的基本要求。如果刑事证人出庭接受质证，那么，被告人一方便能更好地对控方的证据进行质疑，进而得以最大可能地影响裁判结果。而被告人质证权的行使以及刑事诉讼正当程序价值的实现，需要一系列的制度设计和程序保障方能实现，其中对证人进行有效保护就是重要一环。三是法律程序社会价值的充分体现。加强对刑事证人的保护，建立行之有效的证人保护制度，不仅对于个案来说具有重要价值，而且还具有弘扬社会正气、鼓励社会公众同违法犯罪作斗争和维护法律权威的社会价值。

**《新世纪检察》**：应当说，随着法制的日益健全和完善，我国刑事证人保护的立法也取得了长足进步。特别是今年新修订的《刑事诉讼法》对证人保护制度作了重要修改，请谈一谈我国刑事证人保护立法的概况。

**彭新林**：好。我国没有关于证人保护的专门法律法规，但在刑事诉讼法和刑法中有关于证人保护的规定，这些规定初步确立了我国刑事证人保护制度的框架。

就实体法规定而言，我国刑法对妨害作证和打击报复证人的行为进行了规制，设置了妨害作证罪和打击报复证人罪。刑法将妨害作证、打击报复证人的行为规定为犯罪，有利于从根本上保护证人的合法权益，对于保障证人履行作证义务和创造良好的作证环境具有重要意义。

就程序法规定而言，原《刑事诉讼法》第 43 条、第 49 条、第 56 条、第 57 条对刑事证人保护有原则性的规定。今年新修订的《刑事诉讼法》对刑事证人保护制度作了重要的增补修改，对特定案件中证人、鉴定人、被害人及其近亲属进行保护的具体措施以及证人出庭作证的经济补助等问题进行了明确，进一步丰富了刑事证人保护的内容。

《新世纪检察》：刑事证人出庭作证难是困扰我国刑事诉讼司法实践的一个难题。世界各国也都普遍存在证人不愿作证、不出庭作证或者不如实作证的现象。那么，国际社会是如何保护刑事证人的？

彭新林：晚近三十年来，国际社会对刑事证人保护的关注逐渐升温，联合国有关公约普遍对刑事证人保护问题作出了规定。如 1984 年 12 月联合国大会通过的《禁止酷刑和其他残忍、不人道或有辱人格的待遇或处罚公约》、1985 年 11 月联合国大会通过的《为罪行和滥用权力行为受害者取得公理的基本原则宣言》、1989 年 5 月联合国经济及社会理事会通过的《有效防止和调查法外、任意和即决处决的原则》、1990 年 8 月第八届联合国预防犯罪和罪犯待遇大会上通过的《预防和控制有组织犯罪准则》、2000 年 11 月第 55 届联合国大会通过的《联合国打击跨国有组织犯罪公约》、2003 年 10 月第 58 届联合国大会通过的《联合国反腐败公约》等，都对刑事证人保护问题进行了规定，并将妨害证人作证的行为规定为犯罪。概言之，刑事证人保护问题越来越受到国际社会的关注，联合国通过的上述诸多公约或者国际法律文件对各国建立和健全刑事证人保护制度起到了积极的推动作用。

《新世纪检察》：除了联合国有关公约外，如何保护刑事证人也是世界各国法律面临的重要问题。能否介绍一下域外代表性国家刑事证人保护制度的情况？

**彭新林**：好的。比如在美国，保护刑事证人的呼声是在1962年瓦拉其案之后开始高涨的，在20世纪60年代对黑社会的扫荡中，系统的证人保护程序产生了。1970年依据《有组织犯罪控制法案》第5条的规定，美国司法部建立了美国联邦证人保护程序。1984年又通过了《证人安全改革法案》。1997年10月修订的美国法典对证人保护的对象、批准程序、保护措施、被保护的证人的权利与义务等都进行了详细的规定。为了避免刑事诉讼中因出庭作证而给证人及其家属带来的潜在危险，美国从证人保护的机构、保护的对象、保护的条件、保护措施到证人保护运作程序以及被保护证人的权利与义务等，均作了明确规定。再比如，在德国，其刑事证人保护的制度在大陆法系国家中具有代表性和典型性。德国有专门的《证人保护法》，保护的对象包括证人、证人亲属及最亲近的人，对证人根据危险程度实行层层递进式保护，因而证人拒绝陈述的很少。保护的具体措施，包括审判不公开、身份保密、变更作证方式、律师帮助、变更身份和住所等。

《**新世纪检察**》：这次新修订的《刑事诉讼法》对刑事证人保护制度作了重要修改，有学者说这表明我国刑事证人保护立法取得了长足进步，也有学者发出了不同声音。对此，如何评价这次新《刑事诉讼法》有关刑事证人保护制度的修改？

**彭新林**：毋庸讳言，新修订的《刑事诉讼法》对证人保护制度所作的增补修改，从证人保护范围、具体保护措施和证人作证经济补助等方面对证人保护制度进行了完善，在相当程度上弥补了原刑事证人保护制度的不足，对于切实保护证人的合法权利，鼓励证人积极出庭作证，促进刑事诉讼程序的有效运转具有重要意义。此外，我认为，还存在一些缺憾，值得引起重视：一是证人保护主体的职责不尽明确。尽管人民法院、人民检察院、公安机关都是保护证人的责任主体，但有可能出现权责不明、相互推诿的现象，这方面应当有所明确。二是刑事诉讼法虽然将证人的人身安全以及证人因出庭作证而遭受的经济损失纳入了法律保护或保障的范围，但对证人财产安全方面的保护没有涉及。三是不同性质的特殊保护措施规定在一起不甚妥当。四是未明确规定有关单位克扣或者变相克扣证人工资、奖金及其他福利待遇的法律后果。这些关于刑事证人保护的缺憾，有待日后进一步修改完善。

《**新世纪检察**》：对于我国刑事证人保护制度存在的缺憾，

如何弥补？有无应对之策？

**彭新林**：刑事证人保护制度的完善是一项系统工程，涉及方方面面的问题，总的来说既要立足于我国司法现实，又要积极借鉴域外有益经验，统筹规划，系统推进。当前，应着力从四个方面推进我国刑事证人保护制度的完善。

一是进一步完善刑事证人保护立法。建议适当扩大妨害作证罪和打击报复证人罪的犯罪对象范围；将证人及其近亲属的财产安全纳入法律保护范围；对《刑事诉讼法》第62条第1款规定的五项特殊保护措施按照类别作适当调整；明确证人所在单位克扣或者变相克扣证人工资、奖金及其他福利待遇的法律后果。

二是明确刑事证人保护的具体机构。可以考虑建立分工负责，以公安机关保护为主，以检察机关和人民法院保护为辅的证人保护机制。除检察机关自侦案件之外的刑事案件，考虑到公安机关布点多元、力量充实、技术手段相对完备等优势，由公安机关对证人的人身安全进行保护较为合适；至于证人其他方面权利的保护，在不同的诉讼阶段，可由各自的主管机关负责执行。

三是健全刑事证人社会救助体系。健全刑事证人社会救助体系是完善刑事证人保护制度的重要一环，如可设立刑事证人保护基金，建立刑事证人保险制度，确立无偿法律援助制度。

四是确立刑事证人作证豁免制度。证人的刑事责任豁免是指证人为国家利益作证可以免受刑事追诉或给予刑事上的从轻或减轻、免除处罚待遇的一种刑事司法措施。确立刑事证人作证豁免制度，有助于消除证人出庭作证的顾虑，更好维护刑事证人的合法权益，促进司法公正目标的实现。

《**新世纪检察**》：非常感谢彭检察官接受我们的采访！

杏 坛 情 缘

# 师者风范　法治情怀

## ——记法学教育家陈光中教授<sup>*</sup>

2010 年 7 月—2012 年 9 月，我在中国政法大学陈光中先生门下从事博士后研究，这两年多的博士后生涯是我人生中最宝贵的经历之一。在此期间，我目睹了先生为了国家法治事业和人民的利益，夜以继日全身心投入工作的忘我情景；亲身感受着先生为正义鼓呼、为苍生呐喊的高尚品格。先生敏锐的学术洞察力、温文尔雅的举止、举重若轻的大家风范，以及那种"临大事有静气"从容自若的处事气度，给我留下了深刻印象。在博士后出站后，我仍然与先生保持着非常密切的交往联系，结下了深厚的师生情谊。

---

　　* 原载陈光中先生法学思想研讨会暨九十华诞庆典筹备组编：《陈光中教授九十华诞贺寿文集》，2020 年 6 月；又载《法制与新闻》2020 年 5 月下期。

岁月悠悠,从 1952 年北京大学法律系毕业留校任教至今,先生在教坛辛勤耕耘并在法治道路上不懈求索已近 70 个春秋。在长达近 70 年的教学科研生涯中,先生始终孜孜以求,奉献卓识才智,为祖国的法治建设和法学教育事业殚精竭虑、鞠躬尽瘁,倾注了毕生的心血。他严谨沉稳、笃实求新的治学态度,博而后精、学以致用的学术风格,虚怀若谷、温文尔雅的精神风貌,学为人师、行为世范的师者风范,在法学界有口皆碑。

## 一、学以致用的立法推动者

回首先生走过的风雨人生路,求索法治始终是其人生事业的主题。他时刻关心着国家法治的发展,为法治的昌明鼓与呼,思考、探索,发表研究成果,积极献计献策,做出了卓越的贡献。先生在接受记者采访时曾言,"坚持改革,坚持民主法治,需要毅力,更需要勇气,我愿我的晚年能为我国的民主法治继续努力,鞠躬尽瘁,死而后已"。他的这段剖白,透出一种热切、一种渴望,其求索法治的赤子之心,不经意间已流露无遗。

通观先生多年来学术研究的领域和方向,可以发现,在研究选题和研究内容上,基本上均是以服务国家法治建设为导向,以当代中国刑事法治面临的重大理论和现实问题为研究重心，其学术成果都直接或间接地服务于社会主义法治建设的伟大事业。

他在一篇谈治学感悟的访谈录中曾向记者袒露心迹："我平生治学，力求学以致用，将我所学直接或间接服务于我国的民主法制建设，以有利于推进依法治国、建设社会主义法治国家。"

立法是法治的基础，为了相关立法的民主化和科学化，先生鼓噪呼吁于前，献计献策于中，研讨实施于后。全国人大常委会原委员长李鹏同志所著的《立法与监督——李鹏人大日记》在谈到宪法修改时写道："中国政法大学教授陈光中认为要写入'国家尊重和保障人权'。"2004年修改后的《宪法》第33条第3款就明确规定："国家尊重和保障人权。"除了宪法之外，对于刑事诉讼法、民事诉讼法、国家赔偿法、律师法等重要法律的修改完善以及有关司法解释的制定出台，先生也十分关心并积极参与，他在多个场合力陈改革建议，对于上述立法以及司法解释的修改、完善和出台，他也尽了自己的一份心力。

其中，特别值得一提的是，1993年10月，先生受全国人大常委会法制工作委员会的委托，牵头组织了刑事诉讼法修改研究小组。该小组于1994年7月拟出了《中华人民共和国刑事诉讼法修改建议稿》，报送全国人大常委会法制工作委员会参考。全国人大常委会法制工作委员会在征求政法实践部门意见并参考该《修改建议稿》的基础上，提出了《刑事诉讼法修正案（草案）》，后于 1996 年 3 月被八届全国人大四次会议顺利通过。

据统计，先生牵头提出的《修改建议稿》中约有 2/3 的修改建议被新修正的刑事诉讼法所采纳。可以说，心系国家立法是先生"学以致用"治学方针的集中表现。他始终认为法学学科的应用性很强，对基础理论和实务的研究，应当直接或间接地服务于立法和司法，推进社会主义法治国家建设。

## 二、誉满中外的法学家

鉴于先生对中国刑事诉讼法修改做出的重要贡献，中央电视台《东方之子》栏目在 1996 年对其作了上下集的报道，首开该栏目对法学家进行报道的先河，先生也被外界评誉为"中国刑事诉讼法之父"。但先生在接受媒体采访时却一再谦虚地表示："就我个人来说，适遇此次修改刑事诉讼法盛事，并能尽绵薄之力，实为荣幸之至。"

此后，在 2012 年刑事诉讼法第二次大修改和 2018 年再修订时，先生也全程参与了全国人大常委会法工委召开的关于刑事诉讼法修改的专家研讨会，为刑事诉讼法的修改完善积极建言献策。比如，他提出的在刑事诉讼法中规定"尊重和保障人权"原则、对值班律师职责由提供"辩护"修改为提供"法律帮助"等建议，均被新修订的刑事诉讼法所吸纳。

正是因为先生为我国法治建设做出了卓越贡献，1998年6月27日，时任国家主席江泽民在人民大会堂举行国宴欢迎美国总统克林顿访华，先生作为法学界的著名专家被邀请赴宴，并与两国首脑夫妇一一握手。

2010年12月，在由司法部、全国普法办、中央电视台联合主办的"法治的力量——十年法治人物颁奖盛典"上，先生作为法学大师接受学子们的致敬，以此表达对立法的敬畏，对法律知识的敬重，对先生等法学大师为建立健全中国法律体系、推动法治建设所做贡献的感谢。

2012年9月，先生被中国法学会授予"全国杰出资深法学家"称号；之后，2018年10月，先生又被中国刑事诉讼法学研究会授予唯一的"中国刑事诉讼法学终身成就奖"，以此表彰他在创建中国特色社会主义诉讼法学理论体系和繁荣民主法治理论方面做出的巨大贡献。

美国耶鲁大学中国问题研究中心主任葛维宝教授曾评价先生是"世界级的法学家"，认为他"作为一位学者，作为一位老师，也作为一个改革家，他坚持自己的观点，并卓有成效地找到改革的机会，极富巧妙地将这些机会一步步变为现实，并且平衡着秩序和自由的价值，以及中国社会方方面面的利益"。应当说，葛维宝教授对陈先生的评价是恰如其分的。

## 三、明德传道的"人师"

"经师易得，人师难求。"在学生心目中，先生是一位集"经师"和"人师"于一身的好老师，他不仅仅是一位授业解惑的"经师"，更是一位明德传道的"人师"。

与学生在一起，先生不仅言传身教，动之以情，晓之以理，诲之以道，给学生参与科研和实践活动提供宽松的氛围与有利的条件，而且多年来一直无私地帮助学生审改论著、推荐研修乃至协调工作等，可以说尽心尽责、无怨无悔。

在他的大力提携下，很多学生迅速成长并在法学界崭露头角或者独当一面。先生近 70 年的教书育人生涯中，教过的学生不计其数。他呕心沥血，言传身教，芳菲满园，桃李天下，为国家培养了一大批优秀人才。他指导的学生很多走向了法学教学科研岗位，目前有 40 余人成为教授、博士生导师或者知名中青年学者，其中还有多位被中国法学会评为"中国十大杰出青年法学家"、教育部"长江学者"特聘教授等。

在政界与法律实务界，先生的弟子也不乏闪亮人物，其中有些现在是中央政法机关、地方省委的重要领导或高等院校的主要负责人，担任司局级领导职务的达 20 余人之多，他们在相关领导岗位上发挥着重要作用。这种人才培养结果的出现，是与先生的辛勤教诲和学术有序传承的指导思想分不开的。

在科研和教学中，先生倡导"业精于勤""博而后精"等治学箴言，注重培养学生独立思考、开拓创新的能力，对学术研究秉持开放包容的态度。他常对学生说："你写学术论文，有些观点如果与我的观点相左，但只要言之成理，论之有据，我并不要求按我的观点修改，我鼓励你们拥有自己的观点。"

## 四、精心培养学生的师者

对于学生提交修改的论文，陈先生极为认真负责，大到观点、结构，小到论据、资料，乃至语言用词、标点符号，往往都会认真修改，一篇论文往往是改了又改。经他审改过的文稿，常常被改得"披头散发"。还记得在 2011 年仲夏时节，先生指导我撰写一篇我国公诉制度改革的会议论文，他在认真审阅文稿初稿后，提出了详细而中肯的修改意见。文稿修改稿出来后，他又亲自修改不下五次，到定稿时，文稿已"脱胎换骨"，最后该文在权威期刊《法学研究》上发表。他严谨认真的治学精神，让我受益匪浅，也让我深深感受到学习先生的法学思想和业务水平，最好的途径是多学多看、多琢磨他亲手改过的文稿。他改每个字、每个标点都用心良苦，甚至可以说都体现着对法治的热爱和对学生负责的高度责任感。他改过的文稿上不会有什么过头话、大话、空话、套话。

其实，不只是对自己的学生，对于其他从事法学研究的青年学子，先生也总是怀揣满腔热情，竭尽所能给予关怀和帮助。如为了奖掖全国优秀的诉讼法学青年博士、硕士以及家乡优秀师生，先生在有关单位的支持下，先后成立了"陈光中诉讼法学奖学基金""陈光中教育基金会"等公益性质的基金和基金会。

其中，"陈光中诉讼法学奖学基金"面向全国，两年一次评选学业优秀、科研突出的优秀硕士生、博士生，目前已连续举办了五届评选颁奖活动，上百名全国优秀的诉讼法学博士、硕士获得了基金的资助奖励，这为他们今后潜心学问、投身法治打下了良好基础。

"陈光中教育基金会"是先生设立在家乡浙江永嘉的公益性基金会，其奖教奖学范围辐射永嘉全县，仅 2018 年度受奖人数就达 127 人、奖金 247500 元，为促进基层中小学教育事业的发展做出了重要贡献。此举充分表达了先生的桑梓深情。

子曰："志于道，据于德，依于仁，游于艺。"万世师表孔夫子的寥寥数语，既是自己勾勒的自画像，又何尝不是后世师者应有的修为呢！先生以自己的言传身教，为我们展现和诠释了当代师者的风范和师道的力量。"高山仰止，景行行止。虽不能至，然心向往之。"先生的学术成就、思想境界、道德情操和人格风范正是广大法律学人、青年学子的榜样！

## 五、法治公益的践行者

近 70 年来，无论是顺境还是逆境，先生始终关心着国家和民族的未来，对国家政治大事和改革方向有着自己的思考，精神世界里有着林则徐"苟利国家生死以，岂因祸福避趋之"一样的深情。

他曾经慨言："做学问，无论理论多深，最后的目标都应当造福人类、服务社会。"在这里，他深刻揭示了学者的主要使命；而要实现造福人类和服务社会的使命，就应当为实现法治、推动改革和促进发展呐喊、思考、探索。作为国内权威的法学家、法学教育家，先生对于今后我国政治文明如何进步、法治建设如何推进，始终牵挂于心。

先生在其出版的法学文集自序中，曾表达了这样的期许："倘若垂暮之年，能再为国为民尽最后一份责任，做最后一点贡献，则此生我愿足矣！"2019 年，先生在接受《新京报》"致敬大家"栏目采访时再次表示："人生难百岁，法治千秋业。我希望有生之年，为国家法治建设事业再做出微薄的贡献。"朴实的话语、真挚的情感，折射出了一代法学泰斗谦逊有道、老当益壮的赤子之心，正可谓"老骥伏枥，志在千里；烈士暮年，壮心不已"。

除了在著书立说、教书育人上怀有高度的社会责任感和使命感之外，在法治实践中，先生更是尽自己最大的努力为正义鼓呼、为苍生呐喊。尤为值得一提的是，晚近 20 年来，先生在法治公益领域投入了大量时间和精力，为推动冤错案件纠正积极奔走，为维护社会公平正义挺身而出。先生曾对指导的学生坦言："遇到冤案错案，应该义不容辞发出声音。因为个案不仅仅是个案，个案会折射出一定程度上的社会普遍效应，从而由个案的正义发展到普遍的正义。"例如，近年来，先生通过组织专家论证、参与案件研讨、通过媒体发声、转递案件材料、协调法律援助部门、向有关部门反映等多种方式，积极推动聂树斌案、辱母杀人案、温州"父顶子罪"命案等有较大社会影响性冤错案件的纠正。先生推动纠正的这些冤错案件，大都是历时久远、疑难复杂、涉及面广、影响广泛的"老大难"申诉案件。这些冤错案件绝大部分已经得到纠正，先生在其中发挥了不可替代的重要作用，可谓功不可没，但先生却是十分的低调谦逊、甘当人梯、不事张扬，令包括当事人家属、申诉代理律师在内的社会公众无不敬佩和感动。

　　此外，在多个场合，先生还多次呼吁司法机关认真贯彻疑罪从无原则，采取更加坚决的措施，主动、全面地清理申诉不止的冤案错案，切实防范冤错案件发生。其实，这些年来，积极投身公益事业，包括免费为弱势群体提供法律援助，为冤错案件当事人及家属申诉提供友情帮助，无数次给灾区、贫困地区捐款捐物等，早成为先生日常生活的一部分了。

可以说，自觉地关心国家的命运、民间的疾苦，倾听人民群众的呼声，全心全意为人民服务，是先生毕生的追求，也是先生不懈奋斗的动力所在、源泉所在、使命所在。2018年12月，《中国新闻周刊》在北京主办了"影响中国"2018年度人物荣誉盛典，先生荣获"见证40年·法治人物"殊荣。这是社会各界对他数十年如一日的付出、献身法治倾心奉国的高度认可，是用特别致敬的方式表达对他最崇高的敬意！

## 六、尾声

作为法学界的后生晚辈和青年学者，我有幸忝列门墙，得到先生颇多教诲，每每想起与先生在一起的时光，总会有如沐春风的感觉。从先生身上，我学到的不仅仅是专业知识，更为重要的是学到了宽容、担当、责任、奉献等诸多优秀的品质。每每聆听先生春风化雨般的教诲、凝视先生慈祥和善的面容，我总是倍感亲切和温暖，内心也总是激起无限敬意。先生坚定的目光、坚毅的神情带给我力量，给我激励，使我更加勤奋学习，更加努力工作，更好地投身法治事业。当年他的谆谆教诲我铭记在心，他的言传身教使我不敢稍有懈怠，他的行事风格对我后来的学习、工作和生活都带来了很大影响。

　　先生将全部的心血和情感奉献给了他深爱的国家、深爱的法治事业，始终坚守社会正义、做人良知和做事责任。虽年逾耄耋、满头白发、步履蹒跚，但依然精神矍铄、神采奕奕、思维敏捷，充满着长者的亲切、谦逊、睿智、和蔼，处处流露着大家的风范。先生的学品、人格和功业，犹如灿丽的阳光沐浴着我的身心，如纯洁的甘露滋润着我的灵魂，是我应当以毕生精力去追求的一种境界。今天，我怀着感恩的心情写下这篇文章，祝贺先生九十华诞，以表达我对他的深深敬意。衷心祝愿先生学术之树常青、生命之水长流！也殷切期盼先生深情系之的中国法治事业枝繁叶茂、繁荣昌盛！

# 躬身科研结硕果　笃行不怠醉夕阳 *

　　很高兴来湖南长沙参加"马长生教授从事法律法学工作50年暨70华诞祝贺会"。作为学生，看到马老师精神焕发、神采奕奕，我发自内心高兴。马老师从1964年考入北京政法学院到今年2013年，迄今在法治道路上不懈求索已有50个春秋。作为出生在20世纪40年代的法律学人中的佼佼者和典型代表，马老师既亲身感知了"文化大革命"的社会阵痛，也经受了改革开放的精神洗礼，从他身上我们不仅能够感受到几十年风雨历程锻造出来的丰富人生经验，而且也能够体悟一代法律学人成长的艰辛心路历程。

　　以世俗的眼光看，马老师早已是人生赢家。为学，他很早就被评为教授、博士生导师，并且长期担任湖南省法学会

---

　　* 原载黄明儒、唐世月主编：《变革时期的刑法理论与实践：马长生教授从事法律法学工作50年暨70华诞祝贺文集》，法律出版社2013年版。

副会长和湖南省刑法学研究会会长、名誉会长；从政，他是从正厅级领导岗位卸任，而且师母也是从正厅级职务退休。在一个省里面，夫妻二人均系正厅级领导干部，并且马老师能够游刃有余地横跨、双栖学术界与实务界，取得突出成绩，这本身就是一种很大的成功。当然，我今天主要不是来分享马老师成功的故事，而是想谈谈所感受到的马老师的学术印象和法治情怀。

回顾马老师 70 年的风雨人生路，求索法治是其人生事业的重要主题。马老师先后从事过公安、检察、审判等政法工作以及晚近 20 年来在高校从事法学研究、教学工作，整整 50 年，半个世纪，都是与法律、法学打交道。他时刻关心着国家刑事法治事业的发展，为立法和司法的进步鼓与呼，积极向有关部门建言献策。半个多世纪以来，无论是人生顺境还是逆境，马老师高度关心着国家和民族的未来，家国情怀和服务社会之心早已深深根植于他的内心深处。我印象比较深的一件事就是，有一个马老师免费法律援助的案件，当事人许某被法院以变造金融票证罪定罪量刑，尽管这位许某的道德人品饱受外界诟病，但其案件在司法认定上确实存在比较明显的问题。在许某慕名多方辗转找到马老师求助后，马老师并未因许某的道德瑕疵"事不关己，高高挂起"，而仍然是秉持正义感和为纠正冤错案件贡献一份力量的态度，为许某提供了法律援助，甚至多次向有关部门反映其案件情况，最后取得了比较好的效果。

关于马老师的学术风格和特点,我感受比较深刻的有以下几点:

一是学术研究紧密联系司法实践。马老师开展学术研究,特别注意将刑法理论与司法实践有机结合起来,用刑法理论指导、分析和阐释司法实践,以司法实践检验、丰富和发展刑法理论。如20世纪80年代司法实践中一度出现经济犯罪与企业经营活动以及经济违法行为之间的界限把握不准的问题,针对这一现实问题,马老师在调研大量现实案例的基础上,结合刑法理论做了深入的分析和思考,呼吁要将改革中的失误与经济犯罪区分开来,将经济犯罪行为与正当的企业活动区分开来,并且明确提出了准确把握打击经济犯罪的原则和标准,在刑法学界产生了较大影响。又如,关于刑法分则个罪的研究,马老师更是特别注重刑法理论与司法实际的密切结合,其中有不少论文都是他在收集、研究大量疑难案例的基础上撰写出来的。另外,在单位犯罪、职务犯罪等诸多问题的研究上,也都鲜明地体现出他学术研究紧密联系司法实践的研究特点。

二是关注重大现实刑事法治问题。重大现实刑事法治问题的研究和解决往往是促成刑事法治乃至整个社会法治进步的重要契机,是否关注重大现实刑事法治问题,乃是衡量刑法学人社会责任感和学术良知的重要标志。作为具有社会责任感和使命感的刑法学者，马老师长期关注和积极参与重大现实刑事法治问题的研究。比如，对于死刑改革这一重大现实刑事法治问题，因其事关中国刑法和刑法理念的现代化，事关中国的人权保障状况和社会文明程度，马老师就投入大量精力，发表了多篇重要论文。他提出的"增加无期徒刑的适用和提高有期徒刑的上限作为死刑替代措施"等观点，受到媒体的关注，也得到了很多学者的赞同。

三是内容的丰富性与思想的深刻性兼具。马老师的刑法学术思想内容比较丰富，研究范围涉及刑事法治、刑法基本理论、犯罪总论、刑罚总论、罪刑各论、国际刑法等诸多方面，而且这些方面的学术观点相互渗透、相互促进，共同构成了马老师刑法学术思想的有机组成部分。同时，马老师对刑法学诸多问题的研究并非浅尝辄止，而是长期关注、深度研究，力求立意高远、思想深刻。如他和我共同研究并较早在学界提出的"构建中国特色前科消灭制度"的学术命题，在当时确实具有一定的前瞻性和思想性。还记得，我们在《法学》2007年第2期发表《关于我国刑事政策改革的一点构想——论社会主义法制理念下的前科消灭制度》之后，该文随即被中国法学会《法学文摘》专期摘录，报送至中央政法委员会等20余个中央部门和相关领导同志，同时下发至全国各省、区、市法学会，在刑法理论界和司法实务界都产生了相当影响，后该文荣获"首届中国法学优秀成果奖"。

四是观点的创新性与语言的平实性并重。文章的生命在于创新，马老师在学术研究中一直倡导和坚持学术创新，在刑法学领域的诸多问题上，他都有创新而有分量的研究成果。如马老师较早在学界提出的将腐败犯罪学作为一门新的学科来构建的观点，无疑见解独到。此外，针对学术研究中有青年学者动辄"有意"使用晦涩难懂的语言的倾向，似乎"学问之美，在于让人一头雾水"，马老师有着清醒的认识，他坚决摒弃故弄玄虚、哗众取宠等急功近利的做法，长期坚持采用深入浅出、平实质朴的表述方式，组织科学、准确的语言来概述和传递其所要表达的学术思想。其实，在学术研究中要将深刻的学术理论用平实质朴的语言阐释清楚，让读者在最短的时间内领会作者的意图和思想，这需要更高的学术造诣，而且能从更高层面反映出学者的治学理念和学术态度。

五是研究的中国视角与国际视野交汇。中国刑事法治的发展完善，既需要立足于中国的实际情况，研究中国的刑法和司法实践，挖掘本土的刑事法治资源，积极解决中国刑事法治中存在的问题，同时又应当有宏大开阔的视野和开放包容的胸怀，积极吸收法治发达国家的先进理念和有益司法经验，使中国的刑事法治不断改革开放、走向世界。综观马老师的学术研究，不难发现，其既深深根植于中国刑法理论和司法实践，同时又时代色彩鲜明，具有国际视野。如他非常重视中国刑事法治与国际公约的衔接问题研究，较早在北京大学出版社出版了颇有分量的相关专著，体现出他作为一位刑法学者所应具有的眼界和见识。

马老师既是一位学养丰厚、睿智豁达的刑法学者，又是一位宽厚谦和、温文尔雅的前辈师长，他永无止境地在知识的海洋里遨游，为刑法学的繁荣发展尽心竭力，为国家法治的昌明呐喊鼓劲！在马老师70华诞之际，我谨向他致以崇高敬礼！衷心祝福马老师福如东海长流水、寿比南山不老松！

# 斯人已去　风范犹存

## ——悼念李希慧教授<sup>*</sup>

　　今天，我们怀着十分沉痛的心情齐聚北师大，悼念敬爱的师长、同事李希慧教授，缅怀李老师为学为师为人的感人事迹，追忆他豁达开朗、谦逊宁静的精神品格，寄托我们的哀思。

　　李老师学识渊博、造诣精深、治学严谨、勇于开拓、敢于创新，具有很高的政策理论水平和深厚的法学理论功底，是著述等身、成就斐然的一代刑法学名家，他出版的《刑法探微》《刑法解释论》是中国刑法研究领域的精品力作，特别是他在刑法解释研究方面所做的开创性工作和学术贡献，影响十分深远，李老师关于刑法解释论的很多观点，现在已经

---

　　＊　在 2022 年 4 月 2 日北京师范大学刑事法律科学研究院主办的"李希慧教授追思会"上的发言。

成为了刑法学界的通说观点，也是李老师身上鲜明的学术标签。可以说，在包括刑法解释研究在内的中国刑法研究领域，李老师确实是绕不开的，也当之无愧的先行者和代表性学者。他把他的全部工作热情和学术生命献给了他生前魂牵梦萦的中国刑法学事业！

李老师在长期的教书育人和科学研究工作中，具有强烈的事业心和责任感，勤勤恳恳、任劳任怨，一心扑在工作上、扑在教学育人主业上，为学院、为学生奉献了自己全部的热情和青春岁月，他就像蜡烛，燃烧尽自己，照亮了别人，在平凡的教师岗位上创造了不平凡的业绩，受到广大师生和学界同仁的尊敬和仰慕。就是在生病以后，他仍然十分关心北师大刑科院的学术事业发展，关注刑事法治建设和刑法学研究进展情况，力所能及地积极参加北师大刑科院主办的各种学术和社会活动，献计献策、贡献力量，充分展现了一名共产党员的赤胆忠心，直到病情恶化、生活难以自理。所以说，李老师不愧是一名辛勤的园丁，不愧是一位人类灵魂的工程师。

李老师心胸宽广、乐观豁达、谦虚谨慎、平易近人，受到老师、学生和学界同仁的敬佩和好评。举一个例子，当年李老师身体康健时，我们经常在北师大后主楼 18 楼教师休息室打乒乓球，以前我与李老师打乒乓球感到比较费劲，很少有能赢他的情况。后来，我仔细琢磨了李老师的球风和球路，发现他比较拿手的是削球，且韧性和战斗力比较强，但总体速度不是很快，所以我针对他打球的特点适当调整了发球和回球策略，采取速度极快的推打法，从发球开始就以高速推球，尽力压缩李老师削球的空间，正所谓"天下武功，唯快不破"，加上平时也偶尔针对性的训练，没想到效果非常好，越到后来与李老师打球，赢他的次数就越多，以致有超过他之势。可能是感受到我的球技有较大提升，要赢我也不是很容易，李老师有一次半开玩笑地对我说："小彭要翻天了，水平快追上我了！"……李老师当时说话的情景，至今记忆犹新，他谦逊的态度和和蔼的表情，给了我在打乒乓球方面莫大的鼓励和自信。可以说，我学生时代与李老师一块去牡丹园KTV唱歌时的快乐时光，成为同事之后我们经常在一起打乒乓球时的难忘情景，这几天不时浮现在我的脑海、难以忘怀。

人事有代谢，往来成古今。斯人已去，风范犹存。李老师的一生是奋斗的一生、奉献的一生、光荣的一生。李老师的逝世，是中国刑法学界和北师大法学学科的重大损失，特别是北师大刑科院中国刑法研究所的巨大损失，使我们失去了一位好党员、好同志、好领导、好老师。我们要化悲痛为力量，努力学习李老师的高尚品德、奋斗精神和优良作风，对李老师最好的缅怀，就是接过他钟爱事业的"接力棒"，共同把北师大刑事法学科建设得更加美好，以告慰李老师的在天之灵。

# 镌刻在心灵深处的温暖记忆 *

在这金风送爽、丹桂飘香的美好时节，我们迎来了北京师范大学刑事法律科学研究院（以下简称"北师大刑科院"）成立五周年庆典。十分荣幸能在这喜庆而激动的时刻，作为北师大刑科院培养的毕业生代表在此发言。首先，请允许我代表学院全体博士、硕士毕业生对北师大刑科院辛勤工作、无私奉献的领导和师长们表示最衷心的感谢和最崇高的敬意！

五年风雨兼程，五载春华秋实。短短五年时间，在著名法学家高铭暄教授、赵秉志教授等的带领以及全院师生的共同努力下，北师大法学学科的地位、知名度及其教学、科研、咨询、服务、人才培养、国际交流等各项工作都呈现出蓬勃兴旺的局面，尤其是刑法学、刑事诉讼法学等领域的学科建

---

　　* 作为毕业生代表在 2010 年 8 月 18 日北京师范大学刑事法律科学研究院成立五周年庆典上的发言。

设已处于国内显著领先或较为领先的地位，并在国际上开始产生影响。如今，北师大刑科院正以与时俱进的蓬勃朝气、开拓进取的昂扬锐气阔步前进，取得了引人瞩目的辉煌成就，实现了一个又一个新的跨越。作为北师大刑科院的毕业生，我们为此感到由衷的高兴和自豪。

回想起在北师大刑科院学习生活的点点滴滴，是美好而难忘的。三年的时光，留下了多少精彩的片断。我们怎能忘记学院为我们的学术成长和进步而开展的各种丰富多彩的学术活动？我们怎能忘记恩师们含辛茹苦的谆谆教诲和饱含深情的殷殷期盼？以心印心，言传身教，我们学到的是师长们薪火相传的甘为人梯、默默奉献。师长们广博的知识、真诚的沟通、高尚的品格不仅让我们在学生时代受益匪浅，而且也会对我们今后的人生道路产生重要影响。在北师大刑科院负笈求学的这三年时光，也许不是最辉煌的人生经历，但一定是我们人生中最难忘而又最有意义的经历之一。俄国伟大诗人普希金曾在诗中这样写道："一切都是瞬息，一切都将会过去，而那过去了的，就会变成亲切的怀念。"让我们把在北师大刑科院学习生活的这段日子牢牢地记在心坎里，当作亲切的怀念，因为这是一段缘分！

印度伟大的文学家泰戈尔曾说："无论黄昏把树的影子拉得多长，它总是和根连在一起。"虽然我们已经毕业，踏上了人生新的征途，但我们的心始终与刑科院连在一起。她取得

303

的每一个成绩我们都会欣慰，她碰到的每一个难处我们都会关心。我们将一如既往地做北师大刑科院学术事业的热情宣传者，做北师大刑科院事业成就的真诚喝彩者，做北师大刑科院事业发展的坚定支持者！不管将来我们身处何地、身居何位，北师大刑科院这个和谐奋进的家园都会成为我们永远的牵挂，北师大刑科院这种自强不息、敢为人先的奋斗精神都将永远指引着我们前行。

"长风破浪会有时，直挂云帆济沧海。"走过北师大刑科院这三年时光既是对我们学生时代的告别，同时也是我们人生新的起点。我们年轻一代要不懈努力，用自己的青春和热情，用自己的智慧和知识去谱写献身法治、服务社会的人生之歌，把自己的人生价值和理想追求融入到报效祖国的伟大事业中，不辜负北师大刑科院和刑科院的师长，不辜负我们适逢的这个改革开放、走向现代法治的伟大时代！

最后，我们深切期盼并衷心祝福北师大刑科院的学术事业蒸蒸日上、桃李天下！北师大刑科院的明天更美好！

# 不断铸就刑科院学术事业的新辉煌<sup>*</sup>

八月的北京，秋风送爽，丹桂飘香。在这美好的季节里，迎来了北京师范大学刑事法律科学研究院（以下简称"北师大刑科院"）建院十周年，我作为北师大刑科院的院友和青年教师，感到由衷的高兴。在此，谨向学院致以热烈的祝贺和真挚的祝福！

北师大刑科院的十年是励精图治、奋发图强的十年，也是繁荣发展、成果丰硕的十年。十年来，北师大刑科院秉承建设全国领先并与国际知名刑事法学机构看齐的新型刑事法学术机构的目标，团结奋进，锐意进取，不仅在体制创新、队伍建设、学科发展、学术研究、人才培养、对外交流等方面取得了令人瞩目的成绩，而且还积极参与我国刑事法治实

---

   * 作为青年教师提交 2015 年 8 月 18 日北京师范大学刑事法律科学研究院建院十周年庆典上的文稿。

践，对我国刑事法教学、研究以及刑事法治实务工作做出了重要贡献。我非常欣喜地看到，通过十年高起点、跨越式的发展，北师大法学学科已经跻身于全国 A 级行列，并已进入世界顶级法学 QS 排名前 200 名；北师大刑科院目前已经成为名副其实的全国刑事法领域的重点研究基地、高层次刑事法人才培养培训基地和中外刑事法学界交流合作基地，并逐步成为中国刑事法治建设的智库和咨询服务平台，学术影响力和社会影响力与日俱增，办学成果得到社会各界的广泛认可。

回首北师大刑科院十年发展历程，可谓硕果累累，成绩斐然，可喜可贺！其中，尤其是以下几个方面走在了国内高校法学院系的前列，给我留下了深刻印象，也特别值得推崇。

一是形成了一支和谐奋进的学术团队。北师大刑科院目前已经形成包括 21 位教授、18 位副教授在内的近 50 人的学术团队，既有德高望重的老一辈资深教授担任名誉院长和特聘教授，又有年富力强的中年法学家担任学术带头人，还有不少朝气蓬勃的青年学者组成科研队伍的先锋。这个团队老中青结合并以中青年为重心，年龄结构合理，知识结构全面，研究力量强大，学术成果丰硕，发展潜力巨大。他们和谐奋进、同舟共济，使北师大刑科院形成了一种团结和谐、奋发向上、充满活力的工作氛围。这是北师大刑科院学术事业兴旺发达的根本保障。

二是注重与法律实务部门的交流合作。北师大刑科院十年来的发展，注意坚持理论联系实际，以促进中国刑事法治发展为己任，积极加强与法律实务部门的学术交流和合作，与国家立法机关、司法机关形成了稳定的交流合作关系，并取得了丰硕的合作成果。据悉，北师大刑科院目前已与中央政法领导机关的 15 个庭（厅）级业务部门以及 30 余个省级、市级政法机关签订了学术合作交流协议，并派出 30 余人次赴司法实务机关挂职担任领导职务，先后向中央政法领导机关提交了 70 余份研究咨询报告，得到各有关方面的高度肯定和赞赏。

三是坚持国际化的发展战略。十年来，北师大刑科院始终坚持面向国际之发展战略，积极提升国际化程度，在对外交流合作领域取得了显著成绩，积累了丰富的经验，已成为联合国在预防犯罪与刑事司法领域具有正式咨商地位的机构，以及联合国反恐局的合作伙伴和国际反腐败学院联盟的成员单位，刑科院多名教师还在国际刑法学协会、国际犯罪学会、国际社会防卫学会等国际刑事法学术组织中代表中国担任领导职务，建立起了常设性、网络化的国际交流机制。

应当说，短短十年，北师大刑科院能取得如此骄人的成绩，实属不易，这既与北京师范大学、中央与地方相关政法机关、兄弟院校对学院的关心、支持分不开，也与刑科院学术团队的艰苦创业、团结奋斗分不开。正是十年的创业奋进、励精图治，十年的顽强拼搏、风雨兼程，才造就了北师大刑科院学术事业的辉煌。

最后，衷心祝愿北师大刑科院以建院十周年为新的历史起点，再接再厉，再创辉煌，为国家培养和造就更多优秀人才、提供更多智力支持，为中国特色社会主义法治建设再立新功，不断谱写北师大刑科院学术事业新的辉煌篇章。

# 青葱岁月的座右铭 *

　　时光荏苒，不知不觉，大学毕业已经十年有余了。也许是因学习工作忙碌而无暇，也许是因无优异成绩向母校汇报而感汗颜，毕业后我就未曾再回过母校。这些年来，虽然我一直在外地求学，直到博士毕业后留京工作，但从未停止过对母校的思念，时间越久，思念愈浓。每每夜阑人静时，望着窗外月色溶溶，伴着乐曲温雅舒缓的节奏，当年激情燃烧的青葱岁月就时常浮现脑海，沉淀在心灵深处的那份情愫也如潮水般起伏涌动，久久难以平复。

　　我是 2001 年 6 月参加高考的，因考试失利，当年被调剂录取到吉大思想政治教育（师范类）专业。彼时的我心情非常沮丧，一则是毕业的高中——东山学校乃是赫赫有名的湖南省重点中学，也是毛泽东主席、陈赓大将、谭政大将等开

---

　　* 原载《检察日报》2015 年 8 月 14 日 "绿海" 副刊第 6 版。

国元勋的母校，而我的高考分数与心理预期落差太大；二则对被录取的思想政治教育专业不感兴趣，深感前途暗淡，这与当时我对该专业的认识肤浅有关。因此是年9月甫一入学，我就向学校申请转专业，后也如愿以偿，从思想政治教育专业转到了法学专业。自此开始，我就与法学结下了不解之缘。

回想起在法学院学习生活的点点滴滴，真是美好而难忘。几年的大学时光，写满了我成长的足迹，留下了很多精彩的片断。在校期间参加的丰富多彩的社会实践活动依然清晰如昨，老师们含辛茹苦的谆谆教诲至今记忆犹新。

我在大学是属于学业成绩比较优秀、常泡图书馆的那类学生。记得当时班上很多同学特别是来自农村的同学，都很珍惜上大学的机会，喜欢誊录座右铭或者格言警句来自我勉励和鞭策。有的同学把保尔·柯察金的名言粘贴在寝室的床头，有的同学在教科书封面写下硕大的"拼搏"两字，我当时也在笔记本扉页上誊写了青年毛泽东的一首《七绝·赠父诗》。每当学业中遇到困惑而懈怠时，每当生活中碰到挫折而消沉时，看一看座右铭，总会感觉到精神振奋。我大学学业成绩长期名列前茅和提前考上研究生，应当说与座右铭这一精神食粮对我心灵的丰富滋养是分不开的。

在大二阶段，为提高法科学生的综合素质，促进理论与实践相结合，学院组织我们学生去杨家坪监狱参观并对罪犯进行帮教。这是我第一次零距离接触监狱及罪犯。监狱里的铁门铁窗、高墙电网、武警岗哨、劳改犯人等，均给我留下了深刻印象。监狱长先是详细地介绍了该监狱及所监管犯人的情况，然后带我们参观了罪犯监舍以及生产车间。整齐干净的监舍、戒备森严的岗哨、紧张忙碌的作业，非身临其境，实难想象。监狱不愧是一所特殊的学校！参观后，我又对一年龄与我相仿的绑架罪犯进行了帮教，热心解答他提出的法律问题，对其晓之以理、动之以情，勉励其好好改造。临别时，我看得出该罪犯眼中隐约噙着泪花，也许是心存感激，也许是羡慕我们，也许是渴望自由吧。

众所周知，模拟法庭是法律实践教学的重要方式。但是，十多年前，由于受各种主客观条件的限制，法学院开展模拟法庭教学还是比较少见的，我读大学时就有幸亲历了一次。当时是大三上学期，法学各主干课程已差不多修完，同学们也受过法学思维和法律实务的基本训练，模拟法庭的条件比较成熟，全班40多位同学几乎都参与其中，并分别扮演不同的诉讼角色，我则被老师委任为"审判长"。这次模拟法庭是我们学校法学院成立以来第一次正式组织，因而学院领导非常重视，直接协调从法院调取真实案例。在老师和专业法官的悉心指导下，从案情分析到角色划分，从法律文书到开庭预演等，我们都做了充分准备，可以说是真正的"真枪实战"，当时观摩模拟法庭的学院领导、老师和学生就有近百人。尽管我当时颇感"压力山大"，但总体发挥还算好，模拟法庭也取得了预期的良好效果，调动了同学们热爱法学的积极性，提高了法律实务技能。

大学阶段，还有一件特别值得一提的事。那是 2004 年 5 月晚春时节，校园内艳阳高照、满目葱茏，时任全国政协副主席罗豪才视察学校。罗豪才同志同时也是著名法学家，他视察期间向学校领导提出想与法学专业师生座谈。因我当时已获学校授予本科生的最高荣誉"校园之星"，并被遴选为"省优秀大学生"，因此与其他五位同学一起被学校选为法学专业学生代表参加座谈，我也是唯一的一位向罗豪才同志作汇报发言的学生代表。记得罗豪才同志关切地问及了我们的学业情况，并作了语重心长的讲话，勉励我们好好学习、献身法治和报效祖国！座谈结束后，罗豪才同志主动提出与我们学生代表合影留念，亲切地对我说："新林同学，你站我边上！"我当时真是受宠若惊、激动万分，没想到国家领导人是如此平易近人、和蔼可亲！

作为出生在改革开放新时代的"80 后"，我个人的成长经历和精神苦旅，在某种意义上，也能从一个侧面映衬和折射出我们这一代法科学生成长的心路历程。大学的这三年时光（我本科提前一年毕业）虽然很短暂，但却是我人生中最难忘而又最有意义的经历之一，其不仅让我在学生时代受益匪浅，而且也对并将继续对我今后的人生道路产生重要影响。

# 驭梦前行，勇做新时代弄潮儿[*]

尊敬的各位老师，亲爱的同学们：

下午好！

三年光阴，不过弹指一挥间。人生匆匆，又到了离别时刻。此时此刻，我心潮澎湃，充满激动。首先，我要向各位同学顺利完成研究生阶段的学业表示最热烈的祝贺！

亲爱的同学们，现在，你们就要毕业了，要离开学校、学院去开创属于你们自己的事业。过去的三年，我们一起接受北师大文化精神的熏陶，一起伴随刑科院共同成长。也许你在学校很成功，比如发表多篇 CSSCI 论文，科研上了新台阶；比如出国交流学习，拥有了喝"洋墨水"的经历；比如获得国家奖学金、优秀研究生称号等奖励，应得的荣誉一个

* 作为教师代表在 2018 年 6 月 19 日北京师范大学刑事法律科学研究院 2018 届毕业典礼上的致辞。

都没少。也许你在学校很失落，比如学术研究上技不如人，文章投稿多次不中；比如交朋结友上孤家寡人，一个知心朋友也没有；比如初次约会就被无情拒绝，最后在矛盾迷茫中变成"大龄剩女或者剩男"。但是，今天我要给你们说，这一切，无需太在意。你们一定要知道，人生路漫漫，今后的路还很长，真正的人生磨砺，也许才刚刚拉开序幕。没有一个人的人生之路永远都是一帆风顺的，人生路上难免会走错几步，要不铅笔的另一头为何会是橡皮擦呢？前行的道路上可能有鲜花、有掌声在迎接你，也可能会有困难、挫折在等着你。作为学院的老师，借此机会，想送给你们四句话。

第一句话：顺势而为。孙中山先生说："世界潮流，浩浩荡荡；顺之者昌，逆之者亡。"善于把握大势，紧跟时代潮流，做到因势而谋、应势而动、顺势而为，是我们掌握主动、赢得发展、成就事业、实现梦想和造就未来的基础。时代和世道变了，你不变？你就会落伍于时代，就会被社会淘汰。你们现在所处的时代，是一个以移动互联网、大数据、人工智能、区块链等新技术为特征，社会各方面都在急剧变革和发展的时代，是一个全面依法治国和国家全面参与全球治理的时代。比如，法治中国、创新驱动、深化改革乃至全球治理等，就是这个时代应当把握的一些大势。在这样一个催人奋进、国家快速崛起的伟大时代，你们正逢其时，注定有事可做、大有可为。善于把握国家发展的大势，自觉顺应时代潮流，抢抓机遇、乘势而上，你就会有璞玉成璧、破茧成蝶的那一天！

第二句话：与人为善。孟子曾经说过："君子莫大乎与人为善。"与人为善是一种人生智慧，既可以为事业的发展创造和谐宽松的人际环境，也能使自己活得更加开心快乐。坚持与人为善，其实很简单，就是要"记人好处""帮人难处"和"看人长处"。"记人好处"，就是要常怀感恩之心。要知道，你的每一个进步，每一滴收获，都离不开家人、师长、朋友们的关心和帮助。永远记得他人的好，你的生活才能每天拥有阳光，终生与幸福相随。"帮人难处"，就是在别人遇到困难而你又有能力帮助的时候，一定要伸出你关爱援助之手。人在春风得意的时候你锦上添花，他不一定会记得你；人在虎落平阳的时候你雪中送炭，他会记你一辈子的好。其实，赠人玫瑰，手留余香。善待他人，就是善待自己。在你有困难的时候，人家同样也会帮助你，你的路就会越走越宽。"看人长处"，就是要辩证地看待他人的优点和缺点，分清楚主流与支流。多看别人的长处，多想自己的短处，学会换位思考。人无完人，金无足赤。每个人既有优点也有缺点，如果你总是紧盯别人的缺点不放，那越看别人就越不顺眼，别人看你也不顺眼，这样你们的关系肯定融洽不了。

第三句话：心态平和。平和的心态对每个人都至关重要，它是淬炼心智、净化心灵的最佳途径，也是我们收获人生幸

315

福的基础。保持平和的心态，才能知足常乐，拥有平稳人生。

保持平和的心态，要力戒心态急躁、心态失衡、心态消极。俗话说："人生不如意事十之八九"，老天不会让所有幸福都集中到某一个人身上，为你打开一扇窗的同时可能关上了另一扇窗，你得到爱情未必拥有金钱，你拥有金钱未必拥有健康，你拥有健康未必得到快乐。几人欢喜几人忧，几人快乐几人愁。每个人在日常工作生活中都可能面临各种各样的烦恼：工作上闹心的琐事，身体上偶尔的小疾，感情上的磕磕碰碰，等等，在所难免。世上种种美好和精彩，我们不一定都能抓到。既然抓不到，倒不如送它们一程，让自己得到安宁和豁达。

心态平和是一个人成熟的表现，也许只有人成熟了，心态才会平和。成熟不是争强好胜，不是世故圆滑，不是看破红尘，而应该是"面朝大海，春暖花开"，是"明明该哭该闹的时候，却不言不语地微笑"！越是艰难处，越是修心时。要知道那些在生命中低到尘埃的日子，都是为了更真实地感受生命的意义。如果同学们暂时觉得诗和远方太遥远，我建议你们尝试每天静下心来做一件小事。这件小事会让你觉得不那么忙碌，也不那么迷茫。生活终究是可控的，只是需要修心，需要在事上磨炼。而艰难困苦正是对心性的最好磨砺。正所谓"人须在事上磨，方能立得住，方能静亦定，动亦定"。

第四句话：自律有恒。优秀的人之所以比常人突出，一个重要原因就是他们自律有恒。自律有恒，你就不会随波逐流，就不会轻言放弃。有一句话说得好："一事专注，便是动人；一生坚守，就是深邃。"我想改几个字，就是"一事有恒，便是动人；一生自律，就是深邃"。在纷扰的尘世间，我们会面临很多诱惑。如果缺乏定力和坚持，就难以约束自己，生活的方向就很容易失控，以致迷失自我，成为受外在牵制的奴隶。随着年龄的增长和人生阅历的丰富，我现在越来越感觉到，一个人的真正伟大之处，有时候不在于他能够认识到自己多么的渺小，也不完全在于他为社会做了多大的贡献，而是他在面对诱惑的时候懂得放弃！

自律有恒可以帮助自己挺过人生艰难的时光，可以强迫自己克服不应该有的情感和情绪，能够带给我们真正的自由，最终过上自己想过的生活。唯有自律有恒的人，才能串联起井然有序而又自在轻盈的人生；唯有自律有恒的人，才配拥有诗和远方！

三年京师缘，一生刑科人。但愿你们在北师大刑科院的三年学习生活能成为你人生中最曼妙的风景之一，请把这三年的美好时光牢牢地记在心坎里，因为这是一段难得的缘分！

最后，请你们一定记住，无论将来你飞多高、走多远，你们永远都是北师大刑科院的名片和骄傲，学院也永远是你们的心灵港湾和精神家园。作为你们的学长、老师，我永远牵挂你们、支持你们！希望你们以后常回母校看看！

光荣属于你们！梦想属于你们！未来属于你们！

谢谢大家！

# 以梦为马　不负韶华 [*]

各位湘乡籍学子：

下午好！

你们经过数年寒窗苦读，千军万马过独木桥，带着喜悦和憧憬，走进了朝气蓬勃的大学校园。新的环境、新的面孔、新的起点，这一切也许会令你感到新鲜和好奇。你的家境也许很富有，也许很一般，但你们父母的心思都是一样的，那就是非常渴望你能在高等学府深造，经过大学阶段的学习和锻炼，能开阔你的视野，丰富你的知识，增长你的见识，提高你的素养，增强你的能力。人同此心，心同此理，作为同乡师长，我和你们的父母一样也有相同的感受，就是希望你们早日成长成才，长成一棵大树，既成就美好人生，又奉献

---

　　* 在 2019 年 10 月 19 日北京湘乡企业商会主办的"初心引领 薪火相传"2019 年湘乡在京大学生迎新交流会上的致辞。

回报社会。借此机会，想跟你们分享几句心里话。

## 一、不向光阴惰寸功

你们平均年龄才十七八岁，正如毛主席1957年在莫斯科大学对中国留学生所说的那样："你们青年人朝气蓬勃，正在兴旺时期，好像早晨八九点钟的太阳。希望寄托在你们身上。"你们的未来充满无限可能性，前途不可限量。大学四年，说长也长，说短也短，关键是要让自己过得充实、有趣。随着年龄的增长，我们现在人到中年，深深感到时间过得太快，常有逝者如斯夫之感，所谓盛年不重来、一日难再晨，及时当勉励，岁月不待人。不知不觉，一年光阴又过去了，很多想做的事情都没来得及做。所以，真心希望家乡在京的学子们能珍惜美好时光，不负青春韶华，充分利用、合理安排时间，通过勤奋学习、拼搏进取，不断开阔眼界见识，掌握真才实学，砥砺品行情操，让每一分每一秒都成为你们汲取能量、创造幸福人生的基石，真正走好自己的大学之路，让大学时光成为你们人生中最曼妙的风景之一。在这里，还特别想强调的是，大学生一定要充分利用好自己的闲暇时间。除了必要的课业学习之外，大家普遍拥有充裕的闲暇时间。如何度过你的闲暇时间，将直接影响你未来的发展、人生的走向和人生的高度。正如文化名人胡适先生所言："你的闲暇往往定你的终身。"你的闲暇时间是用来东游西逛、玩耍娱乐甚或沉湎刷抖音、玩微信，还是读书学习、丰盈自己，结果会很不一样。如果想要以后生活美好、事业成功，那就请从现在开始，珍惜每一分每一秒，做有价值的事情，做时间的主人！这样当你们回首往事的时候，才如奥斯特洛夫斯基在《钢铁是怎样炼成的》一书中所言："不因虚度年华而悔恨，也不因碌碌无为而羞耻。"

## 二、越努力越幸运

功崇惟志，业广惟勤。一分耕耘孕育一分收获，一分汗水浇灌一分成功。正所谓天上不会掉馅饼，努力奋斗才能梦想成真。大学四年，希望你们谋划好自己的学业和生活，计划好自己与家人协同努力的步伐、节奏，为理想努力奋斗、执着前行。有道是"艰难困苦，玉汝于成"，天才确实就是百分之九十九的汗水加百分之一的灵感，无论是在学校图书馆、教室还是实验场、运动场，但愿都有你们奋斗拼搏的身影。只有勇于拼搏、敢于付出、乐于坚持的人，才能收获成长和进步，才配拥有"诗和远方"。特别是现代社会是一个充满竞争的社会，"内卷"很厉害，我们都是平常人、普普通通的人，犹如逆水行舟不进则退，不努力不行啊，不努力就有被社会淘汰的危险。相反，只有勤奋努力、刻苦学习，不断提升、丰富、完善自我，让自己变得更加聪明智慧、充满力量，你才有可能脱颖而出，才可能获得更多的机会，实现弯道超车，跟上时代的步伐。当然，你们在认真学习、完成学业的同时，也要学会品读社会这本更加宏大的"巨著"，社会是无字之书、实践之书。曹雪芹写的《红楼梦》里有一副对联，叫做："世事洞明皆学问，人情练达即文章。"大体意思是说，把世间的事弄懂了处处都有学问，把人情世故摸透了处处都是文章。如果读死书、死读书，不会品读社会、品读生命，不谙世事，不通人情世故，以后可能很难成功。即使一时成功了，也难以长久。

## 三、保持自信乐观的心态

月有阴晴圆缺，人有旦夕祸福。常言说："人生不如意十之八九"，几人欢喜几人忧，几人快乐几人愁。人这一辈子会经历很多事情，家家都有难念的经，人人都有难唱的曲，大家都会面临困难，都会遇到挫折，甚至还会跌落人生低谷，其实这些都是人生常态。同样，你们在大学阶段，越成长承受的压力就越多，势必会遇到各种各样的不如意甚或困难、失败、挫折，或是考试没考好，或是奖学金没评上，或是感情不畅等等，可以说想要一帆风顺的人生几乎是不可能的。但是，我想说的是，遇到烦恼、困难、挫折不要紧，关键是怎么对待学习生活中遇到的烦恼、困难、挫折。烦恼、困难、挫折本身只是事件或者事态，放在长远的时空中看，其对结果的影响是微乎其微的，真正影响结果的是你对烦恼、困难、挫折的看法。如果心中有沙，到哪里都是"马尔代夫"；如果心中有爱，沙漠也是天堂。反之，如果心中无沙，就是到了"马尔代夫"也是流浪；心中无爱，天堂亦会变成沙漠，生活在哪里都是徒然。追求成功是一种期望，战胜失败、承受挫折更显担当。没有失败和挫折，哪来的成长、成功？我们遇到困难、失败、挫折，不能一躲了之，而是要迎难而上，知难而进，要用积极、乐观、开放的心态去面对它，而不是轻言放弃，甚至萎靡不振。你们想想，一代伟人毛泽东主席，曾豪迈地写诗云："自信人生二百年，会当水击三千里"，这脍炙人口的名句，不正是毛主席自信、乐观人生的写照吗？我们的改革开放总设计师邓小平同志，一生为革命奋斗七十多年，可谓波澜壮阔，多姿多彩，他也经历了三落三起的曲折人生，"文革"期间还被当作"死不悔改的走资派"下放到偏僻的江西进行"劳动改造"，度过了一段艰苦困难的难熬岁月，但他始终对祖国、对人民充满深情，始终保持坚强、乐观的人生态度，是那个永远"打不倒的小个子"，最后才扭转乾坤，成为当代中国人心目中的传奇。因此，凡是有大作为、大成就的人，都是艰难困苦玉汝于成，都是熬过人生低谷才走向伟大崛起的。所以，只要你们保持乐观自信，心中有阳光和梦想，哪里都会是梦想的舞台，哪里都有充满希望的阳光。

## 四、学会承受孤独

人人都是独立的个体，在最内在的精神生活中，我们每个人都是孤独的，或者说每个人都有孤独的时刻。大家从中学阶段进入到大学，离开了父母、亲人、故乡，必然也会甚至常常会感受到孤独，只是每个人对于孤独的感受与理解各不相同。大家来到大学校园，除了积极融入、适应大学生活之外，我想很重要的一点，就是要学会独处、承受孤独。承受孤独是人生的必修课，成长的过程其实就是承受孤独的过程。庄子曾说："独与天地精神往来。"马尔克斯在名著《百年孤独》中写道："生命中曾经拥有过的所有灿烂，终究都需要用寂寞来偿还。人生终将是一场单人的旅行，一个人的成熟不是多善于与人交际，而是学会和孤独和平相处。孤单之前是迷茫，孤单过后便是成长。"多么深刻而富有哲理的话语！孤独是人生常态，所以，希望家乡在京的学子们，不要惧怕孤独，更不用逃避孤独，而要试着去接受孤独、承受孤独、享受孤独，在孤独中提升能力、净化心灵、升华境界，与自己和平相处，这才是一个人成熟的重要标志。

## 五、以随喜之心面对一切境缘

现代社会竞争激烈，特别是在北京这样的国际化大都市，可谓人才济济，人外有人，天外有天。有人说，从外地来北京求学的学生，以后要在北京站住脚、发展好，必须得有鹰狼虎豹的性格，即有鹰的睿智、狼的坚韧、虎的凶狠、豹的速度。这其实从侧面反映的就是社会竞争的残酷程度，要在竞争中胜出，必然要比别人付出更多，要站得高一些、想得深一些、动手快一些、抓得准一些。当然，有竞争自然就伴随输或赢的结果，胜而不骄相对容易，败而不馁特别是心平气和接受失败，则是很多人做不到的。可以说，如何正确对待竞争中的失败，特别是如何对待别人得到的而自己又在乎的某种利益、好处，考验的不仅仅是一个人的气度和胸襟，更是一个人的胆识和格局。如果不能正确对待，则势必产生挫败感、焦虑感，进而转化为嘲笑、攻讦、侵犯等一系列嫉妒性行为。诚然，嫉妒心是与生俱来的，一个三岁大的小孩，你在分好吃的零食时，如果给别人多分一点，他心中的嫉妒心就毫不遗漏地表现出来了。《三国演义》中描述的周瑜也是被诸葛亮气死的，所以才会有"既生瑜，何生亮"的仰天叹息。当在竞争中失败时，当发现同侪比自己优秀时，如何降服内心的嫉妒之火，则是一门大学问。有一个佛教用语叫

"随喜","随"是随顺、不违背之意,"喜"是欢喜、乐见其成的意思,我很喜欢这个词语,其对于我们正确对待别人之得与自己之失、走好自己的人生路,具有重要启示意义。无论是工作中还是生活中,要以随喜的心面对一切境缘,随喜他人的功德,随喜他人的付出回报。学会随喜,赢得真实,输得坦荡,不发牢骚,从失败中汲取经验教训、逆境重生,这才是真正的君子风度、真正的大将之风,不仅可以赢得他人乃至对手的尊重,而且福报也会源源不断涌现,至少心里面不会那么郁闷、有那么多烦恼啦。这是一种处世智慧!

最后,我想说,无论将来你们飞多高、走多远,家乡永远是你们心灵的港湾,心中永远的根,梦开始的地方,你们也代表着湘乡人在京的形象!湘乡是湘军的策源地,钟灵毓秀、人才辈出,希望大家以同样是湘乡之民,但"立德、立功、立言三不朽,为师、为将、为相一完人"的曾文正公为榜样,始终砥砺前行,不断完善自我,努力做到"物来顺应,未来不迎,当时不杂,既过不恋",撸起袖子加油干,走好自己的人生路!祝福你们!

# 牛津访学漫谈[*]

　　2015 年年初，应英国牛津大学犯罪学中心的邀请，并得到 2012—2014 年度欧盟法治促进项目"中国死刑适用的司法限制"的资助和支持，我踏上了大西洋畔那片令人心驰神往的土地——英伦半岛，以访问学者的身份来到了被公认为是当今世界最顶尖的高等学府之一的牛津大学，历经了一段美好而难忘的短期访学生活。

　　初到牛津已是隆冬，呼啸而过的寒风、阴雨连绵的天气、身处异乡的孤独和倒时差的困扰，让我无暇欣赏这座城市的风景。彼时的我，心情是复杂的，交织着期待和茫然。经过短暂的休息和调整，雨过天晴、晨曦初露时，我带着忐忑和好奇径自漫步牛津城，瞬间就被这座历史悠久、梦幻般古城的美惊呆了。鹅卵石铺就的街道纵横交错，一幢幢古香古色

---

　　*　原载《方圆》2015 年第 3 期。

而又庄重典雅的建筑林立在两旁，常常是抬头便可见到哥特式尖顶，整个古城几乎被中世纪教堂、城堡式建筑以及众多名胜古迹所环绕。城内商市繁荣，街道车水马龙、人流如织，人们或谈笑风生，或驻足而观，或悠然行走，偶尔几只悠闲的和平鸽掠过行人的肩膀，让人不由得心生些许怜爱。美丽清幽的查威尔河蜿蜒流经城区，更是平添了牛津城的几分妩媚和清丽。在迷宫似的牛津街巷穿梭闲逛，仿佛置身于中世纪的城堡之中，顿时有时光穿越的错觉，难怪英国有一句民谚："穿过牛津城，犹如进入历史"。

牛津大学就坐落在古老的牛津城，其是英语世界中最古老的大学，也是一所在国际上享有盛誉和巨大影响力的著名学府，被公认为是当今世界最顶尖的高等教育机构之一。与国内高等学府不同的是，牛津大学与牛津城是融为一体的，既没有校门和围墙，也没见到正式的学校招牌，学校的校舍、机构和学院遍布在牛津城的各个角落，街道从校园穿过，整个城市就是牛津大学的校园。牛津大学由 39 个学院和 6 个由教会设立的永久性私人学堂组合而成，各学院规模不等，但大都在 500 人以下，教师、学生来自不同的专业和学科。自1167 年建校以来，在长达数百年的发展历程中，牛津大学可谓人才辈出、群星灿烂，培养了至少来自 7 个国家的 11 位国王，6 位英国国王，47 位诺贝尔奖获得者，来自 19 个国家的53 位总统和首相（包括 25 位英国首相）以及一大批著名科学家、哲学家、历史学家、诗人、作家等。如英国前首相撒切尔夫人、美国前总统克林顿、经济学家亚当·斯密、哲学家培根、诗人雪莱等众多显要名流，都是其校友。

牛津大学图书馆是该校的知识殿堂和资源宝库。访学牛津，最应该充分利用的就是其图书馆。牛津大学共有 104 个图书馆，其中最大的博德利图书馆是英国第二大图书馆，现有藏书 650 多万册，拥有巨大的地下藏书库，无论收藏的图书数量还是质量在世界上均堪称一流。来牛津不久，我就以访问学者的身份申办了校园卡，有校园卡才能进入校内相关图书馆借阅图书资料。当然，平时主要光顾的还是牛津大学法学院的博德利法律图书馆（Bodleian Law Library），该法律图书馆藏书非常丰富，可以说是法学资源的集大成者，包括很多近代以前乃至中世纪时期的法学传世经典名著都能找到，还有不少珍稀善本、孤本和手稿。尽管很多图书只能在馆内阅读而不允许借出，但在博德利法律图书馆哪怕坐上一小时，品一杯英式咖啡，翻一翻原汁原味的伏尔泰、卢梭、边沁等人的作品，也能深切地感受到知识海洋的浩瀚，与书中这些不朽的灵魂进行学术对话，确实是一种精神上的欢愉，这种典雅、宁谧和古朴的感觉，难以用准确的语言来形容。除此之外，博德利法律图书馆还提供非常人性化的检索、自助借还书系统和因特网服务，并且还存储了大量的电子文献、资料和数据，有相当多的电子期刊和书籍，内容也相当完整。

利用访学之机，我也在博德利法律图书馆下载了不少有价值的文献资料，这为从事相关课题的研究提供了得天独厚的学术资源支持。

作为访问学者，参加牛津大学犯罪学中心（以下简称"中心"）组织的系列学术活动是必不可少的。中心组织的学术活动，内容非常丰富，包括做学术讲座、参加研讨会、上课等等，尤为值得一提的是两个系列的犯罪学研讨会：一是每周三午餐休息时间召开的犯罪学研讨会（"Brown bag"seminars）。包括中心的所有教师、研究人员、博士生、硕士生、访问学者都要求参加，大家在一起共同探讨当前犯罪学和刑事法学领域的热点、前沿问题，可以谈自己目前研究的课题、研究计划或者感兴趣的专业问题，这是中心常规性的学术活动。二是每个学期中心会不定期地邀请犯罪学、刑事法学领域的国内外专家学者来做特定主题的讲座。其中，专家主题发言以及与听众互动交流的时间差不多，学术气氛非常活跃，听众发言的积极性很高，有时甚至争辩激烈。来中心访学的学者，也要求在访学期间至少做一次学术讲座。记得刚来中心报到的当天下午，我就应邀参加了一场有关日本死刑制度主题的研讨会，在日本学者主题发言结束后，我们就日本死刑判例、死刑民意调查以及死刑民意调查结果对死刑政策制定的影响等问题相互交换了看法。

在境外访学，除了进行学术科研工作之外，还有一项重要内容就是进行学术和文化交流。因为访问学者本身就是一个学术联系的纽带、一个文化交流的窗口。因此在体验异域风情和了解国外相关学术前沿动态时，我比较注意向国外同行介绍国内相关学术问题的最新看法和观点。如应牛津大学社会学院、牛津大学域外法律治理研究所的邀请，我和一同在牛津大学访学交流的王秀梅教授参加了该研究所主办的"当代有组织犯罪及其应对"研讨会，在会上向国外专家学者介绍了中国治理有组织犯罪的成功经验和做法，获得了良好反响，交流中也确实能感受到国外同行对我们的谈话很感兴趣！另外，在访学期间，我也积极参加了相关的文化交流活动，我和王秀梅教授先后拜会了中国驻英国大使馆公使衔教育参赞沈阳先生、英中协会负责人理查德先生，双方分别就中英法学教育合作和交流、法律文化等共同关心的话题进行了友好沟通交流。

在牛津大学访学的时间虽然较短，但牛津大学深厚的文化底蕴和追求卓越的大学精神，已深深感染了我，也必然会对我未来的求学和人生之路产生深远影响。

# 放飞梦想的殿堂
## ——记麻省理工学院 *

　　大学是知识的殿堂、文化的熔炉和思想的栖息地。一所大学所具有的独特文化和性格，既是其屹立于世界大学之林的精神动力，也能在一定程度上反映出一个城市乃至一个国家的精神气质。在美国马萨诸塞州首府波士顿的查尔斯河畔，就坐落着这样一所具有悠久历史传统、极佳国际声誉和巨大影响力的世界著名学府——麻省理工学院（以下简称 MIT）。MIT 被公认是当今世界最顶尖的高等教育机构之一，享有"世界理工大学之最"的美誉，培养了众多对世界产生重要影响的诺贝尔奖得主、科学家、工程师等名流，是全球高科技和高等研究的先驱领导大学，亦是世界各地莘莘学子心驰神往的梦想殿堂。近年来，MIT 更是一直雄踞国际权威的 QS

　　* 原载《法制日报》2016 年 9 月 21 日第 9 版。

世界大学排名之首位。

借公派赴美访学之机，今年六月下旬，我怀着期待的心情专程来到了波士顿剑桥城的 MIT，亲身感受 MIT 独特的文化魅力和精神气质，历经了一段美好而难忘的短期游学之旅。

从波士顿最为繁华的后湾区，沿横贯南北的麻省大街一路向北，越过横跨查尔斯河的哈佛桥，抵达北侧桥头的纪念大道，就进入了 MIT 校园区域。与牛津、剑桥、哈佛等世界著名学府一样，MIT 也没有校门和围墙，访客可以自由参观学校教学楼及相关机构、设施。MIT 校园以建筑和雕塑闻名。建筑的楼号用阿拉伯数字标注，即使是用捐资人、老校长或知名校友名字命名的教学楼或宿舍楼，也有对应的数字楼号。在 MIT 校园话语中，这些以人名命名的建筑基本上也是以阿拉伯数字相称。MIT 校园内的雕塑非常之多，各雕塑设计独特、造型新奇、风格各异，或仰或卧，或笑或思，代表不同寓意，共同构成了校园内一个个独特的文化符号和印记。

跨过纪念大道，沿麻省大街向北行进，作为 MIT 中央校区标志性建筑群的 1—10 号楼就呈现在眼前，其错落分布在麻省大街东侧。这是 MIT 现存最古老的建筑群，至今已有一百年的历史，整个楼群庄严、宏伟、质朴，传统与现代交融，低调而不失高雅，空间艺术形式与建筑的对称之美有机结合，呈现出鲜明的新古典主义建筑风格。1—10 号楼由充满传奇色彩的无尽长廊（Infinite Corridor）贯穿、连接，楼群之间互联互通，这大大方便了各院系、各学科之间的交流沟通，不至于因为建筑的物理间隔而有所妨碍。

MIT 的主楼是麻省大街 77 号的 7 号楼，这也是进入 MIT 校园的正门。7 号楼又称为"罗杰斯楼"，以纪念 MIT 创始人和首任校长威廉·巴顿·罗杰斯。威廉·巴顿·罗杰斯提出并确立了 MIT 的校训"手脑并用"（Mind and Hand）。这表明 MIT 非常重视理论与实践相结合，所坚持的是培养手脑并用的精英人才。MIT 的校徽也鲜明地反映了这一校训精神和理念，一位手持铁锤的工人形象与一位手捧书本阅读的学者形象并列放在校徽正中位置，正中位置的上、下方则分别镌刻用拉丁语写成的"手脑并用"（Mens et Manus）以及"科学与技术"（Science and Arts）。7 号楼内部恢宏雄伟，一进门就是休息大厅和信息中心，华丽厚重的巴洛克式廊柱屹立大厅四侧，与别致典雅的墨绿色护栏交相辉映，顿时给人以庄重、肃穆之感。7 号楼也是访客必来之地，从一楼大厅的信息中心索取一份带有数字编号的校园地图，即可将校园全景概貌以及地标性建筑位置尽收眼底。MIT 洛克图书馆、罗森诺传热传质实验室、设计与计算系、总法律顾问办公室、残疾人服务办公室等机构和单位分布在该大楼不同的楼层。

位于 7 号楼正对面、麻省大街西侧的是斯特拉顿学生活动中心（Stratton Student Center），该学生活动中心是集休闲、餐饮、社团、文化、书店、银行、邮寄、学生活动等于一体的综合性服务大楼，其中的剑桥烧烤、罗布岱尔美食、邓肯甜甜圈等美食店铺是很多学生经常光顾之地。在斯特拉顿学生活动中心前有一个著名的由数字和希腊字母组成的思考者雕塑。该雕塑在 MIT 校园雕塑中颇具代表性，名为"The Alchemist"，是西班牙当代著名艺术家和雕塑家乔玛·帕兰萨的代表性作品。从外形上看，思考者雕塑较为注重文字、数字元素与环境的光线、视觉等因素的搭配，运用"镂空"材质来塑造作品，使得镂空的人像和周边的景观相得益彰融为一体，给公众以栩栩如生的思考者形象。从寓意上看，"The Alchemist"据说与古希腊伟大的百科式科学家阿基米德有关，刻画的是阿基米德思考的形象。阿基米德享有"力学之父"的美称，其与高斯、牛顿并列为世界三大数学家。思考者雕塑，实际上是一种物化了的精神载体，是一种特殊形式的景观语汇，深刻反映了 MIT 注重独立思考、探索真理的文化气质和风格。

顺着 7 号楼的无尽长廊向东行走几分钟，就进入了 MIT 的地标性建筑麦克劳伦"大穹顶"（Great Dome）。"大穹顶"是 MIT 历史最悠久、最具代表性的一栋建筑，也是 MIT 的象征。这栋大楼是 MIT 校友、美国著名建筑学家威廉·威尔斯·伯斯沃茨以哥伦比亚大学洛氏图书馆为原型设计的仿古罗马万神殿式的建筑，学校的许多重大活动都在这里举行。"大穹顶"正门前面是宽广壮观、绿草如茵的基里安方庭

（Killian Court），此处是举行毕业典礼和名人讲演的场所，也是众多关于 MIT 的宣传图册、电视电影、明信片频繁出现的标志性场景。"大穹顶"及其东西配楼（分别为 4 号楼、3 号楼），将基里安方庭围成倒 U 型结构。站在基里安方庭正中央，面向高大、雄伟的"大穹顶"，环视中楣上刻着亚里士多德、牛顿、哥白尼等科学巨匠名字的配楼，那种对科学、对真理、对先贤的崇敬感、神圣感便会油然而生，MIT 深邃厚重的文化底蕴足以使你的心灵深受震撼。"大穹顶"楼内主要有巴克图书馆、招生办公室、电磁和电子系统实验室、建筑与规划学院、相关建筑项目办公室等部门、院系和机构；3 号楼主要是校长、副校长、教务长办公室等行政机构以及反应气体动力学实验室、流体力学实验室等各类顶级实验室；4 号楼则主要是由音乐与戏剧学院、人文、艺术与社会科学学院、艾顿中心、国际电影俱乐部等文科院系及服务机构组成。参观、访问"大穹顶"时，沿着无尽长廊继续向东行进，MIT 材料科学与工程系的大学生教学实验室、纳米机械技术实验室等实验室就呈现在长廊两侧，我饶有兴致询问了实验室相关研究人员、学生有关实验样品、检测流程等情况，深为他们勇敢探索的精神所感动；参观实验室后，我又认真观看了理学院的宣传展板、合影留念、学生涂鸦作品等内容，从中颇能感受到 MIT 严谨但又不失活泼的学术氛围，思想和智慧之光在这里热情绽放。

来 MIT 校园观访，久负盛名的施塔特中心（Ray and Maria Stata Center）应是访客必去之地。这不仅是因为施塔特中心是所有 MIT 校园建筑中唯一公认并习惯以名字称呼的建筑，而非以传统的楼号（32 号楼）相称，也不仅仅是因为施塔特中心是 MIT 校园中唯一的一座奇形怪状、东倒西歪的"怪楼"，更在于施塔特中心那种传统风格与现代元素无缝融合、建筑艺术与人文底色相映成辉的复合之美！施塔特中心位于 MIT 校区的东北角，自 2004 年建成后便成了 MIT 又一重要地标性建筑。从"大穹顶"往东方向依次经过 8 号楼、16 号楼、56 号楼，再沿 56 号楼东北侧的草坪小道向北行进，经过 57 号楼之后，就会在路西见到一座外形由圆筒与长方交错、颜色由绯红与乳白相间，似醉非醉、似倒非倒，有着鲜明的后现代主义建筑风格的大楼，这就是 MIT 校园中最值得驻足一看的施塔特中心。施塔特中心是由世界著名建筑设计师法兰克·盖瑞设计的一座经典复合式建筑，是集教学、研究、办公、会议、健身等于一体的综合教学楼。不仅其外形颠覆常规、匠心独运，远远看去与一群喝醉了的机器人寻欢作乐状形似，而且其内部也有着迷宫般的设计，有造型各异的玩具模型，有砖石钢筋搭砌成的橘黄小塔，有别具一格的旋梯装饰，有色彩鲜艳的版画涂鸦，有随性设置的怪状桌椅，还有风铃缕缕的千纸鹤。风格独特、怪异的建筑构造，确易让"初来乍到"者眼花缭乱，而不得不佩服施塔特中心建筑设计师天马行空的创意。曾为 MIT 赢得全球声誉的辐射实验室、计算机科学与人工智能实验室、资讯与决策系统实验室以及电器工程与计算机科学系、语言学系、哲学系都设置在此，此外还有 MIT 那些赫赫有名的大师如图灵奖得主、密码专家罗纳德·李维斯特，被认为是作出 20 世纪理论语言学研究上最伟大贡献的语言学家诺姆·乔姆斯基，万维网创始人蒂姆·伯纳斯·李等均在此办公。这使得施塔特中心不成为 MIT 亮丽的风景线都难。

　　MIT 之名早已蜚声中外，成为美国高等教育高度繁荣、发达的象征。历经 150 多年"凤凰涅槃"般的不断发展，MIT 已巍然耸立于世界高等学府的顶端，培养了包括我国著名科学家钱学森在内的一大批声名显赫、成就卓越的世界级科学家，成为全球广大学子追逐、放飞梦想的科学圣殿。这除了归因于 MIT 师生持续不懈的勤奋努力之外，更与其"手脑并用"的校训精神、重视解决问题以及平实厚重的独特文化内涵息息相关。虽然在 MIT 游学的时间非常短暂，但对我的影响将是长远的甚至是一生的。

答 记 者 问

# 反腐败法治建设在探索中不断进步<sup>*</sup>

　　**背景**：十九届中央纪委五次全会工作报告中的一个亮点，是探索建立行贿人"黑名单"制度，这是北京师范大学国际反腐败教育与研究中心主任彭新林在此前的征求意见座谈会上提出的。如何梳理我国的反腐败法治化进程？彭新林向《廉政瞭望》提供了他的视角。

　　**《廉政瞭望》**：在我国推进反腐败法治建设的过程中，有哪些标志性的事件？

　　**彭新林**：梳理我国反腐败法治建设的历程，可以有三个视角：立法、典型案例、体制机制的变化。

　　在立法方面，1979 年第一部刑法典和 1997 年现行的刑法

　　* 原载《廉政瞭望》2021 年第 12 期，记者夏芯。

典出台，这是两个标志性节点。

党的十一届三中全会提出加强社会主义民主法治，开启了法治建设的春天，反腐倡廉法治逐步发展完善。

1979年出台的刑法典正式规定了贪污罪、受贿罪等。1997年，在全国人大常委会出台了25个单行刑法及一系列附属刑法的基础上，重新修订了一部相对系统的刑法典，刑事法治又跃进了一大步。修订后的刑法典将贪污贿赂犯罪从经济犯罪中单列出来，明确了两者的区别。

2003年国际社会通过的《联合国反腐败公约》也具有标志性意义。中国作为缔约国之一，吸收了其中一些经验，最典型的是违法所得特别没收程序和刑事缺席审判程序，适用于腐败分子逃匿境外的情况。

另一个重要节点是《监察法》的出台。为此，宪法首先将"一府两院"宪制架构调整为"一府一委两院"宪制架构，从而为《监察法》的出台提供了充分依据。

同时，一些代表性案例推动了反腐败法治化进程。比如21世纪初的龚建平足球"黑哨"案，在当时触及了我国受贿类犯罪刑事规制的盲区。检察机关以公司、企业人员受贿罪对龚建平提起公诉，而法院则认定其构成受贿罪，但龚建平作为中国足球协会指派担任的足球裁判，仅是凭借专业体育知识从事体育活动的人员，不能说是公司、企业人员，但认定为国家工作人员也比较牵强，其实他是属于非公司、企业人员的非国家工作人员，以受贿罪追究其刑事责任在当时争议很大。

但 2006 年通过的《刑法修正案（六）》对此作出了建设性的回应，将公司、企业人员受贿罪的犯罪主体范围扩大到了"其他单位的工作人员"，相应罪名也变成了"非国家工作人员受贿罪"。可以说，龚建平案对于我国反腐败刑事法治的发展完善，具有显著意义。

在体制机制变化方面，我们更加关注党的十八大以后。因为全面依法治国被列入"四个全面"战略布局，反腐败治理成为国家治理的重要组成部分。我们党强调以法治思维和法治方式反对腐败，明确了法治反腐是反腐败发展的根本方向。

其中，国家监察体制改革是最具标志性的事件，涉及反腐败体制机制重塑。境外追逃追赃也成为我国反腐败的一张名片，近年来我国不断深化反腐败国际合作，努力推动构建以追逃追赃为基础的反腐败国际合作新秩序。

《廉政瞭望》：您为什么提出探索建立行贿人"黑名单"制度的建议？

彭新林：之所以不断呼吁建立"行贿人"黑名单制度，主要是出于促进新时代纪检监察工作高质量发展考虑。同时，行贿人"黑名单"制度在预防腐败犯罪、引导企业合规经营、营造良好营商环境方面也具有重要作用。

在反腐向纵深推进、监察体制改革不断深化发展的新形势下，行贿人"黑名单"制度值得探索推行。

其实，近年来四川、贵州、湖南等地纪检监察系统开展了探索行贿人"黑名单"制度的实践。我认为这是一个有效预防腐败犯罪、促进腐败治理现代化的好制度，关键是怎么科学地设计它的条件、期限和退出机制。而且建立行贿人"黑名单"制度后，得有联合惩戒制度。

对此，我建议应该完善行贿信息档案查询管理制度，将涉嫌行贿信息分级列入行贿"黑名单"，加强纪检监察机关与税务、财政、金融、招投标管理、市场监管等部门的沟通协作，在市场准入、经营资质、贷款条件、投标资格等方面，对列入"黑名单"的行贿单位及行贿人予以限制。通过联合惩戒机制，对行贿者采取资质吊销、评级下降、关闭融资通道等举措，使其无法继续参与市场活动，从而有助于遏制贿赂行为，打击商业领域的腐败交易活动。

**《廉政瞭望》**：您认为反腐败的法治建设下一步着力点在哪里？

**彭新林**：党的十八届四中全会通过的《中共中央关于全面推进依法治国若干重大问题的决定》，把贿赂对象"财物"拓展到"财物和财产性利益"，但是法律还没有改，只出了一个司法解释。其实，社会上对非财产性利益贿赂纳入刑事规制呼吁了很多年。在《刑法修正案（九）》颁布之前，受贿罪与贪污罪采取相同的定罪量刑标准，以数额大小作为定罪量刑的唯一依据。性贿赂等非财产性利益因无法按照财产价值进行量化，即使纳入贿赂犯罪对象之中，司法机关也难以有效适用和衡量。《刑法修正案（九）》将以往的刚性数额标准调整为"数额大小程度＋情节严重程度"的定罪量刑标准，改变了刑事立法和司法实践中"计赃论罪"的规定和做法。因此，性贿赂等非财产性利益尽管无法以财物或者财产性利益直观衡量，但可以在情节的视域内予以规范评价。

鉴于此，我认为当前将贿赂犯罪的对象扩展到财物、财产性利益和非财产性利益是现实可行的。借国家监察体制改革的东风，我建议将刑法中贿赂犯罪的对象"财物"修改为"贿赂"，将以上三者都纳入贿赂犯罪的对象。

# 盯紧"微权力"　铲除"微腐败"<sup>*</sup>

**记者：**十九大报告提出，要加大整治群众身边腐败问题的力度。近年来，发生在群众身边的"微腐败"呈现哪些特点？有什么危害？

**彭新林：**发生在基层的"微腐败"，基数大、"传染性"强，离基层和群众最近，侵蚀群众的获得感，带坏当地社会风气，给老百姓带来的是"切肤之痛"，极大损害党和政府在基层的威信和形象，削弱党的执政基础。相比于"远在天边"的"老虎"，群众对"近在眼前"的这种"微腐败"感受更为真切、直接，对此非常痛恨。因此，必须加大整治力度。

**记者：**怎样才能更好地推动全面从严治党向基层延伸，切实解决好人民群众反映强烈的突出问题？

**彭新林：**我们应该坚定不移地推动全面从严治党向纵深

---

　　＊　原载《人民日报》2017年10月22日第11版，记者季健明。

发展、向基层延伸，层层传导压力，压紧压实"两个责任"，着力解决发生在基层和群众身边的不正之风和腐败问题，严肃查处"雁过拔毛"、虚报冒领、强占侵夺等与民争利、侵害群众利益的基层腐败行为，肃清"蝇贪"。

# 405 份裁判文书中的高校腐败：
## 手段日趋隐蔽、复杂[*]

  **背景：**近年来，高校腐败屡见报端。据中央纪委国家监委网站消息，在 2021 年的巡视中，中央巡视组向教育部党组和 31 所中管高校党委反馈的意见就曾指出，一些高校在"科研、基建等重点领域腐败问题仍有发生，校办企业、合作办学、附属医院等领域廉洁风险比较突出"。2022 年 1 月 18—20 日，十九届中央纪委六次全会在京召开。全会工作报告也提到，过去一年对教育部和 31 所中管高校党组织开展了常规巡视，深入发现和推动解决高校从严管党治校等方面的问题。全会还提出，2022 年将坚定不移将党风廉政建设和反腐败斗争进行到底，持续

  * 原载《南方周末》2022 年 3 月 2 日"时局"版，记者李桂。

深化不敢腐、不能腐、不想腐一体推进。

为深入研究高校腐败问题，北师大刑事法律科学研究院院长助理、中国廉政法制研究会理事彭新林研究了中国裁判文书网自 2010 年至 2020 年间公开的 405 份涉高校腐败犯罪的裁判文书。结果显示，高校腐败具有一定的特殊性，呈多发、易发态势，目前监管也尚存空白地带和薄弱环节。

近日，《南方周末》记者就高校腐败话题对谈彭新林。

## 共同犯罪案件占相当比例

**《南方周末》：**你为什么会研究高校腐败问题？

**彭新林：**十八大以来，我国高等教育事业发展取得了很大进步，高校的反腐倡廉建设也在持续推进。但从近年来纪检监察机关查处的高校腐败案件和一些公开通报来看，高校的反腐败形势还是比较严峻的，腐败现象在高校的某些部门和环节依然呈多发、易发态势。而且从 2017 年十八届中央第十二轮巡视到 2021 年十九届中央第七轮巡视，可以看出，中央对教育领域的腐败问题也是高度关注。另外，反腐败一直是我研究的重要方向，这是我关注高校腐败问题的大背景。

2015 年，我承担了北京市教育科学"十二五"规划 2015

年度课题《新时期高校反腐倡廉制度建设研究》，从这个时候开始关注高校腐败问题。2021 年 7 月，北京服装学院纪委邀请我给他们学校的中层干部和纪检干部做一个关于高校反腐主题的报告。一个月前，2021 年 6 月，北京市纪委监委发布消息称，北京服装学院党委委员、北京北服资产管理有限公司原董事兼总经理王琪涉嫌严重违纪违法，正在接受纪律审查和监察调查。当时他们学校要开展警示教育，同时为提高纪检监察干部监督执纪工作能力，邀请我去作报告。后来，我担任智库专家的《廉政瞭望》又向我约稿，希望能谈谈高校腐败问题，所以就做了这个研究。

**《南方周末》**：你的研究样本是怎么产生的？

**彭新林**：高校腐败的一个重要特点就是"微腐败"较多，很多违纪违法问题都是"微腐败"问题，比如收受礼品等。"微腐败"案件基数庞大，而腐败现象最为集中、直接的表现形式就是腐败犯罪，所以从研究的典型性和可行性出发，这些"微腐败"的案例都没算进去，我聚焦研究的是触犯刑法、依法应追究刑事责任的这部分高校腐败犯罪案例，而不是一般性的腐败行为。

在学生的协助下，我系统检索了中国裁判文书网从 2010 年至 2020 年十年间高校腐败的案例，最终得到了 405 份样本。这些样本作为研究的数据支撑。

**《南方周末》**：在你的研究中，高校腐败具有什么样的特点？

**彭新林**：首先，从年龄结构来看，高校涉腐人员年龄主要集中在 50 岁以上，占比超八成。这部分人在高校担任一定职务，掌握了一些权力和资源，存在大量的腐败机会；另外因为这个年龄段临近退休，部分人存在"有权不使，过期作废"的错误思想，也有人抱着"退休不受追究"的侥幸心理，企图在退休之前最后"捞一把"。

其次，从人员职级来看，高校腐败犯罪的风险职级由高到低依次为校级、处级、科级、普通职员及教师。其中，担任校级、处级领导职务的占比近 60％。由此可见，拥有一定职权的领导干部是高校腐败犯罪的高发群体。

第三，从涉案领域来看，高校腐败犯罪主要集中在基建工程、校办企业、合作办学、组织人事、财务管理、物资采购、招生就业、科研经费使用等领域。这些领域利益、资源较为密集，故成为高校腐败犯罪的重灾区和高发地带。

此外，高校腐败犯罪还存在涉案人员受教育程度普遍较高；涉案人员主要罪名为受贿罪、贪污罪；窝案、串案突出，共同犯罪案件占相当比例等特点。

**《南方周末》**：中央纪委国家监委披露的信息显示，刘川生也是在临近退休时，想趁着还有权力，为儿子铺路，所以让下属和她儿子签了办学"战略协议"。

**彭新林**：2017 年十八届中央第十二轮巡视，中央巡视组对北师大党委进行专项巡视时，就收到了有关反映。中央巡视组 2017 年 6 月向北京师范大学党委反馈专项巡视情况时，指出合作办学等领域廉洁风险突出，要求立即整改，对合作办学进行规范和清理，珍惜北师大的"金字招牌"。2021 年十九届中央第七轮巡视，中央巡视组再次巡视北师大，也再次指出合作办学等重点领域和关键岗位存在廉洁风险。

北师大作为中国师范教育的最高学府，在教师教育、教育服务、基础教育资源等方面具有深厚的积累和独特的优势，这也是学校的核心资源，很多地方都愿意与北师大开展基础教育等领域的合作办学。刘川生在合作办学等领域栽跟头，出现严重违纪违法问题，令人遗憾。

对于高校来说，每个高校都有自己的独特优质资源，还有学科等不可替代的专有资源，而优质资源、专有资源具有稀缺性，如果监管不严，就容易发生利益输送等腐败问题，这也是高校腐败问题相对集中的领域。

## "损害了教育公平"

**《南方周末》**：从 2010 年到 2020 年，高校腐败案件在数量上会有明显的变化吗？

**彭新林**：总体而言，高校腐败案件案发数量呈上升趋势，反腐倡廉形势依然严峻。

出现这样的变化，一是与近年来高等教育事业蓬勃发展，而高校惩治与预防腐败体系仍不完善有关。

二是十八大以来全面从严治党向纵深发展，形成了高压反腐态势，特别是中央巡视发现问题更加精准、巡视整改走深走实。经过中央对中管高校两轮专项巡视，大家发现高校并非"清水衙门"，"象牙塔"里亦藏污纳垢。既然巡视发现了问题，特别是收到了反映一些领导干部的问题线索，除了会要求认真整改之外，还会按规定将问题线索转有关方面处理，扎实做好巡视的"后半篇文章"，这样一些腐败案件就浮出水面了。

**《南方周末》**：2022年1月底，浙江省纪委监委通报，对浙江工业大学原党委委员、副校长陈鹰严重违纪违法问题进行纪律审查、监察调查。通报中提到，陈鹰"对抗组织审查"。2020年6月，安徽省纪委监委对安徽中医药大学党委原副书记、原校长王键的通报中，也提到了"对抗组织审查"。高校涉案人员的受教育程度和他们对抗组织审查的行为有关系吗？

**彭新林**：高校腐败涉案人员受教育程度高，对抗组织审查的能力就一定强吗？不能得出这样的结论，受教育程度与对抗组织审查的能力之间不具有正相关关系。高校腐败涉案人员受教育程度高，不少人具有研究生以上学历，这是高校作为高等教育机构的特殊性决定的，也与近年来高校人事干部制度改革密切相关。

高校腐败案件特别是涉及领导干部腐败的案件，不少存在对抗组织审查的情形，如订立攻守同盟、打探消息、隐匿证据等。

高校腐败案件中，还有一定的团伙作案现象，而且比较突出。不少当事人之间具有师生、同门或在同一个学科、课题组等密切的"学缘"关系。加之高校"近亲繁殖"现象确实存在，容易出现"肥水不流外人田"现象。涉腐人员之间若形成了利益共同体，必然会建立攻守同盟，甚至有"一荣俱荣，一损俱损"的心态，这无疑会增加高校腐败查处的难度。

《南方周末》：在你的研究中，不同的阶段，高校腐败会有一些变化吗？

彭新林：一个比较明显的变化是高校腐败的手段日趋隐蔽化、复杂化、智能化。比如，关于科研经费使用领域的腐败，这是高校腐败的高发领域之一，以前就存在不少假公济私、虚开发票报销、编制虚假账目、虚构服务内容等套取科研经费的现象。现在，随着高校反腐力度的加大，特别是对科研经费管理使用的监督加强，高校科研经费管理使用混乱所致的腐败问题大大减少，采用简单粗暴手段直接侵吞、窃取、骗取科研经费的现象也非常少了。

从近几年披露的高校贪污科研经费案件看，尽管高校科研经费使用领域腐败现象仍然存在，但腐败的手段显然比以前更加"高明"了。如有的科研人员通过委托自己近亲属或者特定关系人开设的公司进行相关实验项目，以支付高额实验费、材料费等进行利益输送；有的科研人员以给学生、研究助理支付"劳务费"的名义将课题经费套现；还有的科研人员之间相互从课题经费中支付专家咨询费等，不一而足。

此外，自主招生领域的高校腐败问题值得一提，以前因为高校自主招生的权力较大，受监督制约较少，廉政风险非常突出，出现了不少腐败现象。如2013年中央第十巡视组在巡视中国人民大学时，就提到人大在自主招生等方面存在薄弱环节。后来，人大招生就业处原处长蔡荣生被立案调查，显示其有利用自主招生等权力大肆收受贿赂的违纪违法问题。随着2020年《教育部关于在部分高校开展基础学科招生改革试点工作的意见》印发，从2020年起，不再组织开展高校自主招生工作，并在部分一流大学建设高校开展基础学科招生改革试点（也称强基计划）。自主招生政策取消了，那自然该领域就不会有腐败增量发生了。

**《南方周末》**：和其他领域的腐败相比，高校腐败对教育公平的影响很大。

**彭新林**：对，教育公平是社会公平的基石，也是党和政府的重大民生议题，其直接关乎公平正义和社会群体阶层流动，事关国家和民族的未来，是一种"底线公平"。高校腐败特别是招生录取等领域的腐败问题，不仅污染高校政治生态，而且严重损害教育公平，冲击了社会公平的底线。

## "教育、制度、监督"三位一体

**《南方周末》**：在你看来，高校腐败为什么难以杜绝？

**彭新林**：高校就是一个相对封闭的"小社会"，内部具有相对独立性，涉及的管理环节较多，事务庞杂，权力集中，资源富集，如果缺少必要的监督机制和制度性约束，确实容易发生权力寻租、利益输送的风险。对高校来说，仅是师生员工就有几万人，再加上下辖的二级单位和校办企业、附属医院等，涉及的人和事就更多了。

像一些高校的附属医院，它的管理模式就很特别，涉及教育行政部门、医疗卫生行政部门和高校的管理交叉问题，很容易出现监管的真空地带。而且附属医院也涉及医院基建、医疗设备采购等容易诱发腐败的环节。2014 年，中央巡视组向某大学反馈巡视情况时，就提到"校辖附属医院摊子大、权属杂、监管难，极易诱发腐败"。

再比如校办企业，很多存在权责不清、监管不力等问题，容易成为滋生高校腐败现象的重灾区。校办企业很多时候，还承担着为学校持续创收的功能，与高校的利益是密切相关的。高校需要校办企业创收以反哺办学，又要对校办企业进行监管，相当于既当运动员又当裁判员，不同角色之间存在一定的内在张力。

《南方周末》：你认为怎样才能降低高校领导干部的腐败概率？

**彭新林**：高校腐败的治理是一项复杂的系统工程，应针对高校腐败的特点和原因，多管齐下、综合施治，重点是做好制度、监督、教育三方面的工作，构建制度、监督、教育并重的惩治和预防高校腐败体系。其中，教育是基础，制度是保证，监督是关键，三者是有机统一的整体。

我们为什么一直提倡要完善制度？因为大量事实表明，高校腐败的发生，大都与制度不健全、制度落实不力密切相关。只有坚持用制度管权、管事、管人，把权力关进制度的笼子里，切实提高制度执行力，才能最大限度地减少高校腐败现象的滋生蔓延。

但现在一些高校在反腐倡廉制度建设方面，存在重制定、轻执行的现象，制度"空转"现象明显，应当引起重视。

《南方周末》：对高校领导干部的监督应该主要由谁来负责？

**彭新林**：近年来很多落马的高校官员，究其腐败原因，与权力内外监督缺位存在很大关系。规范权力运行、加强权力监督，是遏制腐败现象产生、蔓延的有效途径。对高校领导干部的监督应是多方面、多层次的，要强化高校领导干部有权必有责、用权受监督的意识；适度改革和完善高校权力结构，防止权力过于集中，重视校务和院务公开，推进高校权力运行的公开透明；深化高校纪检监察体制改革，提高学校纪检监察机构的独立性和权威性；有效整合监督力量，将党内监督与教职工民主监督、舆论监督、社会监督等贯通起来，形成监督合力。

**《南方周末》**：你是怎么看高校廉政建设总体发展形势的？

**彭新林**：高校反腐倡廉建设作为党和国家反腐倡廉建设的重要组成部分，近年来不断向纵深推进，也取得了有目共睹的成效，总体上呈现稳中向好的态势，为高校党风廉政建设和反腐败斗争提供了重要保障。但也毋庸讳言，高校反腐倡廉建设呈现出一些新的阶段性特征，无论是制度建设还是作风建设等，都还存在一些问题和短板，需要下大力气解决，从而助力于铲除高校腐败滋生土壤，营造风清气正的校园环境。

# 受贿行贿一起查，制度如何建立？*

**背景：** 近年来，随着反腐败工作机制的常态化推进，相关制度已经逐步建立起来。行贿"黑名单""受贿行贿一起查"，是近期媒体集中关注的几个关键词，这些关键词的背后，就是2021年9月8日中央纪委国家监委联合其他五个部门，共同发布的《关于进一步推进受贿行贿一起查的意见》（以下或简称《意见》）。

**董倩：** 怎么看这份《意见》的重要性和必要性，与之前的要求有所不同的又是什么？来听北京师范大学国际反腐败教育与研究中心主任彭新林的解读。

**彭新林：**《刑法》中规定有行贿罪，且对行贿罪规定了从

---

\* 2021年9月8日中央广播电视总台CCTV-13《新闻1＋1》栏目播出，主持人董倩。

宽处罚条件，但实践中还是存在一些滥用从宽处罚规定的情况，也有一定程度"重查受贿、轻办行贿"的现象。社会上对行贿行为也有一定容忍度，致使对行贿的打击力度受到影响，也对贿赂犯罪的治理效果带来负面影响。这次中央纪委联合其他五个部门出台《关于进一步推进受贿行贿一起查的意见》，是首次针对统筹推进受贿行贿一起查而出台的一个高规格文件，释放重拳出击行贿，高度重视对贿赂犯罪的源头治理和标本兼治，推进不敢腐、不能腐、不想腐的强烈信号。

**董倩**：中纪委联合五部门出台《意见》，意味着什么？

**彭新林**：多部门联合印发，首先表明了对行贿治理的决心之大、力度之大，也凸显了对行贿人的联合惩戒效应，不仅是让行贿人受到相应法律制裁，同时也要对行贿人做出市场准入资质资格等方面限制，要剥夺行贿人通过行贿获得的各种不正当利益，它关系到多个部门的职责履行，所以才由多个部门联合发文。比如统战部，就涉及联合惩戒问题，可能有很多非公经济单位的人事涉嫌行贿，就需要统战部履行相关职责。

**董倩**：中纪委重点查处五类行贿行为，如何克服行贿的隐蔽性？

**彭新林**：这五类行贿行为都是性质相对严重、影响比较恶劣、群众反映强烈的行贿行为，要查处这一类具有很强隐蔽性的行贿行为，要有必要探索、改进调查方式，摆脱过去过度依赖口供的局面，加强对客观证据的收集，同时要认真落实《刑法》规定的对行贿犯罪，行贿人在追溯前主动交代行贿行为的从宽处理规定，执行宽严相济的政策，发挥政策感召效应。

**董倩**：行贿受贿一起查是否会让受贿行贿形成利益共同体，加大查处难度？

**彭新林**：相反，应当说这份文件出台后可能在客观上会增加行贿的难度。因为《刑法》中有行贿犯罪从宽处罚的相关规定，有一定原则性，过去在实行中存在滥用从宽处罚规定的情况，致使对行贿犯罪打击不力。这次出台的《意见》其实是将它拉回正轨，恢复正常状态。

**董倩**：中纪委联合五部门出台《意见》，对未来反腐工作有何影响？

**彭新林**：以前查办受贿，更多的是办案机关参与，《关于进一步推进受贿行贿一起查的意见》出台以后会涉及多个部门共同参与，意见也明确强调，相关部门相关机关要各司其职、各负其责，要加强协助配合。它会涉及比如市场监督管理、发展改革、住房城乡建设、司法行政等相关单位，可能以后都要参与进来，可能会更加重视对行贿犯罪的综合治理。

**董倩**：探索推行行贿人"黑名单"制度，将会给行贿者带来怎样的影响？

**彭新林**：一旦纳入行贿人"黑名单"，涉案行贿的企业和企业家在市场准入、资质资格审核、招投标等方面将有很多限制，他不仅要受到相应的法律制裁，而且不会出现既得利又得财的局面，可能会寸步难行。建立行贿人"黑名单"制度的考虑就是要增大行贿的成本和代价，让行贿人在各方面得不偿失、寸步难行。

董倩：探索推行行贿人"黑名单"制度，从地方试点中总结经验未来要注意什么？

彭新林：首先，要加强顶层设计统筹规划，依法依规推进行贿人"黑名单"制度的探索改革。同时，最重要的是要避免以前检察系统中，行贿犯罪档案查询制度中可能存在的一些漏洞。要防止一些公司纳入"黑名单"之后，改变企业名字改头换面，重新进行企业登记，重新进行相关经营活动，要避免这样的情况出现。

董倩：加大对行贿人的惩处力度的同时要"充分保障涉案人员和企业的权益"，如何把握这个"度"？

彭新林：依法保护企业家人身财产安全，支持保障民营经济健康发展，一直是中央反腐强调的政策精神，这次出台《关于进一步推进受贿行贿一起查的意见》也体现了中央政策精神。如何把握这个度，办案机关在履行职责的过程中一方面要严肃惩治行贿，同时也需要充分保障涉案人员和涉案企业合法的人身财产权利，保障企业的合法经营，特别是在相关措施的适用方面，要依法慎用限制人身权和财产权的措施，要防止滥用留置等强制性措施，也要防止超范围超标准查封、扣押、冻结涉案人员或者企业财产。这也是防止执法办案给企业正常生产经营带来负面影响，所以要特别强调。

**董倩**：如何建立内部互相制约的监督机制？

**彭新林**：第一，纪检监察机关在办理行贿案件中，应当把相关情况通报给相关主管部门，由相关主管部门依据权责，依法依规对行贿人做出处理。比如一个建筑企业涉及行贿，纪检监察机关就应当及时通报住建委对这个建筑企业作出相应处置。第二，在招投标、市场准入、资质资格限制等方面，要推行探索行贿人黑名单制度，要大力提高行贿成本和代价，增强对行贿治理的合力。

**董倩**：未来制度上可以有更多创新？

**彭新林**：为了提高惩治行贿效果，可以在一些法律制度修改完善方面作出探索。比如可以考虑确立污点证人作证豁免制度，同时也可以考虑对贿赂犯罪中某些难以证明的要素，降低证明难度，确立刑事推定规则等。

**董倩**：受贿行贿，哪个查起来更难？

**彭新林**：其实行贿和受贿相较而言，查处受贿的难度要更大一点，受贿犯罪定案往往要依靠行贿人的证言，否则就是证据关系很难证实。

# 受贿 30 万元判三年，法学专家解读
# 刑（九）实施后法院"试水"*

**背景：** 2015 年 11 月，"国家体育总局拳跆中心副主任受贿 30 万元获刑三年"的新闻在朋友圈刷屏。该案是刑法修正案（九）对贪污贿赂犯罪的构成进行重大调整后，在何为数额较大、巨大、特别巨大的司法解释尚未出台前，北京法院作出的"试水"之判。这一判决，对司法实践会产生哪些影响？是否会颠覆中央"零容忍"的高压反腐态势？许多贪官是不是躲过"一劫"？围绕上述问题，记者专访了北师大刑科院中国刑法研究所副所长彭新林。

**主持人：** 彭所长，这两天一份法院判决刷屏了大家的朋

---

\* 2015 年 12 月 2 日正义网"正义论坛"现场直播，主持人高鑫。

友圈。北京市高级人民法院对一名受贿 30 万元的官员判处有期徒刑三年。对于这个事件，您是如何看待的？

**彭新林**：国家体育总局拳跆中心副主任受贿 30 万元获刑三年。据北京高院认定，2009 年，赵磊在担任国家体育总局拳击跆拳道运动管理中心副主任期间，接受时任河南省体育局局长韩时英的请托，答应为河南省跆拳道项目提供帮助，并于同年 4 月底在北京市天坛饭店收受韩时英给予的钱款 20 万元。在同年 9 月第十一届全运会跆拳道项目比赛期间，赵磊在山东省滕州市滕州宾馆再次收受韩时英给予的钱款 10 万元。案发后，上述钱款已追缴。

法院最终鉴于在该案审理期间，刑法修正案（九）公布实施，根据从旧兼从轻的原则并结合本案的具体情节，以受贿罪判处赵磊有期徒刑三年，在案扣押的 30 万元予以没收。

其实，早在这个案子之前，北京二中院也运用刑法修正案（九）作出了判决。被告人隰某在担任北京市公安局丰台分局副局长期间，于 2012 年 6 月至 2013 年 3 月间，在明知北京一公司实际经营人倪某请托其在对该公司的检查方面给予关照的情况下，利用职务上的便利，先后三次非法收受倪某现金共计人民币 13 万元。

纪检部门发现隰某收受下属民警财物的线索后，于 2014 年 7 月 21 日电话通知隰某接受调查，隰某于 2014 年 7 月 24 日如实供述了其收受倪某财物的事实。2014 年 9 月 29 日，北京市大兴区人民检察院将被告人羁押。案发后，隰某退缴违法所得人民币13万元。

一审法院鉴于隰某自首和积极退赃，以受贿罪判处其有期徒刑五年。隰某上诉后，北京二中院在判决书中列明，二审期间新的刑法修正案施行，致量刑标准发生变化，该院根据隰某犯罪的事实、犯罪的性质、情节和对于社会的危害程度，依法改判其有期徒刑一年六个月。

国家体育总局拳跆中心副主任受贿30万元获刑三年这一案件能引发社会公众的高度关注，说明整个社会对贪污受贿犯罪定罪量刑标准的关注。贪污受贿犯罪定罪量刑标准关系贪污贿赂犯罪的划定，也关系到国家对贪污受贿犯罪惩治力度以及公众对刑法的认同等重大问题。

这个问题是牵一发而动全身的，因为标准一调整，不仅仅是对那些已经进入诉讼程序的贪污贿赂犯罪案件，对以后打击该类犯罪的划定、惩治力度等都会有一定影响。这个案件在朋友圈广泛刷屏，就再次说明了这个问题的重要性。

**主持人**：如您刚才介绍的，刑法修正案（九）对贪污贿赂犯罪构成进行了重大调整，尤其是将具体涉案数额，改为涉案数额大小或情节轻重。在您看来，这一修法的目的和意义是什么？

**彭新林**：在此之前，刑法对贪污贿赂罪量刑的规定，是刚性的具体数额，刑法修正案（九）把具体数额删掉，从原则上规定数额较大或者情节较重，数额巨大或者情节严重，数额特别巨大或者情节特别严重这三种情况，相应地规定了三档刑法量刑。以前规定具体的数额，虽然很明确、具体，但在司法实践中，贪污贿赂犯罪特别是受贿犯罪，不同案件的情节差别很大，单纯考虑数额，很难全面反映具体的社会危害性。而且，数额规定过死，有时很难根据案件的不同情况，做到罪责刑相适应。

在我看来，规定具体的数额，有时难让公众在贪污受贿案件中感受到公平正义。比如，10万元以上的案件中，有的贪污受贿100万元，有的贪污受贿200万元，还有的贪污受贿500万元，但其量刑差不多，那老百姓肯定感受不到公平正义。基于这些理由，立法机关根据各方面的意见，删去了对贪污受贿犯罪具体数额的规定，修改后的定罪量刑标准更加科学。

现在这个标准是，"数额"＋"情节"并重的两元弹性模式，更能够实现罪责刑相适应，更好地体现各自的社会危害性。如受贿案件中，有的人是索贿，有的人是没有索贿，有的案件造成严重后果，有的就没有造成严重后果，情节不一样就造成被告人行为社会危害性不一样。若单纯考虑数额，就很难解决这些问题。

**主持人**：有法律人提出，刑法修正案（九）自11月1日起实施，但对多大金额算数额较大、巨大、特别巨大没有出台司法解释。此时，法院已依据刑法修正案（九）作出判决。对此，您怎么看待？这一做法有哪些积极意义？同时，又会存在哪些问题？

**彭新林**：刑法修正案（九）已经生效了，但是最新的司法解释还没有出台，在这个过渡期间，有些案件审限到了，不能不判。我觉得，北京高院的这个判决，会有一定的示范作用。我看判决中的表述，说到根据从旧兼从轻的原则。而且，"两高"要出司法解释，会征求地方意见，他们可能掌握相关情况。这个案件审理中，适用了刑法修正案（九）的规定，我觉得这也具备一定的"试水"作用。

以前贪污 10 万元以上的，都是判十年以上有期徒刑，现在判四年，老百姓会觉得这个标准提高了，会影响惩治腐败的力度。所以，我觉得通过过渡时期，前期的"试水"或示范，可能会有一定的引导作用。

当然，大家还应当全面、科学、准确地理解刑法修正案（九）中对贪污受贿犯罪的定罪量刑标准。如赵磊案中，法院就是根据其具体情节，判了三年。还有北京二中院改判的那个案件，根据被告人退赃、认罪、悔罪等情节，最终判处一年零六个月的刑期。通过这些案件说明，我们不能仅仅去关注贪污受贿犯罪的数额，数额是一个重要标准，但不是全部的标准，还得关注其情节。

对于北京高院的"试水"之举，我觉得其他省份还应当注意审慎稳妥，因为具体司法解释的标准毕竟没对外公开，若都按自己的理解，有的地方觉得可以判三年，有的地方觉得可以判八年，这就会影响刑法的统一适用了。

其次，因为这个数额标准改动，会影响溯及力的问题，就是追溯时效的问题。因为刑法里规定，法定最高刑不满五年有期徒刑的，其追溯时效为五年。五年以上不满十年的，追溯时效为十年。也就是说，以前一般的贪污受贿案件，大部分追溯时效是十年，现在这个标准改了，贪污数额较大或者有其他较重情节的，处三年以下有期徒刑，等于它的法定最高刑就是三年，如此，其最高刑不满五年，追溯时效最长就五年。

**主持人**：有法律人提出，"30万判3年"代表着北京高院甚至更高层认为30万元可能是数额较大和数额巨大的分界线，这意味着目前侦查、起诉、审判环节大量腐败犯罪难以定罪，更致命的是，未来腐败犯罪的侦查被套上了"紧箍咒"。对于这个观点，您是怎么看待和理解的？

**彭新林**：没有必要如此担忧。因为持这一观念的人，主要看的是30万元涉案数额，导致其有所误解。贪污贿赂犯罪数额较大，检察机关就可以立案侦查。而且，就算有人贪污贿赂犯罪数额不够较大，那也不一定是无罪，因为现在的标准是"数额"＋"情节"。即使数额没有达到较大标准，但是情节很严重，这也可以立案侦查，也应当适用三年以下有期徒刑或者拘役的刑罚。

**主持人**：对于多大金额算数额较大、巨大、特别巨大的司法解释，有必要即刻出台吗？在您看来，司法解释出台的难点在哪些方面？

**彭新林**：当然是很有必要尽快出台的。据我所知，许多地方的法院或律师都在等这个司法解释出台。在审理期限范围内都在等。尽快出台以便于司法的统一适用，否则会影响法律的权威性和严肃性。刑法修正案（九）规定比较概括，什么是数额较大、什么是数额巨大、什么是数额特别巨大？这得由司法解释来明确，明确具体的标准和界限，便于司法机关掌握和操作。

至于该解释出台的难点，我觉得在于这个标准公布后，可能社会舆论的认识会有所偏差，觉得现在反腐的力度是不是降低了？有没有违反当前"零容忍"的惩治腐败的方针？确实有很多人有这样的担忧。

"零容忍"惩治腐败主要强调的是有贪必肃、有腐必反。不论你是什么身份，不论你贪污的数额是多少，我们查处腐败的态度是坚定的。不定指标，上不封顶，发现一起查处一起，保持严厉惩处的尺度不松。但是我们说，反腐败、零容忍态度惩治腐败，并不是说所有的腐败行为都属犯罪，我们还可以对一些轻微腐败行为，进行党纪、政纪处分。这也体现了以零容忍态度惩治腐败的方针。

所以，要正确理解以"零容忍"的态度反腐。另外，刑法修正案（九）通过之前，贪污贿赂犯罪的刑罚入罪标准是五千元的起刑点，但在司法实践中，一些轻微犯罪检察院就没有起诉。等于说，原刑法的规定在司法实践中出现了虚置化现象。甚至在一定程度上出现了有案不查、小案不立的现象。例如，有检察院通报称侦办的贪污贿赂等职务犯罪大案率是100％。这次我们把标准提高，就是想促使它在实践中真正得到落实。

**主持人**：有观点说，北京高院的这一判例，让许多贪官"奔走相告"。在您看来，刑法修正案（九）真的会让许多贪官逃避打击吗？

**彭新林**：我认为，没有必要担忧。因为刑法修正案（九）对贪污受贿犯罪定罪量刑标准的修改，只是让它更加科学、合理，更能体现个罪的社会危害性，实现司法实践中对贪污受贿犯罪定罪量刑时，更能够符合罪责刑相适应原则。以往，假如涉案数额标准没达到，就难以定罪。现在有情节标准的限制。比如入罪的起刑数额为三万元，若他涉案金额仅两万五千元，但其情节较重，照样可以判。而且，就是情节一般、受贿数额一两万元，我们根据社会危害性，本来就不应该入刑，完全给予党纪、政纪处分就可以了。

**主持人**：刚才提到许多法院、律师"等判"现象。您怎么看待这一现象？

**彭新林：**这个也能理解。因为现在有一定程度的司法解释依赖现象。司法解释有明确规定，那我就按照司法解释规定来判，就没有任何风险。只要是在审限范围内，"等"也完全是合法的。而且这样做也主要是出于对有利被告原则的遵从。因为司法解释没出台，但大的方针是标准提高，现在是正常的审限范围内等着司法解释出台，法院采取了有利于被告人的态度，这是可以的，也是合理的。因为刑法讲求人权保障职能。罪刑法定原则主要是体现人权保障职能。所以，只要是没有超过审限，是可以的。

**主持人：**刑法修正案（九）实施后，会对检察机关查办职务犯罪工作带来哪些影响？从事反腐败工作的检察官，该如何适应这一立法方面的调整？

**彭新林：**刑法修正案（九）除了对贪污受贿犯罪定罪量刑标准进行修改，对打击行贿犯罪也有修改。行贿犯罪的处罚条件更加严格了，还增加了对有影响力者行贿。首先，应当纠正实践中出现的重判受贿、轻查行贿的现象。最高检曾经开过相关的会议、颁布相关的工作文件，要求检察机关进一步加大打击行贿犯罪的力度，依法从严惩治行贿犯罪。这次对行贿犯罪的从宽处罚条件严格了，而且增设了对有影响力者行贿罪的规定。刑法修正案（九）通过之后，司法机关特别是检察机关，要尽力消除重查受贿、轻查行贿的情况，应当把行贿犯罪的惩治摆在和受贿犯罪同样的高度。

第二，定罪量刑标准改了以后，确实应该纠正实践中存在的有案不查、小案不立，搞内部"消化"的现象。以前三万元以下，没有移送到法院审判，检察机关就不起诉了。严格来说，这是没有严格执法。第三，检察机关在查办职务犯罪，特别是受贿犯罪过程中，不能仅仅关注数额，还应当关注情节。以前五千块钱以上或者10万块钱以上，这个案子基本就做成了，更多的是关注受贿数额，对情节相对没有那么重视。现在是数额和情节并重了，除了关注数额，还应当去调查和掌握他受贿犯罪情节方面的证据，比如有没有造成严重后果、恶劣影响，或者是谋取不正当利益，这方面的工作应该做得更扎实一些。因为情节会严重影响定罪量刑。这相当于对检察机关查办职务犯罪提出了更高的要求。所以，我觉得主要是从三个方面，无论是从事反腐败的检察官，还是检察机关的反腐职能部门，应当尽快适应这一调整和转变。

**主持人：**在加强反腐败立法工作方面，您还有哪些建议或期待？

**彭新林：**首先，可以在刑事诉讼法中设立一个污点证人作证豁免制度。什么是污点证人？往往是贿赂犯罪中的行贿人，若你配合司法机关查办案件，那就可以在法律上给你适当的从宽处理。第二，应当确立腐败犯罪案件的刑事推定规则。如对腐败犯罪尤其是贿赂犯罪案件中，那些难以证明的要素，尤其是对主观方面的证明，可以采取推定。现在刑事证明有两种方法，一个是证据，另一个辅助的方法就是推定。当然，推定的前提得有基础事实，再根据推定规则，推定你有受贿的故意，这样可以大大减少或降低检控机关证明腐败犯罪的难度，提高惩治腐败犯罪的效率。

**主持人**：您提到的推定规则，国外也有适用吗？

**彭新林**：有的。联合国反腐败公约就有腐败犯罪案件的刑事推定规则。我国是联合国反腐败犯罪公约的缔约国。反腐败公约对我们有约束力。其实，我们刑事立法中也有推定规则运用，但是不全面。比如巨额财产来源不明，身为国家工作人员，你的财产跟收入明显不成比例，但又不能查实你是贪污受贿，就可以推定是非法所得，便可以以巨额财产来源不明罪定罪处罚。非法所得的推定，就是推定规则的一个运用。但这个规则还不完善，尤其是推定的程序规则没有。

**主持人**：好的，谢谢彭所长。也感谢各位网友的关注。

# 用严密制度让潜逃贪官无处藏身 *

**背景：**携手打击跨国（境）腐败，加强反腐败追逃追赃国际合作，不仅是我国反腐败工作的现实需要，也是国际社会尤其是广大发展中国家的共同诉求。二十国集团反腐败追逃追赃研究中心研究员彭新林指出，加强反腐败追逃追赃务实合作，是符合各方利益和关切的"双赢"选择。不过，境外追赃比境外追逃更难，必须采取行之有效的措施。

**《清风》《检察风云》：**在当今全球化时代，腐败已成为困扰各国经济社会发展的世界性难题，且越来越呈现出跨国（境）发展趋势，腐败分子外逃出境会造成什么危害？

**彭新林：**腐败分子出逃境外通常有一定主动性和计划性，

---

　　* 原载《清风》2017 年第 7 期、《检察风云》2017 年第 11 期，记者化定兴、闻涛。

大多是抱持"捞了就跑、跑了就了"的心态，往往在出逃前缜密谋划，有意识地向境外转移非法获得的资产，或者安排配偶子女出国，一有"风吹草动"，立马逃之夭夭。腐败分子外逃的国家相对较为集中，主要是美国、加拿大、澳大利亚、荷兰等西方发达国家。腐败分子选择少数西方发达国家作为"避罪天堂"，除了向往优越的生活条件外，主要是这些国家尚未与我国签订引渡、遣返等条约，使得他们出逃后较易逃脱法律制裁。腐败分子外逃出境尤其是携款潜逃，具有严重的危害性，表现在经济、政治、社会等多个方面：首先，其阻碍国家对腐败分子的刑事追诉，增加了惩治腐败犯罪的难度和成本，影响反腐败斗争的成效。其次，腐败分子频频成功外逃，若不能加以有效制裁，势必会对国内潜在的腐败分子起到负向激励的作用，降低司法威慑力，损害国家的法制尊严和权威。再次，会对国家安全利益造成潜在威胁。有些外逃的腐败分子，由于之前掌握国家有关领域重要机密内容，他们外逃后，容易被境外敌对势力收买拉拢，对我国政治、军事、经济安全造成潜在威胁。最后，也会冲击逃入国的金融市场秩序。腐败分子出逃前必定会想方设法向境外转移非法资产，而巨额非法资金的涌入势必会给当地的经济发展带来负面影响和不稳定因素。

反腐败追逃追赃是我国反腐败工作的重要组成部分，也是党风廉政建设和反腐败斗争必须抓好的重大任务，关系到国家形象和人民利益，关系到法治尊严和反腐败成效。党的十八大以来，党中央把党风廉政建设和反腐败斗争提到了新高度，国内重拳"打虎""拍蝇"与海外强力"猎狐"双管齐下，取得了有目共睹的显著成效，营造了有利于追逃追赃的强大法治声威和舆论氛围，国际社会给予高度评价。习近平总书记在十八届中央纪委六次全会上深刻指出："要加大境外追逃追赃力度，推动二十国集团、亚太经合组织、《联合国反腐败公约》等多边框架下的国际合作，实施重大专项行动，把惩治腐败的天罗地网撒向全球，让已经潜逃的无处藏身，让企图外逃的丢掉幻想。"

《清风》《检察风云》：腐败分子外逃出境危害如此之大，有没有有效的追逃方式？

彭新林：追逃方式当然一直有。境外追逃的主要方式，除了引渡之外，还有引渡的常规和非常规的替代措施，以此解决无双边引渡条约情况下的追逃问题。引渡的常规替代措施有遣返、劝返、境外刑事诉讼等方式。这些常规的替代措施都是在有关国家法律制度的框架内适用的，得到了各国的普遍认可。引渡的非常规替代措施如绑架、诱骗等方式。这些非常规的替代措施，由于有侵犯相关国家的主权和个人人权之虞，正当性上存在较大争议，只在极少数特定情况下才使用。回视国内，从近年来腐败犯罪境外追逃的实际情况看，我国已初步形成了引渡、遣返、劝返和异地刑事追诉等多种追逃方式并存、相互补充、重点突出的境外追逃方式体系，已成功地将一批外逃的腐败分子缉捕归案，效果非常明显。

**《清风》《检察风云》：**追逃的一个重要目的就是追赃，这方面存在哪些困难？

**彭新林：**在当前国内高压反腐的态势下，一些腐败分子犹如"惊弓之鸟"，想方设法向境外转移腐败资产，如有的秘密取得国外永久居民身份，通过地下钱庄等渠道将腐败资产转移境外；有的通过在境外购房、开公司、投资、炒股等方式将腐败资产"合法"转移到境外；有的将子女等近亲属送往国外学习、定居，里应外合，共同洗钱；还有的让行贿人直接将贿赂款存入在境外开设的账户。我国积极建立健全腐败资产追回机制，根据《联合国反腐败公约》以及相关司法协助条约和协定，综合运用直接追回、间接追回等多种途径，有效追回了大量腐败资产，取得了明显成效。但是困难依然不少。主要表现在对腐败资产之违法性的证明和认定难度较大；中外对"没收财产"范围的理解存在较大差异；"违法所得没收程序"之证明标准过高；腐败资产分享机制尚未制度化、规范化；域外刑事没收裁决的承认和执行制度缺失；追赃可能造成我国与资产流入国经济利益上的冲突等。

**《清风》《检察风云》：**您对破解我国反腐败境外追赃难点有哪些好的建议？

**彭新林：**做好新形势下我国反腐败境外追赃工作，需要综合施策、多措并举：第一，境外追赃与境外追逃双管齐下，以追逃促追赃，形成境外追赃追逃的整体合力。若能实现成功追逃，追赃就相对比较容易，能更好地掌握追赃的主动权。第二，确立"优势证据"的违法资产证明标准，充分激活"违法所得没收程序"在资产追回上的功能。第三，确立承认、执行外国刑事没收裁决的制度，从而可根据互惠和对等原则要求外国认可我国法院作出的刑事没收裁决。第四，建立务实合理的资产分享机制，最大限度地追回外流腐败资产。第五，刑事裁决中灵活处理"没收财产"事项，没收外流腐败资产适用《刑法》中"特别没收"规定，以此纾解境外追赃配合难的困境。第六，以建设性的方式管控分歧，敦促资产流入国履行返还资产的条约义务，推进追赃务实合作。

# 刑事执行检察纠防冤假错案具有职能优势

## ——谈检察机关开展刑罚执行监督工作[*]

**背景：** 最高检近期将向全国人大常委会专题报告刑罚执行监督工作。这种专题报告有何意义？近些年，刑罚执行监督工作取得了哪些成就？新形势下，刑罚执行监督工作迎来哪些机遇和挑战？2015年10月30日上午10时，围绕上述问题，北师大刑科院中国刑法研究所副所长彭新林做客正义网"正义论坛"进行解读。

**主持人：** 各位网友，大家上午好！欢迎关注"正义论坛"。我们今天有幸邀请到的嘉宾是北师大刑科院中国刑法研究所副所长彭新林。首先，请彭老师给大家打个招呼。

---

[*] 2015年10月30日正义网"正义论坛"视频直播播出，主持人高鑫。

彭新林：各位网友好！很高兴来到检察日报正义网做客，就检察机关开展刑罚执行监督工作这一话题与大家交流。

主持人：彭老师，您也是反腐研究方面的知名专家，最高检近期将向全国人大常委会专项报告刑罚执行法律监督工作。两年前，最高检还作过反贪工作专项报告。在您看来，最高检为何如此高规格地对待刑罚执行监督工作？另外，您如何看待专项报告这种形式？

彭新林：最高检以专项报告的形式，就刑罚执行监督工作向全国人大常委会报告，充分体现了最高检对刑罚执行监督工作的重视。当然，这也是全国人大常委会依法行使监督职权的重要体现，是全国人大常委会加强对"两院"监督工作的重要举措。《中华人民共和国各级人民代表大会常务委员会监督法》第八条就明确规定，各级人民代表大会常务委员会每年选择若干关系改革发展稳定大局和群众切身利益、社会普遍关注的重大问题，有计划地安排听取和审议本级人民政府、人民法院和人民检察院的专项工作报告。刑罚执行监督是引发社会广泛关注的一个热点话题，特别是近年来，实践中出现了一些服刑人员通过不正当手段"花钱赎刑""以钱赎身"的情况，社会反响强烈，这确实是关系群众利益、社会普遍反映的一个热点话题。因此，就刑罚执行监督工作情况，全国人大常委会听取最高检的专项工作报告，这不是偶然的，而是全国人大常委会加强对检察工作监督的一个重要形式，此其一。

　　其二，监督同时也是支持。通过听取审议最高人民检察院关于刑罚执行监督工作报告的情况，便于全国人大常委会了解刑罚执行的实际情况，在实践中面临的问题和困难。常委会听取专项工作报告后可以提出建设性的意见和建议，督促检察机关改进不足，帮助解决一些实际困难。我想，监督不是目的，只是一个督促的手段，本质上还是想督促和帮助检察机关依法独立行使检察权，更好地开展法律监督工作。所以，从这个角度来说，它也是对检察机关开展刑罚执行法律监督工作的一个重要支持。最高人民检察院专门就刑罚执行监督情况向全国人大常委会做专项工作报告，首先也是对国家权力机关负责、主动接受国家权力机关监督的重要体现。

　　**主持人：**说到"刑罚执行监督"，这个词听起来有些陌生。但我说一些热点事件，大家或多或少都有所了解，如"躲猫猫"死、越狱、花钱减刑、违规保外就医等。这些年来，在刑罚执行方面，确实存在一些不规范，如健力宝集团原董事长张海违法减刑事件。在您看来，这些现象产生的根源是什么？其透漏出哪些值得研究的问题？

　　**彭新林：**刑罚执行是刑事法律实施的最后一个环节，它具有重要的功能和价值。即使整个刑事诉讼过程和结果是公正的，一旦刑罚执行出现问题，那也可能使刑罚的效果和目的功亏一篑。所以，加强对刑罚执行的监督，是非常必要和重要的。司法实践中之所以出现"躲猫猫"、违规减刑、假释、暂予监外执行等现象，既有客观原因也有主观因素。我想，具体来说主要有这么几个方面：第一，有的地方对减刑、假释、暂予监外执行的实体条件把握过宽，这与对宽严相济刑事政策的理解存在偏差有一定关系。按照我国《刑法》规定，被判处管制、拘役、有期徒刑、无期徒刑的犯罪分子，在执行期间，如果认真遵守监规，接受教育改造，确有悔改表现或者有立功表现的，可以减刑。那么什么是"确有悔改表现"或者"有立功表现"呢？有些地方或者部门对其条件和标准把握不严格，比如说是可以减刑，他把"可以"理解成"应当"，理解成"必须"，所以就出现了标准把握不严的问题。

除此之外，《刑法》规定，有发明创造或者有重大技术革新的情况可以认定为立功表现，但实际中在具体认定时，对于发明创造有的可能不是服刑人员独立完成的，有的可能是重大技术革新没有经有关主管部门进行认定，但是行刑部门就直接予以认定了，导致"确有立功表现"的条件把握存在过于宽松的问题。还有的情况是，对于行刑人员在监狱服刑表现存在一定程度上的唯计分论倾向，其实，我们考察在押人员在服刑期间的表现，应当进行综合评判，不能完全唯计分论。这是第一个方面的原因。

第二个方面的原因，主要是存在一些司法腐败的因素。

特别是有些职务犯罪、金融犯罪以及涉黑犯罪的服刑人员，利用个人影响力或者社会关系与一些司法工作人员勾结，大搞权钱交易，这些司法工作人员滥用职权、徇私舞弊，为他们违规办理减刑、假释、暂予监外执行。像广东健力宝集团原董事长张海案件，广东监狱和看守所的有关部门，接受了张海亲属的贿赂，最后在张海转监、虚假立功、减刑方面提供帮助，导致张海经过违规减刑，提前四年多的时间出狱，最后潜逃境外，造成了极其恶劣的社会影响。

第三个方面的原因，主要与我们司法机关办理减刑、假释、暂予监外执行的案件程序不够公开透明有一定关系。因为减刑、假释、暂予监外执行案件的办理，主要是在司法机关的内部进行，程序有一定的封闭性，而且过去大多数的减刑、假释案件，是采取书面审理的形式，这就为暗箱操作、违规办理减刑、假释、暂予监外执行提供了操作空间。实际上，阳光就是最好的防腐剂，只有通过公开透明的程序，才能够斩断通过权钱交易等不正当手段进行违规减刑、假释、暂予监外执行的企图，打消他们的这些念想。

第四个方面的原因，与我们刑罚执行监督部门，也就是我们的检察机关，对减刑、假释、暂予监外执行的监督制约力度不够有一定关系。传统的刑罚执行监督，主要依靠派驻监管场所的检察专门机构，对刑罚执行情况实施监督。由于在办公场所、设备、经费等方面对监管场所的依赖关系，在实践中往往出现配合有余、制约不足的情况，重统计、轻分析，重纠正、轻查处，一定程度上存在着这种现象。这就导致对刑罚执行监督的刚性不够，监督制约的力度不够。所以，综合上述四个方面的原因，就出现了诸如"躲猫猫"以及张海违规减刑案这些案件。

**主持人：** 彭老师，您刚才从四个方面跟我们详细分析了刑罚执行方面存在不规范的根源。我们知道，您对检察工作很熟悉，也很关心。近年来，检察机关一直加强刑罚执行监督工作，并且最高检将监所检察厅更名为刑事执行检察厅。在刑罚执行监督方面，检察机关做出的哪些努力、套索和成效令您印象深刻？

**彭新林：** 最高人民检察院监所检察厅改名为刑事执行检察厅，我想这是必要的。以往监所检察部门主要是对监狱和看守所实行检察监督，但是随着经济社会和法治发展，特别是2012年《刑事诉讼法》修订之后，对于监所检察部门又赋予了很多新的职责和权能，使得仍沿用"监所检察厅"的称谓有点"名不副实"。比如说对社区矫正的监督，对强制医疗执行的监督，这是监所检察没法涵括的内容，也不符合刑事执行检察的工作性质和职责范围。将监所检察厅改为刑事执行检察厅，不仅仅是一个名称的改变，也有利于最高人民检察院对全国检察机关刑事执行检察业务的统一领导、管理和协调，推动刑事执行检察业务的深入开展，是提升检察机关法律监督能力、促进和维护司法公正的客观需要。

在我看来，目前我国刑罚执行监督工作应该说是亮点纷呈，取得了很多可圈可点的成绩。首先，制度建设取得了重要成果。制度是带有根本性、长期性、稳定性的，没有健全的制度，没有对这些减刑、假释、暂予监外执行权力的规定，没有把这些权力关进制度的笼子里，你就很难避免违规减刑、假释、暂予监外执行现象的发生。2014 年 1 月，中央政法委就出台了《关于严格规范减刑、假释、暂予监外执行，切实防止司法腐败的指导意见》（中政委〔2014〕5 号），这个《指导意见》进一步严格了减刑、假释、暂予监外执行的实体条件，从严规范程序，从重追究违规办理减刑、假释、暂予监外执行的纪律、法律责任。这是一个重要的指导性文件。紧接中央政法委 2014 年的 5 号文之后，最高人民检察院在当年 6 月印发了《关于对职务犯罪罪犯减刑、假释、暂予监外执行案件实行备案审查的规定》，7 月份又出台了一个《人民检察院办理减刑、假释案件规定》，前面这个规定主要是针对职务犯罪罪犯的减刑、假释、暂予监外执行，从纵向上加强上级检察机关对下级检察机关的领导关系，后面这个规定则是针对所有罪犯的减刑、假释，从横向上加强检察机关对人民法院、执行机关的监督。在这两个文件之后，2014 年 10 月，"两高两部"加上原国家卫生计生委又出台了一个《暂予监外执行规定》，为规范暂予监外执行，强化对其的法律监督，杜绝司法腐败，提供了强有力的制度平台。可以说，关于刑罚执行监督，制度建设是非常有力的，搭建了非常严密的规制减刑、假释、暂予监外执行权力运行的制度笼子，减刑、假释、暂予监外执行的操作都要受到这些规范性文件的约束。这是第一个方面。

第二方面，我觉得主要是对刑罚变更执行的同步监督作用比较明显。比较典型的案例，如原国际级足球裁判陆俊减刑案，检察机关从监狱提请减刑到减刑案件的开庭审理，派出了检察官出庭发表检察意见，进行了全程的同步监督，不论是实体上还是程序上，都落实了同步监督的要求。陆俊减刑案开庭，减刑、假释案件的开庭审理，有助于推动刑罚变更执行的公开、公平、公正，以及促进法律的正确实施。

除此之外，还有一个重要的方面，就是检察机关清理纠正久押不决案件取得明显成效。对于实践中超期羁押、久押不决的案件，中央政法委高度重视，曾经要求检察机关进一步加大法律监督力度，及时督促办案机关清理纠正久押不决的案件。经过检察机关和其他政法机关的共同努力，目前对于久押不决这一长期困扰我国政法机关的"老大难"问题，基本上已经解决，取得了明显的成效。比如说，对于一度引发社会广泛关注的福建念斌案、河南李怀亮案，检察机关在清理这些长期羁押、久押不决的案件中，根据证据裁判原则和无罪推定原则，会同人民法院对念斌和李怀亮作出了无罪处理，实现了法律效果和社会效果的有机统一。主要是这三个方面。

**主持人：**在刑罚执行监督方面，最高检曾开展专项检察活动，重点针对在监狱服刑、看守所服刑和监外社区矫正的职务犯罪罪犯、金融犯罪罪犯、涉黑犯罪罪犯等重点罪犯的减刑、假释、暂予监外执行。在您看来，为何会把这些人列为监督重点？

**彭新林：**职务犯罪罪犯、破坏金融管理秩序和金融诈骗罪犯以及涉黑罪犯，其实这三类人简而言之就是"有权、有钱、有势"的三类人群。在我们司法实践中，出现违规减刑、假释、暂予监外执行问题最为突出的，也就是这三类人群。有些地方发现，这三类人群，特别是其中的职务犯罪罪犯，在服刑期间通过不正当手段，包括行贿、权钱交易企图获取减刑、假释、暂予监外执行，引发了一些社会问题，人民群众非常关注，社会反响强烈。所以，2014 年 1 月，中央政法委就出台了规范性文件，专门针对这三类罪犯出台了《关于严格规范减刑、假释、暂予监外执行，切实防止司法腐败的指导意见》。因为这三类罪犯在刑罚变更执行中的问题最为明显，他们相对普通罪犯，减刑起始时间、间隔时间比较短，而且减刑的幅度又比较大，减刑的频度又比较快，暂予监外执行和假释的比例比较高，特别是有的罪犯采取假计分、假鉴定、假立功等手段违法获取减刑、假释、暂予监外执行，人民群众反响特别强烈。所以我想，选择这三类罪犯进行专项的检察活动，是有针对性的，是突出了问题导向，突出了监督的重点。

**主持人**：在这方面相当于是牵住了问题的"牛鼻子"。

**彭新林**：对的，可以这么说。

**主持人**：减刑、假释、暂予监外执行是宽严相济刑事政策在刑罚执行中的具体体现。像您刚才说的，在司法实践中，刑罚执行还存在一些问题，如有些地方对刑事政策把握不严等现象。据您观察，怎么能够保证这个政策更好地落实，在这些方面您有没有一些具体的建议和意见？

**彭新林**：宽严相济刑事政策是我国的基本刑事政策，它对刑罚变更执行以及刑罚执行监督都具有重要的指导意义。宽严相济刑事政策，强调宽与严、轻与重的有机结合、合理协调，其实质就是一方面应当有力打击震慑犯罪，维护法制的严肃性和权威性，同时也要尽可能减少社会对抗，化消极因素为积极因素，实现法律效果和社会效果的统一。宽严相济的"宽"并不是宽到无边，"严"也不是片面从严，无论是从"宽"还是从"严"，都应当有合理的根据，都应当依照法律来进行。刑罚变更执行以及执行监督工作贯彻宽严相济刑事政策，既要体现从宽的一面，也要体现从严的一面，切实做到"该宽则宽，当严则严，宽严审时，宽严有度"。具体来说，对于累犯、危害国家安全犯罪以及故意危害公共安全犯罪，涉众型经济犯罪、严重暴力犯罪等严重犯罪，以及涉黑犯罪、恐怖组织犯罪、邪教犯罪等有组织犯罪的骨干成员、组织者、领导者，在他们的减刑、假释上面应当从严掌握，这是一点。

另外一点，对于中央政法委文件规定的这三类罪犯，也就是职务犯罪罪犯、金融犯罪罪犯以及涉黑犯罪罪犯，对于这三类人员的减刑、假释、暂予监外执行也应当贯彻从严的要求，维护公平正义，确保改造效果。如从严把握严重疾病范围和条件，防止出现违规保外就医等情况。如虽然有的罪犯患有糖尿病、心脏病或者高血压等疾病，但经诊断在短期内不致危及生命的，或者适用保外就医可能产生社会危险性的，或者自伤自残的，就应当从严把握，不得保外就医。也就是说，对这些人员的刑罚变更执行监督，应当着重体现宽严相济刑事政策中从严的一面。

另外一方面，对于未成年犯、老年犯、残疾罪犯以及过失犯、中止犯、胁从犯、因防卫过当被判处徒刑的罪犯、积极缴付财产执行财产刑、履行民事赔偿责任的罪犯，以及其他主观恶性比较浅、人身危害性比较小的罪犯，在刑罚变更执行的掌握上，要注重体现宽严相济的刑事政策从宽的一面。特别是对于未成年犯，因为未成年犯身心健康发展不是很成熟，社会阅历较浅，对于这些人，在把握减刑的幅度、减刑的间隔时间、起始时间方面，可以适当地从宽把握，从而发挥宽严相济刑事政策最大的政策功效。

**主持人**：谢谢彭老师。您刚才也提到，党的十八届三中、四中全会都对完善刑罚执行制度作出了重大部署，修改后刑诉法也赋予检察机关新的刑事执行检察职能。在您看来，新形势下，检察机关开展刑罚执行监督工作迎来哪些良好机遇？同时，又面临哪些挑战和考验？

**彭新林**：十八届三中全会和四中全会《决定》，对完善我国刑罚执行制度包括统一刑罚执行体制作出了重要部署，2012 年修改的《刑事诉讼法》也有很多条文直接或者间接涉及刑罚执行监督工作。我想，三中全会和四中全会作出的部署和《刑事诉讼法》的修改，以及我们目前法治发展的情况，确实为检察机关刑罚执行监督工作提供了难得的机遇，包括扩展了职能范围，提升了监督地位，拓宽了监督的领域，这一方面有助于刑罚执行监督工作的深入开展和刑罚执行监督制度的发展完善，对于保障当事人的合法权益、贯彻宽严相济刑事政策、提高刑罚执行监督的效果和力度提供了制度方面的保障，这是难得的机遇。与此同时，它也是一个挑战，因为这次新修订的《刑事诉讼法》给检察机关刑事执行检察部门增加了很多新的职责和任务，特别是在目前，人民群众对刑罚变更执行活动的关注度越来越高，对刑事执行检察工作的要求也越来越高。在这种情况之下，刑事执行检察工作的任务势必是更加艰巨繁重，面临的形势也是越来越严峻。

比如说，2012 年新修订的《刑事诉讼法》对刑事执行检察工作的影响，就体现在多个方面。第一，以往对于减刑、假释、暂予监外执行，检察机关只需进行事后监督，新修订的《刑事诉讼法》则赋予了检察机关进行事前监督的职责。监狱、看守所在对相关的在押人员提出减刑、假释、暂予监外执行的书面意见时，应当把书面意见的副本抄送人民检察院，人民检察院可以提出相关的书面意见。就是说，赋予了检察机关对减刑、假释、暂予监外执行案件的事前监督的职责，以往就是事后监督，现在是有事前监督这么一个职责，这是其一。第二，增加了检察机关刑事执行检察部门参与羁押必要性审查的职责。羁押必要性审查的立法目的，主要是加强检察机关对羁押措施的监督，防止超期羁押和不必要的关押等情况，更好地保护在押人员的合法权益，提高司法公信力。虽然没有明确检察机关的具体哪一个业务部门来负责羁押必要性的审查，但是我想，刑事执行检察业务部门，负有保护在押人员合法权益的职责，有条件去了解在押人员羁押的情况，也有义务受理在押人员请求变更强制措施、请求进行羁押必要性审查的申请。那么，刑事执行检察部门参与羁押必要性审查则是理所当然的，应当与侦查监督部门、公诉部门共同开展好这项工作。第三，新增了检察机关对于强制医疗执行活动进行监督的职责。目前强制医疗机构主要是安康医院，是公安机关管理的一种特殊监管场所，将来对安康医院这些强制医疗机构的监督职责由刑事执行检察部门承担，基本是确定的。第四，对羁押期限监督和维护在押人员合法权益的任务增加。随着《刑事诉讼法》对人民法院审理期限延长和变化的一些修改，刑事执行检察部门承担的羁押期限监督任务会更加繁重，派驻检察机构应当依法监督审判环节审理期限的执行情况，监督法院是否依法办理换押手续、是否依法办理延长审理期限的审批手续。

除此之外，还有一个重要的职责就是对社区矫正的法律监督。社区矫正是非监禁刑罚执行活动，是刑罚执行活动的重要组成部分，对社区矫正的法律监督问题越来越突出地摆在面前。刑法修正案（八）、2012年新修订的《刑事诉讼法》以及相关司法解释都涉及社区矫正问题，检察机关对刑罚执行的监督必然包括对社区矫正进行法律监督的职责。新《刑事诉讼法》将原来五种监外执行罪犯中的四种纳入了社会矫正的范围，刑事执行检察部门承担的监外执行检察任务将转变为社会矫正法律监督。总而言之，新刑事诉讼法赋予的这五大方面新的职责和任务，对检察机关刑事执行检察部门的法律监督工作提出了更高的要求，是刑事执行检察部门应当面对的现实挑战。

**主持人：**说到刑罚执行监督，有一个案子相信广大网友都有所了解，就是浙江张氏叔侄案。这个案件的纠正，跟新疆石河子检察官张飚多年的努力推动有很大关系。在您看来，刑罚执行监督部门在发现、防止和纠正冤假错案方面有哪些优势？或者它应该起到怎样的作用？

**彭新林**：确实像您所说，一些冤错案件是我们检察机关刑事执行检察部门的检察官们最初发现线索的，包括浙江张氏叔侄涉嫌强奸致人死亡案件，就是石河子检察机关的张飚检察官立足监所检察的职能，做了大量工作后发现的冤假错案，当然最后是进行了纠正，对张氏叔侄进行了无罪判决，取得了良好的法律效果和社会效果。从这个案件也可以看出，我们刑事执行检察部门在防范和发现冤错案件方面是大有可为的，具有独特的职能优势和不可替代的重要作用。为什么？因为刑事执行检察，特别是派驻检察，可以零距离地接触这些在押人员，完全有机会发现这些在押人员冤错案件的"蛛丝马迹"。而且我们刑事执行检察部门，相对于公诉部门更加具有客观、中立的属性，有利于全面、客观、及时地防止和纠正冤假错案。这是这个部门的一些独特职能优势。

我想，刑事执行检察部门可以着重从以下几个方面努力，做好刑事冤假错案的防范和纠正工作。首先，可以结合刑事强制措施执行的监督，认真做好防止冤假错案的工作。如加强对看守所出、入所在押人员身体健康检查的监督，了解有没有受到刑讯逼供或者虐待、变相虐待等情况；对入所在押人员的真实身份进行核查，去发现有没有冒名顶罪的情况。加强对在押人员看守所外提解的监督，像侦查机关出于起赃或辨认等需要可能需要提解在押人员，那么我们刑事执行检察部门就可以跟进，去了解提解的时间、地点、理由、审批手续等情况，做好还押时体检情况记录的检查，检查提解期间在押人员有没有受到体罚虐待、刑讯逼供或者暴力取证等违法办案的情况。还可以进行定期或者不定期的巡视检察，注意发现和纠正对被监视居住人刑讯逼供、体罚虐待等情况以及可能造成冤假错案的一些线索。这是一个方面。

第二个方面，也是最重要的一方面，就是结合刑事判决、裁定、决定执行的监督，去做好冤假错案的相关防范工作。如有些刑事裁判执行时，在押人员当场喊冤或者自杀、自残，拒绝减刑，而且反复申诉。那么，我们刑事执行检察部门就完全可以调查核实，了解相关原因，发现有冤假错案可能的，应当及时报告。再如，对于死刑执行监督，有些即将被执行死刑的人员，在临场监督执行死刑中要注意核实他的身份、年龄等情况，看有没有临刑前喊冤或者可能需要改判的情形等，这样的话就可以更好地防止错杀。

第三个方面，可以结合强制医疗执行的监督去防范冤假错案的发生。比如说有些罪犯他可能不符合强制医疗执行的条件，有的可能是需要依法追究刑事责任、法院作出强制医疗决定可能是错误的，那么刑事执行检察部门就应当按规定程序办理，审查强制医疗执行的程序是否合法，是否达到强制医疗执行的条件，相关材料、证明是否真实有效，这样也可以防范冤假错案的发生。

第四个方面，通过受理在押人员的申诉、控告、举报去防范冤假错案的发生。有些在押人员，包括他的近亲属反复向我们的司法机关（包括检察机关）进行举报、控告、申诉，那么，我们检察机关特别是派驻检察机构，应当告知他有这个权利，可以健全检务公开内容，使在押人员及其近亲属了解其享有的控告、申诉、举报权利。然后在这个基础之上，要畅通这些在押人员举报、控告、申诉的渠道，可以健全与在押人员定期谈话制度、在押人员约见检察官制度、检察官信箱制度等，通过这些渠道了解在押人员举报、控告、申诉的相关情况，监督监管场所及时转交处理在押人员及其近亲属的控告、举报、申诉材料。通过这些活动也能够发现有可能是冤错案件的线索，从而为纠正冤假错案件作出努力。

第五个方面，落实责任，建立健全防范冤错案件的问责机制。比如说对于在押人员的申诉、控告、举报，派驻检察部门的检察官不予受理、不认真办理、不依法转办甚至玩忽职守，造成严重后果的，应当视情节轻重追究纪律或者法律责任；构成犯罪的，依法追究刑事责任。

通过这几个方面，我相信可以有效防范冤错案件的发生。

**主持人：**刑罚执行检察部门在检察院里也有一个称谓叫"小检察院"，通过您的介绍可以看出，他的职能是非常多的。为了更好地进行刑罚执行监督，检察机关一般会向监狱、看守所实行派驻检察机构，这对加强监狱、看守所刑罚执行监督活动确实发挥了很好的作用。另外，这种工作可能是以巡回检察或巡视检察的方式开展，对于提升他们工作实效和质量方面您有哪些建议呢？

**彭新林**：目前对于刑罚执行监督，我们检察机关的刑事执行检察部门主要采取派驻检察、派驻监督的形式，同时也有巡视监督的形式。常态主要是派驻检察。在派驻检察难以全覆盖的情况之下，我们的巡视检察就是派驻检察的一个有益的补充。其实这两种检察监督的形式可以有机结合起来。我的建议是，应当建立派驻检察与上级检察机关巡回检察同步进行的制度。为什么建议派驻检察和上级检察机关巡回检察同步进行的这么一个制度呢？首先可以避免因长期派驻这些监管场所，可能被监管机关"同化"的现象。像派驻检察机构可能他的办公设施、经费等，对被派驻的监管机构有一些依赖，导致在实践中有一些重配合轻制约等现象，那我们通过巡回检察，特别是上级检察机关的巡回检察和派驻检察结合，可以有效地避免派驻检察监督不力的现象。这是其一。其二，有些基层检察机关没有设立刑事执行检察部门，刑罚执行检察权由侦查监督部门或者公诉部门代为行使，工作相对薄弱，那么通过上级检察机关的巡回检察，就可以有效弥补这个方面的缺陷和不足。除此之外，我想通过派驻检察和上级检察机关巡回检察同步进行的方式，可以有效整合监督资源，实现优化配置，增强监督合力，提高监督实效。

**主持人**：您的这些建议，对检察机关提升刑罚执行监督工作会有很好的帮助。据您的观察和研究，检察机关开展刑罚执行监督工作在哪些方面还存在职能发挥不充分？在推进和完善刑罚执行监督工作方面，我们当前应该从哪些角度着手？

**彭新林**：我认为当前刑罚执行监督工作总的情况是良好的，但也确实面临着刑事执行检察业务繁重的现实情况，而且也存在一些困难和问题。主要有几个方面：

首先，是刑事执行检察人员的配备还不是很充分。特别是刑事执行检察人员老、弱、病、庸等问题仍然没有得到根本性的改善。

其次，刑事执行检察组织机构建设还有待健全。像有些地方还没有专门的对社区矫正进行法律监督的工作机构，也还没有对强制医疗执行的监督机构。所以，组织机构建设方面有待进一步健全。

第三，刑事执行检察信息化程度进展缓慢。特别是有些地方，如西部地区，刑事执行检察的信息化程度发展还不是很完善，执法保障落后，派驻的检察机构与监管场所还没有实现数据共享、互联互通、协同配合，若没有这一个网络，就没法及时掌握监管执法信息。

第四，刑事执行检察队伍整体素质、法律监督能力和水平有待进一步提高，与党和国家的要求相比、和人民群众的期待相比，监督效果还是有一定差距的，这方面应当提高监督的水平和能力。

主要是体现在这四个方面，我想针对这几个方面的问题，提几点建议：

第一，应当配齐、配强刑事执行检察人员，加强刑事执行检察队伍建设。保证刑事执行检察特别是派驻检察，包括新增加的社区矫正监督、强制医疗执行监督，应当有足够的配备，提供充分的物质和人力资源保障，使之能够完成法定的监督任务和职责。这是一个重要的方面。

第二，应当健全刑事执行检察组织机构建设。比如说针对社区矫正的开展情况以及面临的新形势、新任务，积极建立健全社区矫正监督机构，我们基层的检察机关可以设立社区矫正检察官工作室、社区矫正检察科等，还有包括监督强制医疗执行的也应完善组织机构建设。

第三，加强刑事执行检察的信息化建设。因为信息化是提高监督效率、减少工作量，实现对刑罚执行和监管活动进行动态监管的必要保障。在刑事执行检察任务加重、刑事执行检察人员数量基本保持不变的情况下，那就应当通过科技强检，向信息化、科技化要效率、要检力，提高监督效率。通过信息化，比如说实现派驻检察机构与监管场所信息网络的互联互通和数据共享、交换，这有助于我们及时掌握在押人员监管执法信息，发现有可能违规减刑、假释、暂予监外执行的一些线索。还应当探索检察机关与公安机关、人民法院、司法行政机关共享的社区矫正执法信息平台，建立信息共享机制，加强对社区矫正活动的动态监督，从而促进社区矫正效果的提升。

第四，应当进一步加大维护在押人员合法权益的力度。牢固树立刑事执行检察部门维护在押人员合法权益也是自己职责的理念，切实保障在押人员的申诉、控告、举报等诉讼权利以及人格尊严、身体健康、劳动、医疗卫生等方面的基本权益，使他们感受到司法的人文关怀，这也是法治文明的重要体现。

**主持人**：您是来自学术界的，那么在国外刑法执行监督方面，有没有什么经验值得我们学习和借鉴？

**彭新林**：英美法系国家和大陆法系国家的刑罚执行监督是存在很大差别的。比如说在英美法系国家，英国或者美国，检察机关是属于行政机关的一部分，主要行使公诉的职能，不负责对刑罚执行进行监督。在英国，进行刑罚执行监督的主要有巡视委员会，监狱的监察总长，还有内政部设立的不属于监狱局的监狱视察小组，这些机构都不是检察机关。而美国对于刑罚执行监督有两种方式，一是诉讼监督，这是最主要的方式，如果在押犯人觉得自己受到虐待或者自己的权利受到侵害，可以按照相关的民事法律、行政法律提起诉讼。

在没有提起诉讼的情况之下还有替代诉讼监督的方式，如通过调解、诉冤程序、私告公调查官等程序避免诉讼。这些是非诉讼监督的方式。这是英美法系国家开展刑罚执行监督的主要模式。

在大陆法系国家，检察机关除了负有公诉的职责以外，对刑罚执行也有监督的职责。对于法院变更罪犯刑罚执行的裁定，检察机关可以提出抗告，这个抗告可以起到延缓甚至阻碍刑罚变更执行的效果。除了检察机关之外，还有其他的机构。比如说在德国，司法执行机关聘请的顾问委员会，也可以对刑罚执行进行监督。在日本，除了检察机关之外，犯人也可以通过诉讼途径，依照民事法律到法院提起诉讼，寻求司法的保护，或者向检察机关提出申诉控告，或者采取其他狱外救济手段。我想，无论是英美法系国家还是大陆法系国家，其刑罚执行监督给予我们的启示主要有这么几点：一是对刑罚执行监督的主体是多元的。除了检察机关之外，还有其他的一些机构或者组织，或者通过司法保护的一些形式进行监督。像英国有巡视委员会等，国外刑罚执行监督的主体基本是多元的。

二是刑罚执行监督比较注重吸纳社会力量的参与。像英国的巡视委员会，每个监狱都有巡视委员会，巡视委员会的组成，除了必须有两名保安官之外，基本上都是由社区的民众组成。由民众占主体的巡视委员会对刑罚执行的情况以及对在押人员的处遇情况进行调查和了解。在德国，除了检察机关可以对刑罚执行进行监督之外，还有司法执行机关聘请的顾问委员会也可以监督行刑，可以接受申请、建议和控诉，可以了解在押人员的关押、膳食、医疗、改造等情况。

三是域外国家对刑罚执行的监督，主要是采取巡察的形式。通过定期或者不定期的巡查，听取囚犯的申诉控告检举，了解他们在监狱的处遇情况，保证他们的合法权利，发现问题向有关部门及时报告。

第四，监督的内容偏重于维权。域外刑罚执行监督主要是重在维权、重在保护在押人员的合法权益。无论是通过诉讼监督还是非诉讼监督，无论是检察机关的法律监督还是其他机构的行刑监督，基调都是重在维护罪犯的合法权利和控权。

我想，以后我们国家刑罚执行监督的改进和完善方面，可以考虑吸纳社会力量的参与。像我们现在检察机关有个人民监督员制度，但这主要是针对检察机关办理职务犯罪案件的一个制度创新，目的是加强外部监督，切实防止和纠正检察机关查办职务犯罪工作中执法不公的问题。当然，它也是我国检察制度人民属性、保障人民群众参与司法的重要体现。这其实也为我们改进刑罚执行监督工作提供了重要的启示。如果能将此项制度进行拓展，与检察监督有机结合起来，不仅对于专门监督工作是一种支持和促进，对于直接改进监管工作也是极为有益的。有些地方试点吸纳人大代表、政协委员、法学专家等进监区视察，了解监狱在押人员的服刑以及相关情况，但这些尝试尚未达到制度化、规范化的程度。我想，通过吸纳这些社会力量的参与，可以更好地起到保护在押人员合法权利、提高司法公信力、防止冤假错案的积极效果。

**主持人**：您刚才提了一些国外的好做法、好经验，让我们检察人员在工作方式方面可以借鉴，包括吸纳社会群众力量的参与，还有司法人员如何更好地转变理念，在注重监督的同时也要注重维护服刑人员的合法权益。访谈最后，我们想听听您对"正义"这个词是怎么诠释的？

**彭新林**：在我看来，正义既是一种价值追求，也是一种法治精神；正义不仅仅是实体的正义，也包括程序正义，它是实体正义和程序正义的有机统一；正义不仅要实现，而且要以看得见的方式实现。

**主持人**：好的，谢谢彭老师！

# "以权赎身"问题出在哪儿？*

  **背景：** 2016 年 3 月 13 日上午，最高人民检察院在全国人大会议上作工作报告。报告指出，去年检察机关加大监督纠正违法减刑、假释、暂予监外执行力度。对提请"减假暂"不符合法定条件或程序的，监督纠正 20062 人；对裁定或决定不当的，监督纠正 2727 人。最高检工作报告指出，检察机关加强对职务犯罪等罪犯异地调监、计分考核、病情鉴定等环节的监督，逐案审查提出意见。北京师范大学国际反腐败教育与研究中心秘书长、研究员彭新林接受了《法制晚报》记者专访。

  * 原载《法制晚报》2016 年 3 月 14 日，记者纪欣。

## 关注的仅是个案吗？
## 违法减刑严重损害司法公信力

**《法制晚报》（以下简称《法晚》）：** 2016年2月，国家食药监局药品注册司原司长曹文庄第四次获得减刑，获得社会广泛关注。您认为这案子有问题吗？

**彭新林（以下简称"彭"）：** 法院先后四次裁定减刑，是因为曹文庄在刑罚执行期间确有悔改表现，符合法定减刑条件。总的来说，曹文庄减刑的程序、减刑的起始时间、间隔时间和减刑的幅度符合法律及相关司法解释的要求。

当然，也要看到，在2014年中央政法委发文，对"三类罪犯"的减刑、假释、暂予监外执行案件严格实体条件和相关程序之前，职务犯罪罪犯在服刑期间花钱"赎身"的情况是比较突出的。

具体表现为减刑间隔时间短、减刑幅度大、减刑比例高，还有的罪犯采取假积分、假立功等手段违法获取减刑。

如广东健力宝集团原董事长张海服刑期间，就是其亲友勾结监狱、看守所有关人员，助其违法减刑的。

违法减刑严重践踏了法律尊严，损害了执法司法公信力，引起了强烈的社会反响。

**《法晚》：** 据《瞭望东方周刊》2011年报道，每年落马官员获减刑的比例高达 70%，您觉得是否合理？

**彭**：要辩证地看待 70% 这个比例。如果这些落马官员在服刑过程中，确实存在悔改立功表现，符合减刑条件，那么其减刑就是一个正常程序。这也符合刑法宽严相济原则，给其改过自新的希望。

但是，职务犯罪罪犯的减刑比例，相比普通罪犯的比例不应该超过太多。如果两者之间的比例相差很大，那背后肯定存在问题。

## 法律是怎么规定的？
## 《刑法》仅对减刑条件做出原则性规定

**《法晚》**：对于罪犯减刑，我国法律法规是如何规定的？

**彭**：我国《刑法》在第四章"刑罚的具体运用"之下专门设了"减刑"一节，分别对减刑适用条件与限度、减刑的程序、无期徒刑的刑期计算等问题进行了规范。

根据规定，被判处管制、拘役、有期徒刑、无期徒刑的犯罪分子，在执行期间，如果认真遵守监规，接受教育改造，确有悔改表现的，或者有立功表现的，可以减刑；有阻止他人重大犯罪活动等法定重大立功表现之一的，应当减刑。

**《法晚》**：最终是由谁来判定一个罪犯是否符合减刑条件？

**彭**：《刑法》对于减刑条件做出了一个原则性规定，至于什么是"确有悔改表现",什么是"立功表现",罪犯是否符合这些条件,最终还是由执行机关来认定。

正是因为如此,监狱对于这些职务犯罪的罪犯是否符合减刑条件,存在一个主观判断的过程。

## "以权赎身"为何多发?
### 理解偏差、司法腐败等原因兼而有之

**《法晚》:**"以权赎身""提钱出狱"的问题为何多发?

**彭:**总的来说,既有客观原因,又有主观原因。从主观原因上来讲,有的地方对减刑实体要件的把握过宽,理解存在偏差。

如有的把法律规定的"可以"减刑,理解为"应当"或者"必须";有的对刑法规定的"有发明创造或者重大技术革新的"认定为立功表现比较宽松,不是在服刑期间独立完成的或者未经主管部门认定的所谓发明创造和技术革新也被认定为"立功表现"。如湖北天门市有一个"五毒书记",在监狱里写了一本书,也被认定为立功表现。这是不合理的。

**《法晚》:**客观原因包括哪些?

**彭:**首先是有些案件办理程序不够公开透明。绝大多数减刑案件采用书面审理,公开开庭审理的比例较低,减刑裁定书不对外公开,这就为暗箱操作、违规减刑假释提供了操

作空间。

其次是刑罚执行监督制约不到位。传统的刑罚执行监督，主要依靠派驻监狱、看守所的检察专门机构，对执行机关执行刑罚情况实施法律监督。由于在办公场所、设备、经费等方面对监狱、看守所的依赖关系，实践中存在重配合轻监督、重纠正轻查处的现象。

此外，还有一种是司法腐败的因素。实践中，一些服刑的职务犯罪罪犯，在服刑期间利用不正当手段，企图获得减刑、假释机会，个别执法司法人员徇私舞弊、权钱交易、失职渎职，导致违法违规办理减刑、假释、暂予监外执行情形屡有发生。

## 执法机构该怎么做？
## "唯分数论"的减刑观应予纠正

《法晚》：有些监狱把减刑条件进行分数量化，这种"唯分数论"的减刑观念对吗？

彭：在减刑案件的审理中，评价罪犯在刑罚执行期间是否具有"悔改表现"时，确实存在搞"唯分数论"的一元化操作模式和客观主义倾向的现象，这种倾向应当予以纠正。

减刑"唯分数论"或者"以分折刑"，不形成减刑条件的综合考核制度，不能很好地对罪犯在刑罚执行期间的表现情况进行全面准确评估，难以在减刑工作中切实体现宽严相济的刑事政策，无法真正做到法律效果与社会效果的有机统一。

**《法晚》**：应该怎么做？

**彭**：应当多管齐下、综合施策，特别是要充分发挥检察机关对减刑工作同步监督的作用。同步监督，包括对实体和程序上的监督，如对被提请减刑的罪犯是否符合法定减刑条件、相关证明材料是否真实有效进行监督，对减刑提请程序的合法性、审批与裁决程序的合法性进行监督等等。同步监督强调监督的及时性。

如足球黑哨陆俊减刑案，就是检察机关同步监督的一个典型案例，检察机关从监狱提请减刑一直到人民法院开庭审理进行全程监督，对有效保障减刑、假释的公平、公正非常重要。

## 减刑裁定书建议一律上网公示

**《法晚》**：公示环节在解决这个问题上发挥作用吗？

**彭**：根据这类减刑案件办理程序的规定，只有六类案件是要经过开庭审理的，绝大多数的减刑案件是书面审理。

现在减刑案件一律都要求予以公示，在一些有条件的地方，还要求必须上网公示。我建议，法院审理减刑案件，应当将拟减刑罪犯的基本情况及减刑依据等，一律提前予以公示，减刑裁定书也要一律上网公开。

除了在罪犯服刑场所的公共区域公示之外，要尽量面向社会公示，接受各方监督，经过必要的期限后，未收到举报或者举报经查证不实的，才能做出减刑裁定。

**《法晚》**：对于可能存在的司法腐败情况，该怎样应对？

**彭**：要强化责任，从严惩处司法腐败。对减刑各个环节的承办人、批准人，实行"谁承办谁负责"的执法办案质量终身负责制；执法司法人员在减刑中捏造事实、伪造材料、收受财物或者接受吃请的，坚决将这些害群之马清除出司法队伍；徇私舞弊、权钱交易、失职渎职构成犯罪的，一律依法从重追究刑事责任。

同时，对单位和个人为罪犯减刑出具虚假病情诊断等证明材料的，或者在罪犯减刑工作中搞权钱交易的，应当依法依纪追究责任，构成犯罪的还要依法追究刑事责任。

## 修法展望　贪污数额特别巨大或将终身监禁

**《法晚》**：刑法修正案（九）规定贪官可以被终身监禁，您觉得什么样的贪官适用这个条款？

**彭**：根据法律规定，对重特大贪污受贿犯罪被判处死刑缓期二年执行的犯罪分子，法院根据犯罪情节等情况可以同时决定在其死刑缓期执行二年期满依法减为无期徒刑后，终身监禁，不得减刑、假释。

刑法修正案（九）增加规定的终身监禁措施，即把罪犯监禁终身，限制其人身自由直到死亡。这并非增设了一个新的刑种，而是针对贪污受贿犯罪被判处死缓的犯罪分子在具体执行中的一项特殊措施。这一增补修改充分表明了中央反腐败的坚强意志和坚定决心，传递出了极其强烈的信号，即依法严厉惩处腐败，保持反腐败高压态势，将成为反腐新常态。

其次，这也符合我国严格限制和慎重适用死刑的政策，发挥其作为死刑替代措施的作用。对贪污受贿数额特别巨大、情节特别严重的犯罪分子，特别是其中本应当判处死刑的，人民法院根据犯罪情节等具体情况，对其判处死缓，终身监禁，不予减刑、假释，有助于切实减少死刑适用，推进死刑的司法限制，为逐步减少死刑适用罪名乃至最终废止死刑客观上创造了一定的条件，有助于引导民众死刑观念的变革和树立现代的法治文明观。

正是基于上述立法初衷，率先适用于重特大贪污受贿犯罪分子身上，也是考虑到了当前对贪贿犯罪死刑适用限制非常严格，判处死刑立即执行的人非常少，以更好地体现罪责刑相适应原则，尤其是为避免司法实践中出现贪贿犯罪罪犯通过减刑、假释、暂予监外执行等途径导致实际服刑时间偏短等情形，真正做到执法必严、违法必究，确保刑罚执行的公平公正。

411

# "饭圈"黑粉为何要依法打击<sup>*</sup>

**背景:**一段时间以来,"饭圈"黑粉在网上互撕谩骂、应援打榜、造谣攻击、公然人肉等问题屡见不鲜,严重破坏清朗网络生态。职业黑粉靠"黑"他人进行牟利,本身就是对网络环境的污染。中国刑法学研究会副秘书长彭新林在接受人民网"强观察"栏目采访时表示,互联网不需要这样的戾气,而需要更多向上向善的流量。对于通过互撕谩骂、造谣攻击、应援打榜等手段借机敛财、侵害他人权益、损害网络环境、扰乱公共秩序等不法行为,必须依法严厉打击。

**记者:**随着网络文化的不断发展,黑粉这个群体不断壮

---

　　* 2021年8月21日人民网"强观察"栏目视频直播,记者王雪纯。

大，甚至还出现了专门以此营利的团队。职业黑粉除了引导粉丝之间"互撕"，直接"手撕"公众人物更是常态。那职业黑粉的法律底线究竟在哪？

**彭新林**：近年来，随着网红经济的不断发展，"黑粉"这一群体逐渐被人所熟悉，甚至还出现了专门以此营利的团队，即职业黑粉。职业黑粉的本质是"受雇黑人、有偿骂人"，甚至造谣生事、带坏舆论，在网络上掀起针对特定人员的负面话题。实践中，职业黑粉被一些娱乐圈明星和经纪公司所利用，或"黑"竞争对手，或通过玩"自黑"来自我炒作。如今，职业黑粉又扩大到网红等泛娱乐圈，甚至形成了黑色的产业链条，成了一群以损害网络环境、侵害他人权益来获利的无底线的"网络害虫"。职业黑粉靠"黑"他人来牟利，本身就是对网络环境的污染，不仅会错误引导公众的价值观，破坏社会风气，而且若通过捏造事实、诽谤他人、散布谣言等恶劣手段来获利，侵害他人的人格、名誉、隐私等合法权益，轻则应当承担民事责任，重则需要追究行政甚至刑事责任。对于职业黑粉通过侮辱、诽谤等手段借机敛财、扰乱公共秩序等不法行为，必须依法严厉打击，明确法律底线。

**记者**：对于恶意造谣、肆意抹黑、公然人肉的施害者，需要承担哪些法律责任？

**彭新林**：一是民事责任。《民法典》第1024条规定："任何组织或者个人不得以侮辱、诽谤等方式侵害他人的名誉权。"《最高人民法院关于审理利用信息网络侵害人身权益民事纠纷案件适用法律若干问题的规定》第 15 条规定："雇佣、组织、教唆或者帮助他人发布、转发网络信息侵害他人人身权益，被侵权人请求行为人承担连带责任的，人民法院应予支持。"对于恶意造谣、肆意抹黑、公然人肉损害他人名誉等人身权益的，应当依法承担民事责任。

二是行政责任。公然侮辱他人或者捏造事实诽谤他人的，或者偷窥、偷拍、窃听、散布他人隐私的，或者多次发送侮辱、恐吓或者其他信息，干扰他人正常生活的，依法给予治安管理处罚，处五日以下拘留或者五百元以下罚款；情节较重的，处五日以上十日以下拘留，可以并处五百元以下罚款。

三是刑事责任。以暴力或者其他方法（包括利用互联网）公然侮辱他人或者捏造事实诽谤他人，情节严重的，以侮辱罪、诽谤罪追究刑事责任，处三年以下有期徒刑、拘役、管制或者剥夺政治权利。

**记者**：艺人发布的律师声明屡屡登上热搜，引起广泛关注。那么其震慑力到底多大？律师函具备怎样的法律效力？

**彭新林**：律师声明是指律师受当事人委托替其作出事件回应，公开澄清事实，表明己方态度，并对侵权人提出警告。律师声明一般通过媒体公开的方式发布，本身并没有法律强制约束力，但有助于回应社会关切、消除不良影响，对侵权人起到一定的警告和劝诫作用。

律师函是律师受当事人委托替当事人针对特定的某个对象表明其主张，表示已有相关证据来对抗侵权行为，我方将做好提起诉讼的准备。律师函一般通过信函邮寄或者电子邮件的方式送达，通过已有证据阐述侵权人将可能面对的法律责任后果。

**记者**：艺人报警后警方将如何处理？哪些情形将予以立案处理？若所报内容不属实，将承担哪些后果？

**彭新林**：公安机关对艺人的报案、控告、举报，应当及时受理，并进行登记。公安机关受理报案、控告、举报后，认为属于违反治安管理行为的，应当立即进行调查；认为不属于违反治安管理行为的，应当告知报案人、控告人、举报人，并说明理由。

职业黑粉如果利用互联网实施了公然侮辱他人或者捏造事实诽谤他人等违反《治安管理处罚法》的违法行为，公安机关将予以立案处理。

艺人报案、控告、举报内容不实的，只要不是故意捏造事实或者诬告陷害他人，是不需要承担法律责任的。如果是故意捏造事实，作虚假告发，意图陷害他人的，则需要根据情节严重分别给予治安管理处罚或者刑事处罚。

**记者**：如何在面对网络暴力的情况下保护自己？在什么情况下选择报警才是合适的？

**彭新林**：一是尽量保护好个人信息，不泄露重要隐私。

信息互联网时代，个人暴露的信息越多、越具体，网络暴力带来的损害风险就越大。不要随意泄露公民个人信息。二是互联网直接举报。对于网络上的侮辱、诽谤等违法行为，既可以通过网络平台的举报机制进行举报，也可以向互联网监管部门进行反映。三是拿起法律的武器保护自己，对网络暴力说"不"。面对网络上的诬陷、造谣、恐吓和威胁，可以聘请律师收集、固定证据，依法提起诉讼；属于违反治安管理行为的，向公安机关报案；构成侮辱罪、诽谤罪的，可以直接向人民法院提起刑事自诉。

# 《人民的名义》五大办案细节合法吗？<sup>*</sup>

**背景：** 反腐剧《人民的名义》持续热播，其中不少公检法执法人员的办案细节也让80后、90后网友津津乐道。比如要进贪官家搜查，先出示"搜查令"；要审问嫌疑人，先支好录像录音设备；要进入现场抓捕嫌疑人，先打开执法记录仪……那么，这些执法细节是不是与现实吻合呢？深读记者邀请北师大国际反腐败教育与研究中心研究员彭新林就此一一解读。

### 细节1　进门先出示搜查令　执法人员亮身份

**彭新林：** 根据相关法律和司法解释的规定，反贪工作最初之时，接到案件线索，填写受理案件审批表，经过检察长

---

　＊　原载《法制晚报》2017年4月13日，记者唐宁。

批准之后进行初查。初查的结果有两种：一是不立案；二是立案。立案之后需要出具立案决定书，然后实施侦查、调查取证、采取强制措施。该剧情片段中进行的一幕是在立案侦查之后调查取证之时实施的搜查环节，需要向当事人亮明身份、出具搜查令。刑事诉讼法规定，侦查人员可以对嫌疑人的办公室、住处等有关地方进行搜查。侯亮平作为侦查处处长，其承担的职责就包含侦查。需要注意的是，搜查时，侦查人员不得少于两人，需要配备多名侦查员，除紧急情况下不需出示搜查证之外，一般情况下，都必须出示搜查证。

### 细节2　搜查办公室文件柜　赵德汉无权拒绝

**彭新林**：任何涉嫌职务犯罪的单位和个人都有义务按照检察机关的要求，交出可以证明职务犯罪嫌疑人有罪或者无罪的证据，不得以任何形式阻拦或拒绝。在搜查赵德汉办公室的过程中，这些情形有法律依据，符合《刑事诉讼法》和《人民检察院刑事诉讼规则（试行）》的规定。

### 细节3　搜查赵德汉家　检察员温情执法

**彭新林**：侯亮平在等赵德汉的妻子带着孩子去上补习班之后，再对嫌疑人赵德汉的家中实施搜查。这一情节表明了检察院在搜查之前，对嫌疑人及其生活环境规律的掌握和了解。同时，为了不给孩子留下心理阴影，也表现出检察官的人性化执法。

### 细节 4　蔡成功举报线索　侯亮平回避后为啥又参与讯问?

**彭新林:**刑事诉讼法规定,涉及案件的当事人,考虑到可能影响公正处理案件的应当遵循回避原则,自行回避。为此,侯亮平在发小蔡成功举报一开始没有与其直接接触。但考虑到本案的特殊情况,蔡成功作为举报人,他感觉到自己的生命受到严重威胁,出于谁都不相信的状态,一直要求只能向侯亮平举报。认为"发小"关系不会影响案件公正处理,检察长决定侯亮平不予回避。事实上,"发小"关系并不当然导致回避,可能影响公正处理案件的才需要回避。检察人员的回避由检察长决定。检察长可以根据这一"关系"是否会影响案件公正处理来决定该检察人员是否回避。所以剧中检察长季昌明决定侯亮平直接接触蔡成功,没有问题。

### 细节 5　民警和检察官胸前佩戴的黑色仪器起什么作用?

**彭新林:**执法人员胸前佩戴的这个黑色盒子,就是我们熟知的执法记录仪,除非秘密侦查和便衣侦查等特殊情况下,原则上,执法人员执法时必须佩戴执法记录仪。

执法记录仪起到一个什么作用呢? 以公安民警执法为例,一旦遇到有被执法的公民控诉其人身或财产受到威胁或不安全的问题时,执法记录仪可以有效地还原事发当时的真实状态和过程,对澄清事实起到不可缺少的作用。因此,它的第一个作用就是固定和保全证据。

其次,公安民警佩戴执法记录仪后,就是在镜头下办案,

"阳光办案"。在执法过程中，执法者的一言一行也都在镜头之下，是否文明执法，执法行为是否合法也一目了然。因此，这也对执法者起到监督作用。

再次，检察官在审讯蔡成功和欧阳菁时，以及与山水庄园美女老总高小琴博弈时，侯亮平和老检察长都能通过镜头远程监控现场的一举一动，随时了解案件进展情况，有利于指导案件审理等工作。

# 拐卖儿童案要追究买方家庭的责任吗？

## ——谈电影《失孤》原型故事中的法律问题 *

**背景：** 香港著名演员刘德华主演的电影《失孤》中的原型郭刚堂找到儿子郭新振一事引发广泛关注。一家人认亲的视频也在网上广为传播。如何看待拐卖儿童案件中买方家庭的罪责？本报记者采访了中国刑法学研究会副秘书长、北京师范大学刑事法律科学研究院博士生导师彭新林。

**记者：** 网友们在讨论郭新振的选择的同时，也在追问，买方家庭是否触犯法律？

**彭新林：** 若养父母以货币或其他财物形式收买被拐卖的儿童，不论所买儿童是被他人偷盗、强抢、拐骗、捡拾，还

———————————
\* 原载《人民政协报》2021 年 7 月 20 日第 12 版，记者徐艳红。

是被亲生父母出卖，也不论养父母收买时是否知道该情形，均侵害了被害儿童的人格尊严权和身体自由权，实际上是将被害儿童当作商品买回，应当以收买被拐卖的儿童罪追究刑事责任。

记者：在以往的打击拐卖人口案件中，对买方家庭进行严厉惩罚的并不多。就像郭新振最终选择跟养父母生活在一起，这样一来，法律似乎更没有理由去追究养父母的责任了。可郭刚堂夫妻24年来承受的痛苦又该如何弥补？为何在拐卖人口案件中，对买方家庭少有制裁？

彭新林：收买被拐卖儿童犯罪刑法规定有一个变化的过程。刑法修正案（九）施行前，《刑法》第241条第6款规定："收买被拐卖的妇女、儿童，按照被买妇女的意愿，不阻碍其返回原居住地的，对被买儿童没有虐待行为，不阻碍对其进行解救的，可以不追究刑事责任。"所以，只要对被买儿童没有虐待行为，不阻碍对其进行解救的，一般就不会再对买方家庭追究刑事责任。鉴于实践中这种"可以不追究刑事责任"的规定不利于打击、震慑拐卖儿童犯罪，不利于被拐儿童的买方市场的彻底肃清，甚至客观上催生拐卖儿童犯罪分子的作案动机，国家立法机关积极回应社会关切，适时对刑法进行了修改。2015年8月29日通过的刑法修正案（九）第15条就将《刑法》第241条第6款修改为："收买被拐卖的妇女、儿童，对被买儿童没有虐待行为，不阻碍对其进行解救的，可以从轻处罚；按照被买妇女的意愿，不阻碍其返回原居住地的，可以从轻或者减轻处罚。"可见，刑法修正案（九）进一步加大了对买方市场的打击力度，提高了收买儿童行为的刑事责任。对收买被拐卖的儿童行为，除考虑有利于被拐儿童身心发展等特殊情形以外，原则上都要追究买主的刑事责任。

**记者：**有媒体报道称，郭新振所在村的邻居都知道他的来历，但没人举报过。对于这些人，是否应当依法追究刑事责任？

**彭新林：**公民有权利也有义务举报、控告收买被拐卖的儿童犯罪。根据《未成年人保护法》第11条规定，任何组织或者个人发现不利于未成年人身心健康或者侵犯未成年人合法权益的情形，都有权劝阻、制止或者向公安、民政、教育等有关部门提出检举、控告。国家机关、居民委员会、村民委员会、密切接触未成年人的单位及其工作人员，在工作中发现未成年人身心健康受到侵害、疑似受到侵害或者面临其他危险情形的，应当立即向公安、民政、教育等有关部门报告。前述工作人员未履行报告义务造成严重后果的，由上级主管部门或者所在单位对直接负责的主管人员和其他直接责任人员依法给予处分。

就刑事责任而言，对买主进行窝藏、包庇，或者帮助买主窝藏被买儿童，帮助提供被拐儿童的户籍证明、出生证明或者其他帮助，构成犯罪的，应当依法追究刑事责任。国家工作人员利用职务之便实施前述行为构成犯罪的，应当依法从重处罚。

记者："愿天下无拐"是民众们的共同心声，我国当如何完善打拐机制？

彭新林：杜绝拐卖儿童的发生，一是买方市场需求要进一步遏制。"传宗接代""养儿防老""后继有人"等封建思想和错误观念还在一些偏远农村地区盛行。二是要加强社会治理，包括严格户籍和流动人口管理，不能让被拐儿童"合法化"，不给人贩子或者收买人以可乘之机。三是各地要因地制宜地设立被拐儿童被解救后的救助保护中心。政府可通过投资或购买服务的形式，让专业民间组织、志愿者进入这一公益领域。

拐卖儿童严重践踏基本人权，为法律和社会文明所不容。完善打拐机制一是要充分发挥公安机关的拳头作用，依法加大打击力度，适时在全国范围内采取打拐专项行动或者开展来历不明儿童集中摸排行动。二是保护低龄被拐卖儿童的合法权益不能仅依靠公安机关，还要采取有效措施提高公众的参与度，鼓励社会公益力量参与寻找、解救、保护被拐卖儿童，形成保护低龄被拐卖儿童合法权益的社会合力。三是建立全国统一的失踪儿童信息平台，加强信息反馈与实时交换，完善失踪和被解救儿童的查询登记制度，切实保障被拐儿童权益。

# 工商局干部醉驾致人死亡为何被判免刑罚？*

  **背景：**2019 年 1 月 25 日，甘肃省陇西县纪委监委对外通报了 11 起党员干部和公职人员酒驾醉驾的典型案例，通报公布后，立即引发舆论强烈关注。原来，就在这 11 起案例中，有一起 2017 年醉驾致人死亡的案例，醉驾撞人的是当地工商局也就是现在的市场监督管理局的一名干部。然而，经过法院的审理，这名工商局的干部虽然被判犯交通肇事罪，但是却被免予刑事处罚，这样的判决超出了很多人的常识判断。

  **主持人：**这起案件曝光后，很多人对醉驾撞死人这样的一个犯罪行为，却免予刑事处罚，表示难以理解。有人提出

---

  * 2019 年 1 月 30 日中央广播电视总台 CCTV-13《法治在线》栏目播出，主持人经蓓，记者刘建辉。

质疑，自首和被害人家属谅解这两项情节，有那么大的作用吗？可以让量刑降到免予刑事处罚吗？同时，醉驾、超速，这些不应该作为从重情节吗？针对这些质疑，我们也采访了北京师范大学法学专家彭新林。

**同期声：**北京师范大学刑科院中国刑法研究所副所长彭新林介绍，根据 2017 年最高人民法院发布的《关于常见犯罪的量刑指导意见》的规定，量刑的步骤是先确定基准刑，然后，根据量刑情节调节基准刑，并综合考虑全案情况，依法确定宣告刑，也就是最后的判决结果。那么，本案涉及的交通肇事罪基准刑应该怎么确定呢？这份量刑指导意见中就对交通肇事罪作了详细规定。

**彭新林：**比如说，致一人死亡的这种交通肇事罪，量刑起点在两年以下有期徒刑或者拘役幅度内确定。然后，在量刑起点的基础上，根据事故责任、致人重伤、死亡的人数或者财产损失的数额以及逃逸等其他影响犯罪构成的犯罪事实增加刑罚量，确定基准刑。

基准刑确定之后，法官再根据从宽、从重的各种量刑情节来调节基准刑，并综合全案情况，依法确定宣告刑。至于量刑情节对基准刑的调节幅度，有的可能是调节 10%，有的可能调节 30% 等；具有多个量刑情节的，一般是根据各个量刑情节的调节比例，采用同向相加、逆向相减的方法调节基准刑。

同期声：根据《关于常见犯罪的量刑指导意见》，自首和谅解协议的减刑幅度都是有法可依的。

彭新林：就是按照最高人民法院《关于常见犯罪的量刑指导意见》的规定，那么自首最大的轻处幅度就是40％，然后就积极赔偿被害人的经济损失获得被害人的谅解，达成这种谅解协议的情况下，那么最高的轻处幅度也可以达到40％。

同期声：彭新林认为，根据量刑指导意见，自首和谅解协议这两项情节，显然无法将本案的量刑降到免予刑事处罚。

彭新林：交通肇事罪的法定刑，一般情况下就是三年以下有期徒刑或者拘役，哪怕有自首情节，可以选择减轻处罚，但也不是免除处罚啊，那拘役下面还有一个刑种，就是管制，减轻处罚也应当是管制，而非免予刑事处罚。

同期声：另外，彭新林还提到，刑罚裁量不会以被害方家属的态度为转移。

彭新林：该案中被害方的家属的态度，出具这个谅解书，是一个重要的从宽情节，当然在法律上是在刑罚裁量的时候应当考虑，但是，我想强调的是，刑罚裁量肯定不是以被害方家属的态度为转移的，对于犯罪分子决定刑罚的时候，应当根据犯罪的事实、犯罪的性质、情节和对于社会的危害程度来确定。

同期声：对于醉驾和超速是否是从重情节，彭新林认为，根据《最高人民法院关于审理交通肇事刑事案件具体应用法

427

律若干问题的解释》，醉驾应该是从重情节。

**彭新林：**按照相关司法解释的规定，酒后驾驶机动车，最后导致发生重大交通事故，致使人员伤亡或者说是公私财产重大损失的，只要致一人重伤，负事故的全部责任或者主要责任，就应该以交通肇事罪定罪处罚；如果不是酒后驾驶机动车，只是违反交通运输管理法规，最后导致发生交通事故的话，必须具备致一人以上死亡或者是三人以上重伤等情形，才构成交通肇事罪。但是，在酒后驾驶机动车的情况下，其入罪门槛相对要低一些，这其实体现了法律对醉酒驾驶机动车这一危险驾驶行为的从严评价。

**同期声：**彭新林提到，对于和交通肇事罪同属《刑法》第133条的危险驾驶罪，还对醉驾有着更加明确的规定。在最高人民法院、最高人民检察院、公安部《关于办理醉酒驾驶机动车刑事案件适用法律若干问题的意见》中提到，血液酒精含量达到200毫克/100毫升以上的，要依照危险驾驶罪从重处罚。而本案中毛某的血液酒精含量已经超过这个标准。

**彭新林：**实践中，醉酒驾驶机动车的危险驾驶行为，是引发交通事故的重要原因。醉酒驾驶机动车不一定要现实造成严重的危害结果，它就具有对公共安全，即对不特定或多数人的人身财产安全带来损害的社会危险性。所以，在法律规制层面，对行为人醉酒驾驶机动车导致交通事故的行为，予以从严的规范评价，是符合实际情况的。

**同期声**：另外，彭新林认为，对于免予刑事处罚的适用是很严格的，根据刑法的规定，免予刑事处罚需要满足两个条件，一个是犯罪情节轻微，一个是不需要判处刑罚。

**彭新林**：刑法中的免予刑事处罚是有特定条件的，要求犯罪情节轻微、不需要判处刑罚的，才可以免予刑事处罚。就这个案件来看，毛某醉驾、超速，发生交通事故导致一人死亡的结果，在这种情况下，当地司法机关认定其属于犯罪轻微的情形，我认为还是比较勉强的。因为犯罪情节轻微是指犯罪的性质、情节和危害结果均比较轻微；所谓不需要判处刑罚，就是司法机关不给予行为人刑事处罚，也可以达到教育的目的。如行为人认罪悔罪，不需要动用刑罚，也可以实现刑罚的目的，这才能认定为不需要判处刑罚。综合本案的案情看，毛某的行为不适宜认定为是犯罪情节轻微，不需要判处刑罚。

**同期声**：对于本案量刑是否适当，彭新林也认为，这份判决明显偏轻，很难让人感受到公平正义。

**彭新林**：这个案件呢，针对这种情况，假定他没有导致严重的交通事故，就是严重醉酒，也是危险驾驶犯罪行为，根据《刑法》第113条之一的规定，是应当判处拘役刑的，而不是免予刑事处罚。本案中，毛某在既严重醉酒、危险驾驶，又因危险驾驶行为导致严重交通事故，致发生重大人员伤亡、一人死亡的结果，两者都具备的情况下，对其判处的刑罚还是免予刑事处罚。这确实很难让人从该案的司法处理中感受到公平正义，无法体现罪责刑相适应的原则，这也是广大网友和社会公众关注和关心该案的一个重要的原因。

同期声：案件引发舆论关注以后，陇西县法院抽调法官组成评查组，目前正在对该案评查之中。

彭新林：司法机关还是应当高度重视对案件的舆论监督，通过案件评查等活动，真正把热点案件的办理转化成为一堂法治教育和宣传的公开课，把案件的社会意义和司法机关依法处理案件的法治精神传达出来，努力实现案件处理的法律效果和社会效果的有机统一，让人民群众在司法个案的处理中感受到公平正义。

# 猥亵女童案，"你"是第一次吗？*

  **背景**：2019 年 7 月 3 日，上海警方称，新城控股董事长王某华涉嫌猥亵 9 岁女童属实。据报道，6 月 29 日，女童在上海一家五星级酒店被猥亵。女童阴道有撕裂伤。报道称，女子周某是女童母亲的朋友，周某谎称带女童去上海迪士尼玩，王某华实施犯罪后，付给周某现金 1 万元。受到侵害后，女童打电话向母亲求救，母亲遂报案。这起案件仍有太多疑问，猥亵、强奸如何界定？是否存在"输送幼女"的病态利益链？嫌犯有无性侵女童前科？呼声很高的"化学阉割"有无实现可能？央视新闻 1＋1 关注了这些问题。

---

  \* 2019 年 7 月 9 日中央广播电视总台 CCTV-13《新闻 1＋1》栏目播出，主持人白岩松。

**白岩松：**这件事情一被大家知道，当然就两个字，愤怒！看看媒体的声音，央视新闻：猥亵女童伤天害理，必须依法严惩；人民日报：守卫儿童安全，不得丝毫妥协和打折；新华视点：对猥亵儿童严惩不贷；女性之声：此案发生，性质恶劣，令人愤慨，一旦查实，需依法从严从重处罚。我们看看这个事情发生的过程：30号上海警方接到报警，1号犯罪嫌疑人王某某到警方接受调查，2号犯罪嫌疑人周某某在警方自首，3号上海警方发布信息，随后新城控股发布更换董事长公告。接下来我们马上连线一位专家北京师范大学中国刑法研究所的副所长彭新林。彭所长，您好！我们大家知道这条新闻之后马上产生疑问，犯罪嫌疑人是不是一个惯犯，是否有其他女童受害，周某某和王某某之间是什么关系，究竟是一次偶发事件还是有完整的犯罪链条，仅仅这四条其实有三条都在反映大家的怀疑，他是第一次吗，直接想冲着王某某说你是第一次吗？你怎么分析警方如何开展调查。

**彭新林：**因为案件现在还处在侦查阶段，接下来我认为警方可能要对王某某和周某某的这个涉嫌猥亵儿童的犯罪事实，背后有没有存在这种利益链条，是不是团伙作案，这个犯罪嫌疑人员是不是有犯罪前科劣迹，我想这些方面都是警方需要下一步重点关注的事实，那么也包括是否采取一些强制手段，都会影响到案件的一些量刑，都需要去查明。

**白岩松：**从您现在了解到的信息来看，您个人的分析是什么，初步的？

**彭新林**：根据目前媒体报道的案件事实，我认为这个案件中王某华的行为涉嫌猥亵儿童罪。当然随着侦查的深入，随着公安机关对证据收集的确认，后面的定性会不会发生变化现在还不好说，我想目前初步判断还是涉嫌猥亵儿童罪。

**白岩松**：这里面涉及一个细节，比如说9岁小女孩儿的时候是猥亵还是强奸，那有相关的新闻也显示，孩子的生殖器官有损伤，这一点从法律的角度是否跟分析成人受害者的时候是猥亵或强奸有什么不同？

**彭新林**：确实有不同，对于未成年的幼女来说，无论犯罪嫌疑人使用了什么样的手段，幼女本人是否同意，都不影响案件的定性。因为无论是涉嫌强奸罪还是涉嫌猥亵儿童罪，法律上都不要求行为人采取强制手段实施。当然，如果采取强制手段，甚至对不满12周岁的儿童实施猥亵的，都是依法应当从严惩处的。

**白岩松**：接下来面临一个量刑，从我们法条的角度来说比如说猥亵幼女是怎样去量刑，如果涉嫌强奸的又怎样量刑。

**彭新林**：根据《刑法》的规定，猥亵儿童罪是比照《刑法》规定的强制猥亵罪的法定刑从重处罚的。至于强制猥亵罪的量刑，一般情况下是处五年以下徒刑或者拘役；如果有其他恶劣情节的，处五年以上有期徒刑。也就是说，猥亵儿童犯罪，若有恶劣情节的话，是应当处五年以上有期徒刑。

而强奸罪的话，一般情况下的法定刑就是三年以上十年以下有期徒刑；如果是奸淫不满 14 周岁的幼女，应当按照强奸罪从重处罚，有恶劣情节的，处十年以上有期徒刑或者死刑。

**白岩松：**是不是第一次，在量刑上又有什么区别？

**彭新林：**这涉及犯罪前科、劣迹对量刑的影响问题。如果行为人有强奸、猥亵犯罪前科劣迹的，依法应当从重处罚。

**白岩松：**好，非常感谢彭所长给我们带来的分析，谢谢，接下来让我们继续去关注这个让人愤怒的案件。

# 遭遇性侵后，你能做的不只是在网上曝光*

背景：2021 年 7 月 31 日，北京朝阳警方通报，吴某凡（男，30 岁，加拿大籍）因涉嫌强奸罪目前已被刑事拘留，案件侦办工作正在进一步开展。"吴某凡事件"再度引发人们对女性安全话题的关注。本期《光明云说法》特别邀请北京师范大学中国刑法研究所副所长彭新林为网友答疑解惑，教我们如何用法律捍卫女性的合法权益。

**记者**：在法律当中如何界定诱奸、迷奸等行为？

**彭新林**：诱奸，是指利用金钱、物质或者利益等手段，引诱妇女（包括幼女）与之发生性交的行为。诱奸在其成奸时，妇女是表示同意的，但其同意是由于被欺骗和利诱。在

---

* 光明网《光明云说法（54）》2021 年 8 月 3 日播出，记者孙满桃。

中国刑法中，没有明确将此类行为规定为犯罪。但是，诱奸幼女的，无论幼女是否同意，均应以强奸罪论处。

强奸，是指违背妇女意志，采用暴力、胁迫或者其他手段，强行与妇女进行性交，或者采用任何手段与不满14周岁的幼女性交的行为。"其他手段"就是指犯罪分子使用暴力、胁迫以外的使被害妇女不知抗拒、无法抗拒的手段，如灌醉后进行奸淫等。

负有照护职责的人员与14—16周岁的未成年女性发生性关系的，还构成负有照护职责人员性侵罪。

**记者**：受害者在受到性侵后，当事人该如何及时有效保留对方犯罪证据？

**彭新林**：第一，尽快报案。在遭遇性犯罪之后的第一时间尽快报案，告知被性侵的事实、侵害人、侵害的时间地点等，不仅有利于留存证据、抓获犯罪嫌疑人，还在于报案速度是办案机关在考量是否违背妇女意志时一个非常重要的参考因素。第二，保留物证。尽可能地搜集有可能沾染上侵害者精液的各种物品，例如床单、内裤、卫生纸、避孕套等，不要着急洗澡。记住犯罪嫌疑人体貌特征及车牌、手机号等信息。第三，去医院检查。妥善留存阴道提取物的纱布及诊断病历，对人体损伤包括是否发生处女膜撕裂伤进行鉴定，写下诊断结果。第四，尽量固定言词证据。如果有侵害者的联系方式，可与侵害人联系沟通，有技巧地将违背自己意愿的事实通过短信、微信锁定下来。第五，同时可以与自己信任的家人、朋友倾诉，这些第一时间的告诉，日后都可以作为证明违背自己意愿的证据。

**记者：**性侵案件受害者在报案、举证及后续诉讼过程中，司法系统如何保护受害者隐私以及如何保障受害者名誉，避免受害者在维权过程中的心理负担及二次心理伤害？

**彭新林：**首先，性侵案件是隐蔽性比较强的案件，性侵现场多为偏僻或者隐蔽的场所，通常是在没有第三者在场的情况下发生的，较少目击者和知情人。性侵案件这一特点使得被害人陈述具有特别重要地位。其次，性侵害案件涉及被害人的隐私，关系到被害人的人格和名誉，被害人由于顾及个人隐私、名誉和家庭关系，往往不愿意声张或者不及时报案，致使犯罪现场因自然环境条件变化而破坏，遗留的痕迹物证难以提取，容易错过固定证据的好时机。再次，现在不少性侵案件暴力性或者强制性手段不明显，如对未成年人的性侵案件，犯罪现场没有明显的破坏、暴力痕迹，使现场勘查、提取物证失去条件。

对于性侵案件的受害者而言，她们在身体遭受侵害的同时，心理上也有不同程度的创伤。注重保护被害人的隐私权是国际及国内达成的一项普遍共识，在刑事诉讼中体现得尤为重要。所以，办案机关在办理相关性侵案件过程中，从收到案卷的时候就应当强化自己保护被害人隐私的意识，在办案中注意讲究方式和技巧，包括告知其权利义务、调查取证、询问被害人、询问证人、开庭审理等方面需多加注意。特别是案件侦办阶段对受害人的详细身份信息尽量保密，依法保护被害人的名誉权、隐私权等合法权益，避免对其造成二次伤害。非经被害人同意或法院认为确有必要，"任何人"不得以媒体或其他方法，公开或揭露性侵被害人姓名或其他可识别身份的信息。一个案件的顺利完结，不仅仅是要取得法律效果，更应当在社会效果上加以平衡。

**记者**：在受到社会地位、经济实力等高于自己的施暴者侵害后，司法程序如何保障受害者的正当诉讼请求？如何保障司法程序的公平公正？如受害者认为最终判决有失公允该如何上诉自身诉求？

**彭新林**：一是对于此类性侵案件，司法机构要秉公执法，依法处理每一起针对未成年人的性侵案件，无论性侵人是谁，都要让其受到法律的制裁，以起到震慑作用。以"零容忍"态度依法打击性侵违法犯罪行为，强化对性侵害犯罪行为的打击力度，要把侦办、批捕、起诉、审判性侵犯罪案件作为一项重要工作，放在更加突出的位置，达到惩罚一个、教育一片的目的，使心存歹意的人不想犯、不敢犯、不能犯。二是增强自我防范意识，提高防范能力。加强女性自我防范意识的教育，提高她们辨别和防御性侵害的意识和能力，让其在与人交往过程中保持安全距离是防范性侵害的第一步。一旦遇到侵害，及时向公安机关告发，以利于案件及时侦破，有力地打击犯罪，减少此类案件发生。三是通过召开联席会议、疑难案件研讨的方式，加强对性侵案件证据标准、证据认定及法律适用等方面的沟通交流，厘清司法机关之间在认识上的差异。四是司法机关侦办此类案件，要注意工作方式方法，同时尽最大努力帮助被害人，做好人文关怀和心理疏导等工作。

# 法律专家解读"阿里女员工被侵害案"*

　　**背景：**2021年9月6日，山东省济南市槐荫区检察院通报"阿里女员工被侵害案"最新进展。经依法审查，该案中的犯罪嫌疑人王某文实施的强制猥亵行为不构成犯罪，不批准逮捕。几乎同时，济南警方通报称，依法对王某文终止侦查，并对其作出治安拘留15天的处罚决定。如何读懂司法机关案情通报背后蕴藏的意思？案件下一步的走向可能是怎样的？司法实践中，类似的涉性举报是不是都很难被司法机关认定？广大受害女性要想提高涉性举报的成功率，有哪些需要注意的问题？今天（9月7日）20：00，中国刑法学研究会副秘书长、北京师范大学刑事法律科学研究院院长助理彭新林，走进《羊城晚报》直播间解读新闻、解答疑问。

---

　　* 2021年9月7日《羊城晚报》直播间播出，主持人董柳。

记者：检察机关不予批捕，是否意味着行为人的行为不构成犯罪？哪些情况下检察机关会不批捕？

彭新林：人民检察院不予批捕，要么是不符合逮捕条件，如有证据证明有犯罪事实，可能判处徒刑以上刑罚的犯罪嫌疑人，采取取保候审足以防止发生社会危险性的；要么是具有《刑事诉讼法》第16条规定的"情节显著轻微、危害不大，不认为是犯罪"等特定情形。就王某文涉嫌强制猥亵犯罪而言，检察机关认定王某文实施的强制猥亵行为不构成犯罪，就是认定王某文的行为具有《刑事诉讼法》第16条规定的特定情形之一，即"情节显著轻微、危害不大，不认为是犯罪"。

记者：检察机关不批捕但公安机关又对王某文作出行政拘留15天的处理，怎样理解这背后的意思？

彭新林：王某文的行为虽然不构成犯罪，检察机关未予批捕，公安机关也依法对王某文停止侦查，但仍存在强制猥亵行为，这种行为仍然是违法行为，且有其他情节，故需要给予治安管理处罚。《治安管理处罚法》第44条规定："猥亵他人的，或者在公共场所故意裸露身体，情节恶劣的，处五日以上十日以下拘留；猥亵智力残疾人、精神病人、不满十四周岁的人或者有其他严重情节的，处十日以上十五日以下拘留。"

概而言之，司法机关还是坚持实事求是，以事实为依据，以法律为准绳，根据查明的事情真相和全案证据，依法独立作出判断，司法处理没被情绪裹挟。

**记者**：检察机关没有批准逮捕，是否就是"冤枉"了王某文，王某文可以提出国家赔偿申请或者名誉侵权诉讼吗？

**彭新林**：根据《国家赔偿法》的规定，依照《刑事诉讼法》第16条（原第15条）规定不追究刑事责任的人被羁押的，国家不承担赔偿责任。

举报不实不可以告侵犯名誉权的，我国《宪法》第41条规定："中华人民共和国公民对于任何国家机关和国家工作人员，有提出批评和建议的权利；对于任何国家机关和国家工作人员的违法失职行为，有向有关国家机关提出申诉、控告或者检举的权利，但是不得捏造或者歪曲事实进行诬告陷害。"根据这一规定，公民检举、控告他人违法、违纪是合法的，即使反映的情况不实或者不完全属实，也是正当行使权利的行为，不是侵权行为。

最高人民法院《关于审理名誉权案件若干问题的解释》第5条规定："公民依法向有关部门检举、控告他人的违法违纪行为，他人以检举、控告侵害其名誉权向人民法院提起诉讼的，人民法院不予受理。如果借检举、控告之名侮辱、诽谤他人，造成他人名誉损害，当事人以其名誉权受到侵害向人民法院提起诉讼的，人民法院应当受理。"

**记者**：您认为下一步该事件在法律上的可能走向会是怎

样的？

**彭新林**：济南警方对王某文采取的刑事强制手段是指定居所监视居住。指定居所监视居住是指限令犯罪嫌疑人、被告人在规定的期限内不得离开指定的居所，并对其行为加以监视、限制其人身自由的一种强制措施。对决定给予行政拘留处罚的人，在处罚前已经采取强制措施限制人身自由的时间，应当折抵。限制人身自由一日，折抵行政拘留一日。

此外，检方对犯罪嫌疑人张某以强制猥亵罪批准逮捕，说明他至少要判处徒刑以上的刑罚。具体来说，《刑法》第237条第1款规定："以暴力、胁迫或者其他方法强制猥亵他人或者侮辱妇女的，处5年以下有期徒刑或者拘役。聚众或者在公共场所当众犯前款罪的，或者有其他恶劣情节的，处5年以上有期徒刑。"

**记者**：有的人在举报事件发生后就不看好举报的结果，认为强奸罪的认定比较严格，事发多日后的强奸举报很可能不被认定。我国对强奸罪的认定标准是什么？在司法实践中，像这种事发多日后的涉性行为的举报是不是很难被司法机关认定？

**彭新林**：强奸罪是指以暴力、胁迫或者其他手段，违背妇女意志，强行与妇女性交，或者故意与不满14周岁的幼女发生性关系的行为。司法实践中认定强奸罪，要重点把握以下几点：其一，是否发生了性关系；其二，发生性关系的时

443

候，是否采取了暴力、胁迫或者其他令被害人不能抗拒或无法抗拒的手段；其三，发生性关系是否违背了妇女的意志。当然，最关键的标准是看行为人与妇女发生性关系是否违背妇女意志。如果被害人是幼女的话，即使幼女同意发生性关系，也应认定为强奸罪，此时应当推定幼女没有性同意的能力，这体现了法律对幼女身心健康权益的特别保护。当然，此种情况下，要求行为人主观上明知（知道或者应当知道）与其发生性关系的是幼女。所谓应当知道，一般从被害人身体发育情况、言谈举止、衣着特征、生活作息规律等方面就能大致判断。

至于被害人在事后多日才向司法机关告发，无疑会增加司法机关准确判断案件性质、收集证据的难度。实践中，不少被害女性在案发后基于种种原因而未及时向司法机关报案，待到报案时客观证据又难以收集，如果没有其他证据佐证的话，要认定行为人的行为涉嫌性侵犯罪则比较难。

**记者：**受害女性遭遇性侵后应该怎么做？

**彭新林：**性侵发生后，受害女性在确保自己安全的情况下，最重要的是第一时间报警，向警方客观陈述遭到性侵的事实，比如发生性侵的时间地点、犯罪嫌疑人的身份特征等信息。同时，要注意保存客观证据。受害人自己先不要洗澡，尽可能保留沾有对方体液的物品，如纸巾、衣物、床单、避孕套等。在警方到来后，去司法鉴定机构或者医院进行检查，并提取相关痕迹物证。此外，如果被害人与犯罪嫌疑人互相认识，留有联系方式，可以通过适当的技巧让嫌疑人承认违背妇女意志、实施性侵的事实。例如，可以通过微信、短信等向男方交涉，男方或许会主动承认、表示道歉甚至提出赔偿，这些都可以成为证明遭到性侵的重要证据。遭到性侵后，别被自责羞愧情绪耽误，可第一时间向信任的家人、亲人等陈述事实。那么，等到公安机关调查时，他们的证言也是证据，可以起到佐证作用。完成上述程序后，受害女性还需要学会进一步保护自己，比如采取紧急避孕与性病预防措施，同时寻求心理帮助。

最后，关于职场女性如何防范性骚扰、性侵行为，我认为，首要的是职场女性应当提高自身对性骚扰、性侵的防范意识，这是最关键的。在职场中，女性要尽量避免与异性在非工作场所的私密空间独处。在应酬活动过程中，要避免陷入类似醉酒这种无法自控、让自己身陷风险的状态。当然，全社会都要坚决对性骚扰、性侵说不，特别是用人单位责任重大，可以探索建立职场反性骚扰、反性侵机制，加强相关反性骚扰、反性侵和权益保护的宣传、教育、引导和培训。

# "两会，我想说，莫让前科记录毁人一生"
## ——看法学专家怎样呼应网友留言<sup></sup>*

　　**背景：**2022 年 2 月 10 日，人民政协报启动"两会，我想说"网友留言征集活动，截至目前，"政协君"公众号后台及邮箱已收到网友留言上百条。经整理发现，网友反映最多的是治安处罚记录和犯罪记录影响本人工作、生活乃至子女前途。人民政协报记者将网友的留言转交给一直关注这个问题的法律专家彭新林，并对他进行了采访。

　　2022 年 2 月 28 日，人民政协报登载的《人大代

---

　　* 根据《人民政协报》2022 年 2 月 28 日刊登的《人大代表、法学专家回应网友留言——出具含行政违法记录的"无犯罪记录证明"于法无据》、2022 年 3 月 21 日刊登的《莫将行政违法与犯罪画等号——人大代表、法学专家再次回应网友留言》整理而成，略有删节，记者徐艳红。

表、法学专家回应网友留言——出具含行政违法记录的"无犯罪记录证明"于法无据》一文刊发后，在社会上引起较大关注，今日头条"政协君"账号上的评论数近5000条。3月10日，全国两会闭幕当天，几位网友还寄来了一面写有"人民政协报 为人民发声"的锦旗。

为此，人民政协报记者拨通了彭新林的电话，邀请专家对网友关切再次做出回应。

**记者**：关于治安处罚的违法案底，我国法律是否有如何处理的明确规定？如果保留，是否有一定期限？

**彭新林**：受到治安处罚行为人的违法信息，公安机关会将其录入全国违法犯罪人员信息数据库，这个主要是根据公安机关制定的相关规定执行。此外，对于性侵未成年人的违法犯罪人员、吸毒人员、在逃人员等，其相关信息还会分别录入性侵害未成年人违法犯罪信息库、吸毒人员信息库、在逃人员信息库之中。从目前实践来看，全国违法犯罪人员信息数据库收录的违法犯罪人员信息，尚无明确查询期限的限制。

**记者**：治安处罚的结果影响终身，社会上对违法记录与犯罪记录同样对待，如果这样，治安处罚与刑事犯罪有何区别？这样是否公平合理？

**彭新林**：这实际上涉及治安处罚记录、犯罪记录带来的不利后遗效应问题。从法律规范层面看，两者引发的不利后遗效应有明显区别。比如，像《律师法》《教师法》等诸多法律都是对受过刑事处罚（且一般限定为故意犯罪）的人员予以资格方面的限制，而未对有治安处罚记录的人员之资格予以限制。但从法律规范外（社会）层面看，两者所引发的不利后遗效应，包括对当事人甚至其近亲属的就业、升学、入伍、政审、入党等方面的影响及社会歧视，出现了趋同化倾向。很多用人单位对所录用人员背景的审查及要求，往往从要求无犯罪记录延伸到要求无违法犯罪记录，致使很多有治安处罚记录的人员遭遇就业等困境。

治安处罚与刑事处罚之间是违法与犯罪的区别，无论是对有犯罪记录人员还是对有治安处罚记录人员，都不应当有歧视，特别是不应株连影响其近亲属的合法权益，而应尽力为他们回归社会创造条件、搭建制度通道，构建违法犯罪记录消灭制度，这是维护社会和谐稳定、实现更高水平人权保障的必然要求，也是促进违法犯罪治理体系和治理能力现代化的有效途径。社会上包括某些用人单位将治安处罚记录与犯罪记录等同看待，对受过治安处罚的人员在入职就业等方面给予各种限制或者歧视，缺乏充足的法律依据，也难以让人感受到公平正义。而且法律的最终目的是为了维护人民的权益、维护社会的正常运行，不应是呆板冷冰的，而应是有温度的。

**记者**：治安处罚也存在案底问题，您认为问题出在哪里？有何建议？

**彭新林**：现在治安处罚记录，包括治安行政罚款、行政拘留、收容教养、强制隔离戒毒（含强制戒毒）、责令社区戒毒等行政决定，都纳入了违法记录的范畴，都存在案底问题。无论是当事人申请开具无违法犯罪记录证明还是用人单位进行的背景调查、政审甚至公安治安临检，都会面临查询公民个人违法犯罪记录问题，并对当事人重要权益及生活产生重要影响。这也是许多受过治安处罚的人员面临的现实困境。

此外，虽然《刑事诉讼法》中建立有未成年人（轻罪）犯罪记录封存制度，但仍然存在诸多不足。首先，规定的范围有限，只针对被判处五年有期徒刑以下刑罚的未成年人犯罪的相关犯罪记录予以封存，而对有五年有期徒刑以上刑罚的未成年人犯罪记录却无相应的封存机制。其次，法院虽然封存了未成年犯罪人的轻罪记录，在法院查询不到，但实践中法院与公安机关、检察机关的相关执法办案信息系统数据并未同步，公安内网（违法犯罪人员信息系统）上仍然能够查询到违法犯罪记录，而相关开具无违法犯罪记录证明、背景调查等的归口部门恰恰又是公安机关。

我在《立足现实构建犯罪记录消灭制度》一文中曾提出要建立依申请人请求启动、人民法院依职权启动的双轨并行的犯罪记录消灭模式，既注重消灭刑事裁判记录，同时也要兼顾对非刑事裁判记录（刑事拘留、留置、逮捕记录等）的消灭，实现刑事裁判记录与非刑事裁判记录消灭的有序衔接。现在看来，还需要延伸到治安处罚记录（违法记录）的消灭，构建统一的"违法犯罪记录消灭制度"。

**记者：**人民政协报《人大代表、法学专家回应网友留言——出具含行政违法记录的"无犯罪记录证明"于法无据》一文发表后，您收到了哪些反馈？网友包括其他专家学者的反馈有吗？都是什么内容？

**彭新林：**收到的反馈，大致有两种情况：第一种是来自有违法犯罪记录的人员，他们看到相关报道后大都表达了激动之情，表示对个人未来的发展更有信心，并热切希望包括专家学者、代表、委员在内的社会各界人士继续关注这个问题，关注他们面临的就业、生活等现实困境，推动违法犯罪记录消灭机制早日在我国确立。当然，也有人依然存在焦虑感和迷茫感，对国家最终能否确立违法犯罪记录消灭制度表示担忧，急切想了解立法机关等有关部门对此的态度。第二种是来自学界同仁的关注，有专家看了报道后表示：违法犯罪记录引发的不利后遗效应问题的确值得高度关注，相关专家学者、代表委员和《人民政协报》做了一件关乎民生的有意义、有价值的好事，应当给予点赞和支持；还有的专家建议我将相关想法和建议整理成简明扼要的《要报》，通过信息、智库等渠道向中央有关部门报送作为决策参考，以进一步引起有关方面的重视。其实，该报道出来后，我已经整理形成了一篇3000字左右的要报稿件《关于建立中国特色犯罪记录消灭制度的建议》，及时报送给了中国法学会董必武法学思想（中国特色社会主义法治理论）研究会，受到该会的高度重视，该会也将上述建议稿报送给了有关领导同志研阅。

此外，据我了解到的情况：晚近各个方面包括相关人大代表、专家学者关于建立犯罪记录消灭制度的呼吁和建议，包括《人民政协报》此次的报道，有关方面肯定也会关注，现在立法机关正在开展相关研究论证工作。

**记者：**通过网友们的留言可以看出，社会上并未达成共识，很多人并不能持包容的态度，您认为这是什么原因造成的？俗话说，浪子回头金不换，可现实生活中，为什么却这么难？

**彭新林：**有几个不可忽视的原因：一是对犯罪记录消灭或者行政处罚记录消灭存在认识上的思维惯性甚或误解。有人认为，违法犯罪记录消灭意味着对所有违法犯罪记录不区分情况即时予以消灭，而且习惯性地认为违法犯罪记录消灭了必然会增加社会不安全感。实际上，就域外国家的犯罪记录消灭制度来说，无论是依申请人请求启动消灭还是司法机关依职权消灭，都设置有法定的消灭条件（包括时间条件和表现条件），大都要求申请人在刑满释放之后的一定期间内没

451

有再犯罪或者表现良好，而且基于特殊预防的需求，对特定犯罪的犯罪记录消灭予以严格限制，如有的国家对叛国类犯罪、性侵犯罪的犯罪记录不予消灭。所以，犯罪记录消灭不是判决后或者刑满释放后立即消灭犯罪记录，也不是任何人的犯罪记录都可以消灭。能消灭犯罪记录的人，大都是经过了一定期限的考察，而且系表现良好、没有人身危险性的人或者诸如过失犯罪等轻罪犯罪记录的人员，对社会安全的担忧是没有必要的。

二是报应观念在我国源远流长、根深蒂固。在报应观念的影响下，不少人认为违法犯罪记录人员承受各种规范内外的不利影响甚至歧视，似乎是"罪有应得""咎由自取""早知今日，何必当初"！这也是为什么现代社会比较文明的隐形标签——犯罪记录，至今还能够"深入人心"、堂而皇之存在的深层文化心理根源。报应观念虽是一种客观的存在，但却并非人类理性的产物。应当淡化报应观念，倡导宽恕的价值理念，为违法犯罪记录消灭制度的确立提供有力的文化支撑。这也说明，违法犯罪记录消灭制度的落地见效，离不开对民众观念和价值取向的积极引导。

三是存在对违法犯罪记录人员普遍性的社会歧视心理。长期以来，基于对违法犯罪的憎恶，社会大众对于"高墙内"出来的违法犯罪人员或多或少有一定的排斥感和歧视心理，或出于担心自身安全，或内心里已经对他们打上了坏人的标签，对违法犯罪记录人员有普遍性的歧视、抵制心理，不愿同他们交往，这也使得很多有违法犯罪的人员遭受"污名化"带来的种种不利后果。显而易见，这种社会歧视心理会给违法犯罪记录人员的更生以及复归社会带来重重障碍，在某种意义上讲，违法犯罪记录本身就是一种无形的惩罚。正是如此，很有必要采取有力措施来推动消除社会歧视心理，树立公平对待违法犯罪记录人员的思想观念。

**记者：** 从各方反映来看，您认为治安处罚案底问题的解决还有多长的路要走，有哪些障碍需要克服？

**彭新林：** 治安处罚案底问题的解决是一项系统工程，还要走多长的路，短期内估计还有不少难度，对此我持谨慎乐观的态度，因为其不仅仅是立法上能否做出相关制度安排予以解决的问题，而且也涉及行政支持、司法保障、观念转变等多方面的因素，同时还需要统筹考虑治安处罚记录消灭与犯罪记录消灭的制度衔接问题。从长远来看，通过消灭治安处罚记录的办法，将感性的道义与刚性的法律相融合，为有违法犯罪记录的人员提供发展的空间，排除其就业、生活等方面的障碍，本身就是一种将其拉回社会怀抱而非冷酷地推向歧途的善举，是人道主义的具体体现，同时也是司法文明的要求，这无疑是大势所趋，对此应当有信心。

需要指出的是，对治安处罚记录带来的各种消极影响和不利后遗效应的解决，解决治安处罚案底问题只是其中的一种重要方法而不是唯一的办法。除了解决处罚案底问题之外，完全可以综合施策，积极寻求其他替代性救济措施。多种措施综合运用往往比单一的消灭或者封存治安处罚记录更为有效，可能会获得更好的结果。比如，一些西方国家践行的为减少前科人员就业歧视而发起的禁止表格（Ban the Box）倡议（美国有超过 100 个城市和县，以及 24 个州接受了这一倡议，并制定了相应法律来禁止公共部门的用人单位在求职者被挑选来面试或收到一个附条件的录用通知之前，咨询求职者有无犯罪记录问题）、发给改过自新证书、工作计划税收抵免计划、形塑包容的社会文化等，就都是富有建设性和积极成效的重要办法。

附　录

# 彭新林：与闪烁星空下的不朽灵魂对话*

　　正值暑假，北京师范大学刑事法律科学研究院教授彭新林与往常相比，有了更多的时间去读书，他也很是珍惜这样清净的阅读时光。在彭新林看来，读书不是一件热闹的事，而是一件非常私人的事，阅读时，人需要沉浸于书中。

　　从事学术研究中，彭新林常常需要阅读大量的法学论著，将自己置身于一本本大部头中钻研。但彭新林认为"人的思维不能一直紧绷着"，读书也要讲究张弛有度。因此，在工作之余，他喜好读些国学经典、人物传记和历史文化类的书籍。阅读这些书籍时，彭新林的身心得到了调节与放松，同时，他也从中受益颇多。"如果说读法学书籍厚实了我的专业基础，读这些'课外'书则是在丰盈我的灵魂。"彭新林对《方圆》记者如此说道。

---

　　* 原载《方圆》2022 年 8 月下，记者苏晨。

"一本好书能抚平我的心绪，让我脱身于浮躁，归于宁静。现代社会发展迅速，人们感到疲惫时，也不妨去读读书，书是缓解焦虑的良方、治愈心灵的良药。"彭新林认为，读书本身就是一种投资回报率很高的行为，人感到迷茫时，可选择静下心来读书，从书中获得智慧和启迪，在思索中寻求答案。

　　"乾坤大戏场，请君更看戏中戏；俯仰皆身鉴，对影莫言身外身。"几天前，彭新林前往北京延庆百里山水画廊采风，途中看见了这样一副戏台楹联。他觉得此楹联之意，正可以形容他读书时的感受，"书中别人的故事和思想，都能在我们自己身上找到缩影，既要看到'戏中戏'，更应审视自己"。彭新林认为，读一本好书，就是在与闪烁星空下的不朽灵魂对话，能开阔人的视野和格局，他也很是享受这种在"对话"中提升自我的过程。

## 以人为鉴，修正自身

　　"不动笔墨不读书"是毛泽东主席长期坚持的一种读书方法。彭新林毕业的中学湖南省湘乡市东山学校（东山书院）也是毛主席的母校，是伟人走出韶山冲的第一站，同时也是陈赓、谭政、毛泽覃等共和国元勋和仁人志士早年求学的地方。该校现在是全国爱国主义教育基地、国家 4A 级景区，迄今仍原样保留着毛主席当年读书时的教室座位、宿舍床位等文物。彭新林在该校读书时就对毛主席早年求学、读书的事迹耳熟能详，并深受感染。对于"不动笔墨不读书"的方法，彭新林十分推崇。彭新林认为不能"就书读书"，而是要"带着问题去读书"，做笔记的过程便是他思考的过程，边读书边思考，才能真正将书"读进去"，体悟书中蕴含的真谛。同时，在彭新林看来，初次阅读一些书籍时，可能难以领会其中奥妙，而当结合着读书笔记再次阅读时，"能更深刻地理解书中的思想精华，进而利用书中所得砥砺身心、明确方向"。

当代历史作家张宏杰所著《曾国藩的正面与侧面》一书，彭新林前后共读了三遍，也相应地做了不少笔记，用彭新林的话说是，"每看一遍，阅读的角度和心态都不一样，都有新的收获"。

彭新林是湖南湘乡人，与曾国藩是同乡，曾国藩的故居距他老家不远。因此，彭新林很小的时候，便听过不少关于曾国藩的故事，对于曾国藩跌宕起伏的一生，也是颇感兴趣。然而，第一次读过《曾国藩的正面与侧面》后，彭新林只对曾国藩的人生经历有了基本认识和了解。"曾国藩年少时资质平平，却最终达到立德、立功、立言三不朽的境界，成为晚清中兴四大名臣之首。从中我最大的感受是，普通人也能通过锤炼自我成就一番事业，对曾国藩心生敬佩。"而除此之外，他并未在这本书中读出些更特别的意味来。

"读书也需要灵感。"彭新林如此对《方圆》记者说道。后来，彭新林再次拿起了这本《曾国藩的正面与侧面》，这一次他终于体会到了书中的"别有洞天"。阅读中，彭新林着重地读了他第一次阅读时重点勾画的段落，渐渐体会到曾国藩身上一种十分宝贵的品质——自律有恒。对此，彭新林向《方圆》记者解释道："青年曾国藩不但并非天才，身上还有三大缺点，即性情浮躁，坐不住；傲慢自大，修养不佳；与人交往虚伪不实，容易言不由衷。曾国藩 31 岁时，便意识到了自身的缺点，开始了全方位的自我改造——严格约束、要求自己，并持之以恒地坚持了下去。"

　　曾国藩自我约束与改造的重要途径是设定"日课"，这给彭新林留下了十分深刻的印象。所谓"日课"，是曾国藩自立志自新之日起给自己规定的基本学习日程：每日楷书写日记，每日读史 10 页，每日记茶余偶谈 1 则，每日练习作文等十余条。其中，每日写日记，便是曾国藩细细回味检索一天言行的过程。他以圣人的标准要求自己，时时刻刻监督自己的一举一动，发现其中哪一点不符合圣人要求，就甄别出来，深刻反省。曾国藩将"日课"坚持了足足 30 年，30 年来日日自省自新。"人想要克服惰性、改变自己是很困难的，需要极大的恒心和毅力，而曾国藩的真正与众不同之处在于他不断自我砥砺、自我攻伐地实践了自己的志向，如今才被人誉为'千古第一完人'。有恒则断无不成之事，人们常说，'行百里

460

者半九十'，这样自律有恒的品质是十分值得我们当代人去学习的。"彭新林说道。

与初次阅读相比，这次读《曾国藩的正面与侧面》，彭新林终于体悟到了曾国藩为人处世的精髓之处，可谓收获满满。半年后，他意犹未尽地再读了这本书。结合着前两次阅读时记下的笔记，这一次，彭新林读得很快，甚至书中的一些名言警句，如曾国藩长期践行的为人处世智慧——"物来顺应，未来不迎，当时不杂，既过不恋"也能记得十分清楚。"读到这个程度，就算是把这本书读透了。"彭新林说。

将书"读透"后，彭新林便开始结合书中道理，进行自我反省与修正。"虽然现在我距曾国藩的有恒程度还有很大的距离，但也在往这个方向去努力。比如，我要求自己每日坚持运动锻炼，一套懒人操、一套广播体操、一套八段锦和跑步，这个习惯我已经保持了好几年。尽管一开始是抱着'想增强体质、减少生病'的目的去锻炼的，但坚持下来后，我发现，'三操一跑'不仅让我身体素质得到了提高，还能帮助消化不良情绪，加速自我修复，生活更加积极。可以说，这个锻炼习惯让我受益匪浅。"

彭新林告诉《方圆》记者，像这样能启发人修正自身的书不妨多读，例如明代思想家袁了凡所著《了凡四训》、著名历史作家度阴山所著《帝王师：刘伯温》、当代知名作家王跃文所著《大清相国》、知名作家岳南所著《南渡北归》等书都值得细读。阅读中，彭新林乐于品味贤人志士的人生历程，体悟他们经久不衰的思想光辉，而以人为鉴，不断地修正自身、完善自我，也是彭新林想要一直坚持下去的事。

## "交换、比较、反复"地阅读

在彭新林看来，现如今，人们可以通过手机等电子设备随时随地获取信息，人们的生活得到了极大的便利。但"真正的阅读是要成体系化的"，彭新林不太赞成"碎片化"的浅读。

"交换、比较、反复"是我国无产阶级革命家陈云一生思想方法和原则的集中体现，彭新林认为这六字箴言同样适用于阅读，是一种极佳的读书方法。"我们想要了解某人的思想或认识某一领域的事物时，不妨多挑选几本相关的书籍来读，在多方观点的辩证、比较、琢磨中，我们的见识会有所长进，看人看事也会更加全面深刻。"彭新林说。

谈及明代政治家、哲学家王阳明所倡导的"致良知"与"知行合一"思想时，彭新林颇有自己的感悟和见解。然而，彭新林初读《传习录》一书时，对王阳明的心学思想精髓并没能很好地掌握和理解，"总觉得像雾里看花，似懂非懂的，对于王阳明的心学思想认识得很片面。"后来，彭新林便买来了《知行合一王阳明》《王阳明心学》等不同作者写的好几本关于王阳明的书籍,综合地读了起来。彭新林发现,这样读下来,果然效果更好。

"就像'盲人摸象'似的,不同的作者对王阳明的人生经历和心学思想有不同的解读。而我将相关的书籍'看齐了'后,就是在把他们每个人'摸'到的那部分整合起来,之后再将不同作者的观点相互比较、相互佐证,留一个反复思考的时间,便能对王阳明的思想认识得更加全面而深刻了。"彭新林向《方圆》记者如此讲述道"交换、比较、反复"读书方法的妙处所在。

"如今,在我的理解中,所谓'致良知',便是人要重视向内求,探寻并遵循先天的道德本性、理性自觉,并将之推广和运用到日常的生活中去;而'知行合一'则表示,人找到并遵循、践行内在的良知后,复杂的外部世界将变得格外清晰,我们为人处世,便可做到从容淡定了。"彭新林讲述道在"交换、比较、反复"后,他对王阳明心学思想的体悟,这些体悟也时刻影响他的言行,督促他审视自我、完善自我。

虽然彭新林支持应该"成体系地"读书,也倡导"交换、比较、反复"的读书方法,但他却并不认为每一本书都需要逐字逐句地读下去。"对于长盛不衰的经典著作和能弥补个人知识缺陷的书,应该重点读、仔细读。而一些主题相对比较狭窄而非经典的书籍,便大致读一读,能掌握书的中心思想就可以了。"他觉得,人的时间和精力都是有限的,因此读书也要有所甄别和选择。

同样，彭新林也倡导人们充分地利用自己的闲暇时间来读书。彭新林告诉《方圆》记者，他教学和科研任务重的时候，也是靠"抓住"闲暇时间进行阅读的，比如睡前读书，甚至在机场候机的时候也能读一会儿书。"一个人成就怎样，往往靠他怎样利用他的闲暇时间"，谈及此，彭新林引用了胡适的一句话，"短时间内可能看不出来，但经年累月，'读书多少'便能将人和人之间的距离拉开了"。

## "读进去，走出来"

"读进去，走出来"是彭新林在接受《方圆》记者采访时多次提及的一句话。在他看来，人不能"死读书"，在领会书本上的内容后，要学会将书中内容同现实结合起来，用理论去指导实践，在实践中完善理论，如此一来，才算是真正将书中的知识转化为自己的本领了。

彭新林曾被公派赴美访学。他坦言，那是他有大量时间集中读书的一段日子，"纽约和北京的时间相差 13 个小时，白天我的手机都很少响一次，因为国内正是黑夜，因此能完全沉下心来读些书。"彼时，彭新林常常去曼哈顿岛上的星巴克咖啡馆，点一杯咖啡，然后坐在那读一天的书。而窗外街上的人来人往，他仿佛都感受不到，只专注于书中的世界，与书中的人物对话，进行思想交流、碰撞。与此同时，访学中的所见所闻也丰富了彭新林的阅历，那段时间，彭新林可谓"手脑并用"，收获颇丰。

彭新林访学目的之一是想研究与腐败犯罪有关的议题，访学期间，他阅读了不少西方学者所著的关于腐败犯罪的书籍，例如，《白领和公司犯罪国际手册》（*International Handbook of White-collar and Corporate Crime*）、《白领犯罪（未删节版）》（*White Collar Crime：The Uncut Version*）等，这些书籍为彭新林的研究提供了新鲜的角度和思路。而在书本之外，彭新林也积极地参与并体验着当地的社会生活。"比如，我会拿着'纽约市民卡'去当地著名的美国自然历史博物馆、纽约现代艺术博物馆免费参观，也有机会参与当地大学组织的学术演讲、会议等活动。"彭新林说，在这过程中，自己对美国的社会文化和政治制度也有了更为真切的了解。

访学结束后，彭新林便写了两篇反映美国腐败状况的文章《美国金钱政治权力轮替中腐败暗涌》《"沉默蓝墙"纵容警察腐败》，并发表见报。"一方面，我阅读了许多相关书籍，另一方面，我还在实践中亲身感受，二者缺一不可，同时还要结合自己的所思所想进行提炼，最终我才得以将书中所讲消化并转化为自己的观点。"彭新林如此向《方圆》记者描述道"读进去，走出来"对于个人成长的促进作用。

采访的最后，彭新林分享了自己很喜欢的东晋诗人陶渊明写的几句诗："纵浪大化中，不喜亦不惧；应尽便须尽，无复独多虑。"这种在勤恳努力后，尽力保持心态平和、笑看风云的人生态度，彭新林很是欣赏。

"人生在世，要不断地提升、完善自我，但人的理想和现实难免总会有差距，能实现的理想也只是少数。"彭新林说，"去读书吧，与闪烁星空下的不朽灵魂对话，然后以更坚定的姿态坦然面对人生。"